田永秀　张雪永／编

新中国西南铁路
历史文献选编

社会科学文献出版社
SOCIAL SCIENCES ACADEMIC PRESS (CHINA)

—— 前　言 ——

　　本书所指西南地区涵盖川、藏、滇、贵、渝等五个省（自治区、直辖市）；作为祖国西部边陲的重要区域，西南地区地域纵深、腹地广阔、资源丰富，但碍于自然环境恶劣、地形结构复杂、地貌单元特殊等天然因素，长期以来交通基础设施特别是运输大通道建设落后，交通的不便直接导致区域的闭塞，严重影响和制约了该地区经济社会的发展。

　　铁路是工业化的产物，也是现代化的主要交通运输工具，具有速度快、载运量大、适应性强、辐射面广的特点。19世纪中后期，国内就已经出现在西南地区修筑铁路的相关讨论，但直至新中国成立时，西南地区仅有滇越铁路及几条小的铁路支线，其交通方式仍以人畜力运输和水运为主，运量小、速度慢且受自然条件制约较大。新中国成立以后，中国共产党把交通建设作为西南工作的重中之重，邓小平曾指出："西南是交通第一，有了铁路就好办事。"1952年中国西南地区第一条铁路干线、新中国成立后建成的第一条铁路——成渝铁路全线通车后，宝成、成昆、南昆、青藏、遂渝客专、沪昆高铁、成贵高铁等西南铁路相继建成，西南地区的铁路建设实现了由线到网、从普速到高速的快速发展。

　　纵观新中国成立以来的西南铁路发展历程，其影响深远、意义重大。就政治层面而言，西南铁路保障了国家安全，维护了边疆稳定，实现了民族团结，增进了政治认同，促进了国家治理体系和治理能力现代化；就经济层面而言，其根本改变了西南交通格局，推动了区域经济社会发展，缩小了东西部差距，促进了区域经济社会的现代化；就社会层面而言，其加速了扶贫开发，改善了社会民生，深刻改变了人们的思想观念与生活方式，推进了人的现代化，促进了人的全面发展。西南铁路的纵深延展全面推动了西南地区的科学发展，是国防之路、政治之路、经济之路、民生之路、民族之路、脱贫之路，亦是人民幸福之路、民族复兴之路。可以说，西南铁路建设是中国铁路现代化发展的里程碑，也是西南社会现代化进程的里程碑。

在坚持和发展中国特色社会主义的历史进程中，党的领导为中国铁路改革发展提供了坚强保障；西南铁路的发展和西南地区的繁荣则特别集中地体现了中国共产党领导新中国 70 年建设的伟大执政成就。西南铁路既是中国铁路的缩影，也是西南地区发展的重要牵引，充分彰显了中国共产党的领导和社会主义制度的优越性。西南铁路建设者们以遇山开路、逢水架桥的精神，在工程设计和施工等条件最复杂的西南地区成功实现了人类征服自然的壮举。

目前，西南铁路史料尚未得到系统收集与整理，少数文献散见于近代铁路史料集、各时期党的重要文献选编、铁路系统内部资料等当中，使用非常不便。为进一步促进西南铁路史研究，西南交通大学铁路与西南社会变迁研究团队将陆续收集、整理和出版西南铁路历史资料。《新中国西南铁路历史文献选编》为第一本，共分为四个部分：第一部分是铁道部关于西南铁路的重要指示、通知及讲话等，第二部分是西南各省关于铁路的政策、发展和规划等史料，第三部分为西南铁路各条线路建设施工相关资料，第四部分为西南铁路社会影响资料。

本选编以档案、报刊、文件为主体，力图呈现新中国成立以来西南铁路决策、规划、建设等的完整历程及其重大社会影响，以期为西南铁路史的研究贡献绵薄之力。

编　者

2019 年 4 月

── 目　录 ──

西南铁路建设文献

总　篇

铁道部关于西南铁路的指示、文件及讲话

在重庆庆祝"七一"暨成渝铁路全线通车大会上的讲话

滕代远[*]

诸位先生们，同志们：

在纪念中国共产党的建党三十一周年的时候，成渝铁路全线通车了，这是新中国人民铁道建设中一件大喜事，也是西南经济建设中一件大喜事。我谨代表毛主席向大会祝贺，并将毛主席亲笔祝词——"庆贺成渝铁路通车，继续努力修筑天成路"这面光荣的锦旗，代表毛主席赠给西南铁路工程局全体职工同志们。

这条铁路修筑时，西南解放还不到半年，当时全国的财政经济情况还没有好转，但毛主席关怀西南人民生活的困难，批准由中央人民政府拨款修筑成渝路。四川人民渴望了四十多年、在中国历史上没有能够解决的问题，在毛主席英明领导下的新中国获得了解决。因此这条铁路的通车，应该首先感谢我们亲爱的伟大的人民领袖毛主席。其次，应该感谢中共中央西南局和西南军政委员会对这条铁路的直接领导和帮助，感谢中国共产党的各级地方组织、各民主党派、各级人民政府和人民解放军，以及参加修筑成渝路的全体职工、军工、民工同志们，感谢全国各铁路管理局在人力和技术上的热情支援。同时我们还应该感谢苏联专家的帮助和指导。

这条铁路的提前修通，是由于在工作中依靠了群众的力量和智慧，发挥了群众的积极性和创造性，是因为依靠了群众，也就在群众中出现了很多新创造。如民工谢家全创造的压引放炮法，每方石头的炸药消耗量从八两减到三两半；民工颜绍贵创造的单人冲炮法，使开坚石冲炮眼的工效，

---

* 时任中央人民政府铁道部部长。

从每天八公尺提高到三零点二二公尺。老工程师蓝田提议成都工务段改用新线，缩短了二十三公里线路，替国家节省一百五十亿元的材料和施工费用；工程总队总结了萧梦岗先进生产小组的放炮经验，并加以推广后，全队的工作效率提高了百分之五十到百分之一百五十。

共产党员在修筑成渝路中，热烈地响应党的号召，成为团结群众、克服困难、完成任务的模范。如架设沱江大桥的一等模范张启厚、机务段长么绍庭、火车司机冯文煃、锻工厂副主任高阿二、翻砂场工人周广来和余金海，以及全国劳动模范汪长华，还有为抢修沱江大桥而牺牲了的柴九斤同志等等，他们在工作中都能够团结群众，克服困难，钻研和改进技术，提高生产效率，对于成渝路的修筑都有着很多的贡献。

帝国主义企图以封锁禁运、断绝贸易来窒息我们新中国的工业建设，但是我们有伟大的社会主义苏联和许多新民主主义的兄弟国家的帮助。我们一方面要抗美援朝，支持中国人民志愿军配合朝鲜人民军，对强大的敌人作战；另一方面又要摸索经验，培养干部，进行建设，以便把中国从一个农业的国家建设成为一个强大的工业化的国家。在国民党反动统治时期，修筑铁路，从钢轨、枕木、到鱼尾板和螺丝钉，几乎全部都是靠外国输入。我们人民的铁路，除了争取上述这些兄弟国家的友谊援助外，同时还根据毛主席自力更生的方针，"群策群力，就地取材"，成渝铁路所用的全部钢轨，鱼尾板和螺丝钉，不仅全是国货，而且都是在四川当地制造的。四川人民曾经普遍掀起了献枕木运动，保证了枕木质量好，而且供应及时。在桥梁涵洞工程上，也大量利用了当地所生产的石料，节省了许多钢料和洋灰，既经济又耐用。

成渝路在修筑工程中，特别应该提到的是吸取了苏联的先进经验。如采用了苏联的路基分层填土打夯方法，不仅免去石碴浪费，而且使工程坚固，将来不致翻工或塌方，保证了行车的安全；修建桥梁涵洞时，采取了苏联专家的建议，铺设了防水层，不致受雨水侵蚀，延长了桥涵的使用年限。

成渝路整个修筑过程，证明了一条很重要的道理，就是技术必须服务于政治，过去单纯的技术观点是行不通的。在成渝路的修筑工程中，由于政治领导了技术，就打破了一切陈腐的保守思想，发挥了群众的智慧和力量,采用了群众的合理化建议,学习了苏联先进经验,使工程达到了较好的要求。

中国有一句古词描写四川说:"蜀道难,难于上青天"。过去由于西南交通不便,使号称"天府之国"的四川的丰富物产,如大米、食盐、麻、糖、桐油、煤炭、山货和木材等,不能和各地进行广泛的交流,人民生活受到了很大影响。现在这条铁路通车了,对于发展西南各地交通、沟通城乡物资交流、发展工业、繁荣经济、改善西南人民的生活等,将起非常重大的作用,将会给四川人民带来更多的利益。

今后还要继续修筑西南的铁路,成都到天水的铁路就在今天与庆祝成渝铁路通车的同时,举行开工典礼。随着祖国国防建设和未来的全国大规模的经济建设的需要,人民铁路的建设将会有更大的发展。全体铁路职工同志们!在西南党、人民政府、人民军队和各界人民帮助下,我们要好好总结经验,提高修建铁路的技术,为继续完成和发展新中国交通运输事业的光荣任务而奋斗。

(《人民日报》1952年7月3日第1版)

为更好地完成西南铁路建设而奋斗

赵健民 [*]

成渝铁路的胜利建成体现了新民主主义社会制度的优越性

1952年7月1日——中国共产党的诞生纪念日，成渝铁路全线通车了。仅仅两年的时间，中国共产党和人民政府便实现了西南人民四十多年来的愿望，胜利地完成了这一新中国伟大的工程建设。

西南解放还不到半年，1950年6月15日，人民解放军就带头参加筑路，全面展开了重庆到成都的筑路工作。11月西南军政委员会决定，由西南财政经济委员会召开民工筑路会议，动员民工参加筑路，并抽调很多的地方负责干部，如省（区）人民政府的厅长、专员、局长、县长等，组织领导民工筑路。前后共计动员了军工28646人，失业工人18981人，民工70177人。

在材料方面，急待解决的是钢材与枕木。西南财经委员会于1950年8月召开了枕木会议，动员广大农民群众在不影响护林的原则下，采伐了129万根优良的枕木，及时供应了铺轨的需要。西南军政委员会工业部所属工厂为了供应钢轨，克服了种种困难，不断提高产品质量，并超额提前完成全线所需钢轨及配件的任务。

为了供应广大筑路工人的食粮，西南财政部在沿线设立了粮站。

这一切说明了，如果没有共产党和人民政府的领导和支持以及各方面

---

[*] 时任西南军政委员会交通部部长兼西南铁路工程局局长。

的大力协助，铁路工程是很难顺利开展的。

广大民工自觉自愿地积极参加筑路，并在筑路中受到了政治、文化教育，阶级觉悟不断地提高，生活也得到改善，他们吃得饱吃得好，冬天有棉衣，夏天有蚊帐，工资还有节余寄回家去。因此他们在工作中发挥了高度的积极性和创造性，如谢家全、颜绍贵、肖光瀚等数以万计的劳动模范，创造了许多新的工作方法，如压引放炮法，单人冲钎法等，提高了工效，降低了成本，给国家节省了大量资金。在土石方工程中，开始平均每工挖土 2 立方米，以后提高到 3.5 立方米，个别的超过 4 立方米；消耗炸药平均每立方米石方自开始的 8 两降到 3 两。

铁路职工也积极努力，改进工作，改进技术。铺轨开始时每天铺 600 米，后来最高纪录达到 5305 米。如铁路工人劳动模范余金海创造了统一闸瓦类型的办法，工程师劳动模范蓝田、郭彝改选路线，给国家节省了大量资金。

成渝铁路不但修得快，修得好，而且边修边通车运营。在旧中国，铁路是帝国主义官僚资产阶级压榨人民血汗的工具，所以也就不可能做到这一点。比如粤汉铁路株韶段全长不过四百多公里，两头又衔接已建成的铁路，修了两年九个月；浙赣铁路修了六七年后才通车。在旧中国修建铁路，要路基修好后一二年才铺轨，铺轨后一年才运营。我们则学习了苏联分段填土打夯的先进经验，1951 年 6 月 30 日铺轨至永川，9 月 1 日就办理附带运营；1952 年 6 月 13 日铺轨到成都，7 月 1 日全线正式通车，7 月初即开始运业。这是中国铁路史上的创举。成渝铁路的胜利，应归功于中国共产党和人民政府的领导，应归功于人民热烈的参加与支援，还有中央人民政府铁道部直接领导和统一计划，全国各铁路局抽调干部员工的支援和全体职工的努力。同时我们还应衷心地感谢苏联专家的热情帮助。

继续努力，更好地完成西南铁路建设任务

铁路建设是国家建设的前驱，随着国家建设的需要，西南将有更多的铁路要修建。我们应该在已有的工作基础上继续努力。

首先，应坚决地废除包商，组织自己的施工机构，担负起全部筑路工程任务。现在我们有工程总队，有解放军的铁道师，还有桥工队、隧道

队、铺轨工程大队、建筑大队、机械工程队等施工组织。

第二，克服干部中供给制思想，为推行经济核算制奠定基础。修成渝铁路的经验证明，没有精密的计划，不先设计后施工，不实行经济核算制，便要造成浪费，延误工期。要实行经济核算，必须首先克服领导干部中的机构要大、人要多、无计划或先要款料、后补预算、完成任务不算帐等等供给制思想。

第三，克服技术人员中的保守思想和单纯技术观点。修成渝铁路的经验表明，单纯技术观点对铁路建设危害很大。单纯技术观点的表现，就是不相信群众力量，不接受群众意见。如 1950 年动员民工，最初计划要 18 万人，以后减为 13 万人，结果第一期民工 8 万人尚未全到工地就够用了。又如架设沱江桥梁，原定的计划要 12 月 15 日完成，结果提前到 11 月 30 日就完成了。又如"七一"通车成都的计划，原来预定在"八一"可能还紧，但经过工人的积极努力，中间还因丁字梁事故及塌方、机车掉道的事故耽误了 18 天，结果 6 月 13 日就铺轨到成都。

第四，要虚心学习苏联专家的先进经验。苏联专家的建议，我们认真执行了的就都做好了，没有虚心接受的就没做好。如填土打夯、枕木钻眼，采用当地可用的石料以节省水泥和材料等就都做得很好。架设沱江桥先用工字铁做托梁，苏联专家看了说不能用，桥工队工程师不相信，还要试一试，结果工字铁扭坏了，浪费了材料。丁字梁装车的办法未按照苏联专家的意见办理，结果费了事。隧道衬砌加铺防水层，有的施工单位或因主观上没有重视这个先进经验，或因防水材料计划与购运不及时，使很多隧道桥涵没有铺设防水层，以致发生渗水的现象。

加强员工无产阶级的思想教育，克服干部中的供给制思想、技术人员中的保守思想和单纯技术观点，发扬群众性的、进步的、科学的工作方式方法，虚心学习苏联专家的先进经验及推行先进工作方法，这都是我们在修筑成渝铁路中最主要的经验，也是我们今后应该遵循的工作方针。我们要认真地接受这些经验，大力贯彻这个方针，不断提高我们的思想政治水平与技术业务水平，为今后完成西南铁路建设这光荣艰巨的任务而努力。

（赵健民：《赵健民文集》，山东人民出版社，
2002，第 377~381 页。）

在宝成铁路通车典礼大会上的讲话

滕代远[*]

（1958 年 1 月 1 日）

　　新建宝鸡成都铁路，已经经过验收，交付运营，今天全线正式通车了。这是我国人民在中国共产党的领导下，进行社会主义建设的又一胜利成就。我谨代表铁道部和全国铁路职工向大会致以衷心的、热烈的祝贺！

　　宝成铁路的全线正式通车，在我国政治上、经济上有着重大的意义。修建宝成铁路是我国人民、特别是陕西、甘肃、四川人民多少年来的愿望，但是只有在人民作了国家的主人之后，在中国共产党的领导下，才使这个愿望变成了现实。这条铁路在 1950 年 5 月、1952 年 9 月，分别从成都到洛阳、宝鸡到洛阳，开始进行勘测设计，经过许多条线路方案的比较，打破了在解放前认为铁路难以通过秦岭山岳地带的结论，最后才选定了现在的这条铁路，并且在 1952 年 7 月在成都开工往北修筑，1954 年宝鸡至凤县间、凤县到黄沙河间、洛阳到黄沙河间相继同时分段开工，1955年 10 月成都到上西坝间通车运营业。1956 年 7 月宝鸡到上西坝间在黄沙河接轨，比原定接轨计划提前了十三个月。全线共长六百六十八公里，共历时五年半全线建成并正式交付营业。这条铁路的建成，把我国西南和西北地区联结起来了，把成渝铁路同全国铁路联接起来了。通过它，也支援了正在延伸的川黔等西南各铁路的修建工程。四川省自古称为"天府之国"，它所出产的富饶的大米和土特产品，可以从这条线运出去；它所蕴藏着的丰富的矿产和动力资源，可以从这条线运入机器加以开发。宝成线的建成对于加强物资交流，进一步改善人民生活，促进西南地区文化和经

---

　　* 时任中央人民政府铁道部部长。

济的发展，以及支援国家工农业建设和国防建设，都将起着巨大的作用。

宝成铁路所经过的地方多为险山隘道，沿线的地形地质极其复杂，工程是艰巨的，其艰巨的程度在世界铁路修建历史上也是少有的。线路方面的选择是正确的。由于沿线地质不良，在修建中的一些地段曾出现过路基病害，1956 年曾发生过大的坍方；经过积极整治之后，过去发生的病害已经基本上整治完竣。这次经过国家验收交接委员会的评定认为：桥梁、隧道大型建筑坚固美观，路基稳定，全部工程质量总评为优良，可以交付正式营业。

宝成铁路的胜利建成，首先是党中央和国务院领导的正确；其次是全国人民的关怀和支援，特别是甘肃、陕西、四川三省党、政、军和社会团体给予的及时的领导和帮助，各兄弟部门、各兄弟企业给予各方面的大力支援。这些支援和帮助，给宝成铁路的胜利建成提供了重要保证。我谨代表铁道部，向陕西、甘肃和四川省的党、政、军领导部门和社会团体，各中央部门和各兄弟企业，致以衷心的感谢！

修建宝成铁路这一伟大成就的取得，是同苏联政府派来的专家们的帮助分不开的。专家们精湛的技术和高度的国际主义精神，帮助我们克服了不少技术上的困难，并且给了我们广大职工以深刻的教育和良好的榜样。我谨代表铁道部及全体筑路职工，向苏联专家们致以衷心的感谢！

在宝成铁路设计和施工的过程中，筑路的全体职工们以豪迈的气魄，使高山低头、河水让路，遇到困难坚决加以克服，日日夜夜同自然界进行着顽强的斗争，付出了辛勤的劳动，丰富了建设祖国的本领，壮大了技术队伍，尤其是提前完成了宝成铁路修竣通车的光荣任务，为国家和人民做出了巨大的贡献。我谨代表铁道部，向筑路的全体职工同志们致以衷心的感谢！

宝成铁路已经把成渝铁路和全国已建成的铁路联成一个整体。接管宝成铁路的管理部门的全体职工同志们，希望你们认真作好养护和维修工作，不断提高铁路质量，密切联系相邻的兄弟局，兢兢业业，办好运输事业，更好地为全国人民服务。我预祝你们未来工作的成就和胜利！

宝成铁路工程是丰富多彩的。这条铁路的建成，为我国今后修建山岳地区铁路取得了丰富的经验教训。修建宝成铁路的全体职工同志！希望你们总结并好好把取修建这条铁路的经验教训，戒骄戒躁，继续努力向苏联专家学习，认真贯彻勤俭建国、勤俭办企业的方针，以迎接我国发展国民经济的第二个五年计划，为又多又快又好又省地完成新建铁路任务而努力。

［中国社会科学院中央档案馆编《1953—1957 中华人民共和国经济档案资料选编》（交通通讯卷），中国物价出版社，1998，第 122 页。］

铁路二十年规划的初步设想（节选）

原铁道部计划局

（1963 年 4 月 22 日）

……

三、长期规划的目标与任务

……

按照这个目标，第三个五年铁路建设的任务是：

……

2. 新建铁路 2000~3000 公里，建成黔滇线，继续修建兰青线，大力延伸森林线，并争取建成川黔线和侯西线。

……

十年铁路建设的任务是：

……

2. 积极发展铁路网，修建新线 1.2 万~1.3 万公里，重点建设西北、西南地区的铁路……

……

六、关于平战结合

铁路建设中，必须贯彻国防观点，做到"居安思危""有备无患"，保证在战争破坏下能够不间断运输。

……

为了贯彻上述要求，在今后的铁路建设中要注意以下几个方面的问题：

1. 新线建设

铁路网的布局，前十年着重在构成华北、东北、西南的战略干线网和战役铁路网，并适当考虑东南海防和中印边防。后十年，要基本上形成各战区的战略干线网和战役干线网。

......

八、新建铁路

第三个五年共新建铁路 2000~3000 公里。

为开发边疆，巩固边防，修通黔滇线（包括内昆线南段），同时修通川黔线，使西南三省铁路相互连通，并把云南省和全国通过铁路联结起来。

......

第四个五年共建铁路 10000 公里。

西南地区继第三个五年修通黔滇、川黔线之后，再修通成昆线和湘黔线，西南地区干线网基本形成。全国所有省、自治区都通过铁路联接起来。

......

西北、西南广大边远地区，修通兰新、南疆、兰青、青藏（通至日喀则）和喀什—嘎大克几条大干线。

十二、扩大机车车辆的制造和修理能力

......

第三个五年内还要开始建设昆明（机、客、货车修理）、向塘（机车修理）、内江（货车修理）、张家口（客车修理）、宜宾（内燃机车制造）等五个厂，以满足第四个五年修、造任务的需要。

关于西南铁路勘测设计、施工力量安排等
有关问题的指示、通知（1964）（节选）

关于加速修建西南铁路动员全路支援勘测
设计和施工力量及有关问题的指示

各铁路局、各工程局、各设计院、各机车车辆工厂、各桥梁厂、各工程机械修造厂、各通信信号厂、电务工程总队、各局、院、厂政治部（处）：

根据中央关于加速修建西南铁路的指示，已对成昆、川黔、黔滇、湘黔四条干线及有关支线的通车日期提出了具体要求。并已决定成立西南铁路建设总指挥部，统一组织领导全部修建任务，这几条铁路的建成，对国民经济建设，和巩固国防都具有重要意义，既是长远需要，又是当务之急。

这几条铁路工程任务艰巨，工期紧迫，国家要求高速度、高质量、节省投资、保证安全地完成修建任务。而当前主要问题是：西南地区现有的建设力量远远不能满足任务的要求。为此，必须在全路范围内继续抽调大量的人力、物力；同时依靠全国各方面的支援才能确保这一任务的胜利完成。这是一项迫切的政治任务，要求路内各单位全力支持，按照指示保质保量迅速行动。兹将修建这四条铁路继续从路内抽调的勘测设计和施工力量的有关问题指示如下：

一、勘测设计和施工力量的调动安排：

（1）勘测设计力量方面：

从第一设计院调一个勘测队，第三设计院调二个勘测队，第四设计院

调一个勘测队，共四个勘测队（每队各配三部钻机）共 456 人给第二设计院（按附表一配备）。

从第一、三、四设计院各抽调参加勘测设计工作三年以上的技术人员 50 人，共 150 人（按附表二配备）给第二设计院，以加强成昆线的勘测设计力量。

从全路抽调 765 名勘测设计人员给第四设计院。由第四设计院先在现有人员中抽四个成建制勘测队和所属的钻机组，组成六个勘测队带 23 部钻机组，并组成一个 300 人能独立设计的现场设计组，共计 1200 人（包括部分补充人员）的勘测设计力量，派副院长及副总工程师各一人率领，归西南铁路建设总指挥部领导，负责湘黔线勘测设计工作。设计队伍的领导机构暂驻都匀。

（2）施工力量方面

从东北铁路工程局调第五工程处（包括原该处的机械筑路队）全部力量共 10000 人，五处担任嫩林线的施工任务移交铁道兵接管。

从华北铁路工程局调第三工程处共 3000 人，剩余约 1000 人补充新的劳动力后，仍组成一个工程处，继续担任詹东线的配套任务。

从北京铁路局抽调一个工程处机关及二个工程段（包括原平工程段）共 2000 人。

从西安铁路局调一个工程段共 1000 人并入北京铁路局调出的工程处内。

从西北铁路工程局调一个架桥铺轨队共 300 人。

从哈尔滨铁路局调一个建筑段共 500 人。

从部基建总局电务工程总队调一个通信队（以上海队为基础）200 人。

以上成建制共调动 17000 人（按附表三配备），给西南铁路建设总指挥部，以加强成昆、川黔、黔滇线的施工力量。

两座金沙江及大渡河桥由大桥工程局负责设计、施工，大桥工程局应配备足够的设计施工力量，在设计、施工期间，归西南铁路建设总指挥部领导。以上调转的勘测设计队伍和通信队应于九月底以前到达工地，其余队伍应于十月底以前到达工地。

（3）工厂方面

将西北铁路工程局兴平机械厂全部人员和设备迁往西南（经租队的设

备和人员不调），地址由西南铁路建设总指挥部确定。

将基建总局所属武汉机械厂全部人员和设备迁往贵州六枝。

以上两厂迁厂后归西南铁路建设总指挥部领导。

将基建总局都匀桥梁工厂，划归西南铁路建设总指挥部领导。

以上各厂迁建及扩建费用，由各厂编送计划于十月十五日前送总指挥部审批，迁建工厂要求今年年底前建成临时厂房，一九六五年第一季度末迁完投产。

（4）除以上成建制调动外，设计、施工单位尚需补充的党政干部、工程技术干部及技术工人由全路范围内抽调补充一部分，其余由各设计、施工单位自行培养。今年从全路抽调工程技术干部 1200 人（其中：中专毕业生不超过 40%），机械技术工人 5760 人，抽调的上述技术干部和技工应于十月底以前完成。

临管运输人员主要由成都、昆明、柳州等铁路局根据新线铺轨通车时间的需要尽量抽调补充。这些人员将来线路正式移交运营时，仍留交铁路局。各铁路局为临时运营抽调的人员，由部下达后备人员指标解决。

以上各调出单位本年劳动力的补充问题，由部另作安排，各单位应充分挖掘潜力，改善劳动组织，尽可能使原有任务不受影响，或少受影响。

二、关于调转职工的要求：

为使调动的勘测设计、施工队伍能迅速进入工地，执行任务，各调入调出单位应按以下原则办理：

（1）成建制调动的单位（包括一分为二的处、段、队）领导班子必须配齐、配强，技术工种要配套。并配备附属机构，配足生活供应、医疗卫生、修理和材料等各方面人员，携带常备的设计、施工机具、设备、劳动保护用品、炊具及现有帐棚等，使其到达工地，即能进行工作。

（2）所调人员，必须是政治可靠、历史清楚、年龄较轻、身体健康、技术业务熟练、适合于三线建设工作的人员。成建制调动队伍中，凡是不符合上述条件者应由原单位负责调整，另行安排。

（3）调转职工一律不带家属，其家属由原单位在生活、住房、医疗、子弟教育等各方面负责予以照顾。

（4）凡成建制调动的人员中，属于铁道部管理的干部不再办理审批手续，由各调出单位负责审查，报部备案。非成建制调转的人员中属于铁道部管理的干部应尽早报部批准，办理手续。

（5）队伍调动由调入单位会同调出单位（由调出单位负责）向有关铁路局提出运输调转工人和机具设备的用车计划，将出发日期，始发和到达站名及人数报部安排。如跨越两个铁路局，能自行协商解决者，由有关铁路局协商解决。有关铁路局对调往西南的设计、施工力量（包括设备）应优先给车，以免延误开工日期。

三、费用拨款问题

（1）调转人员及机具设备等转移费，以及工作人员所发生的差旅办公费用，按照有关规定，由调出单位做出预算送有关调入单位审核拨付。

（2）随同队伍调转的机具设备，属于固定资产者，按无偿调拨办理；属于低值易耗品等流动资产者，按流动资金无偿移交办理。

（3）调出单位的原有集体生活福利物资和资金应妥善处理，严禁乱用私分。

（4）调出单位的债权债务，在未调出前，必须在原有单位清理完毕；如有未了的事宜，应由原单位负责办理。

（5）调出单位的决算及财务计划，均应于三季度决算期内与调入单位办好手续，至迟不得超过十月底。并提出双方签证的移交决算及财务计划各一份，报铁道部财务会计局和西南铁路建设总指挥部。

四、调出、调入单位必须做好的几项工作

（1）西南铁路建设是一项艰巨、光荣的任务，同时也是培养干部、培养技术队伍的良好场所，调出单位必须从全局出发，从长远利益出发，应指定一名书记或局长，亲自负责完成这项任务。对调转的职工必须做好思想动员。并按抗美援朝的精神做好支援西南铁路建设的工作。

（2）成建制调出单位，原有勘测设计和施工任务可能会受到一定影响，除劳力补充问题由部另作安排外，希对年度任务，再进行一次全面安排，按照先后缓急程度，重新部署力量，力争主要任务，不受影响。

（3）西南铁路建设总指挥部及其所属单位应积极做好施工准备，为调入人员做好生活上工作上的具体安排。并及时派出得力干部，赴调出单位办理接收人员等有关事宜，共同做好大批人员的调动工作，以保证西南铁路建设的顺利进行。

附：人员调动配备表一份

一九六四年九月十二日

抄：国家计委、国家经委、中央组织部、中央工交政治部、经委三线办公室、经委基建办公室、劳动部、商业部、粮食部、中共西南局、西南铁路建设总指挥部（10 份）、四川、贵州、河北、河南、湖北、陕西、山西、云南、甘肃、黑龙江省人委、新疆、内蒙自治区人委、北京、上海市人委、铁道兵司令部。

部内：政治部、计划局、材料局、劳资局、财务局、卫生局、统计局、办公厅、运输总局、工厂总局、基建总局。

关于修建成昆、川黔、滇黔、通让铁路勘测 设计和施工力量有关问题的指示

西南、东北、华北、西北、大桥工程局，福州、郑州、上海、济南、北京、成都、哈尔滨、吉林、沈阳、广州铁路局，第二、三设计院，丰台、株州、山海关、沈阳、都匀桥梁厂：

根据国家计划委员会，国家经济委员会（64）字计交第 1478 号、第 1726 号文的通知，决定今年增加成昆、川黔、滇黔（包括内昆南段）、通让四条线的投资。具体安排按铁道部铁密计建字第 2322 号文的指示办理。修建成昆、川黔、滇黔、通让四条铁路是发展国民经济和有关国防的重要项目，国家又要求在较短时期内修通，因此任务艰巨、工期紧迫，必须在全路范围内调动人力、物力以及取得各方面的支援，才能保证这一任务的胜利完成。

……

关于增加通让、川黔、滇黔、内昆等线 1964 年计划的通知

通让线基建发包组，西南基建发包组，第三设计院，东北、华北、西南铁

路工程局：

根据国家计委、经委（64）计交字第 1478 号文批准，增加通辽—让湖路线、川黔线两个项目 1964 年计划，以及追加滇黔线和内昆南段的计划投资，兹将各线增加计划投资和主要要求转发各有关单位依照执行。……

二、川黔线今年计划投资 2800 万元，应完成都拉营至息峰、石门坎至松坎正线铺轨 72 公里，并做全线路基土石方桥隧重点施工。为了便于工程材料的运输，在不增拨钢轨数量的条件下，可考虑北端正线铺轨至松坎以南 6 公里附近，编制计划时基建、施工单位进一步研究确定。本线由西南基建发包组发包，由西南铁路工程局施工。

三、滇黔线（贵阳—树舍）追加计划投资 700 万元（原计划投资 2600 万元，追加后共为 3300 万元），其中六枝—水城段追加投资 400 万元，应做运输便道等准备工程及隧道施工；水城—树舍追加投资 300 万元，应做运输便道及二扩电站施工。

为了补充工程局施工机械和瓦斯隧道施工防爆设备，增加西南铁路工程局施工机械投资 1000 万元，希即编制计划报部并进行订购。

四、内昆南段追加计划投资 900 万元（原计划投资 400 万元，追加后共为 1300 万元），应完成格以头至河东（长坡）正线铺轨 40 公里，并做树舍以南桥隧土石方重点施工。

五、根据国家计委、经委的批示，今年川黔线所需木材 8610 立方米，枕木 15 万根，滇黔线内昆线所需木材 8150 立方米，枕木 95300 根，由西南局计委组织有关省解决。其余各项材料由国家增拨铁道部指标解决。各施工单位即联系有关单位申请材料。

六、各线发包单位、施工单位根据增加的计划投资和主要要求，结合设计文件共同研究，编制计划据以执行，并报部备案。

一九六四年六月十三日

抄：国家计委、经委，国家物资管理总局，东北局、西南局计委、经委，财政部，铁道兵司令部，吉林、黑龙江、四川、贵州、云南省计委，本部：财务会计局、统计局、基建总局、第二设计院。

把握大好时机，深化基建改革，为加快铁路建设作出更大贡献

——在全路领导干部会议上的讲话（节选）

孙永福[*]

（1993 年 1 月 11 日）

南昆铁路是西南出海的重要通道，必须加快建设。1993 年安排投资 12 亿元，另省筹 2.2 亿元。全线展开施工，南宁—那厘段要尽快铺通，昆石段完成线下工程的 85%，那百段完成 70% 左右，其余地段完成 20% 左右。成达线要发挥风险总承包的优势，尽快全面展开施工，东段综合完成线下工程 80% 左右。宝成线阳平关—成都段全面开工，争取三年拉通。成昆和湘黔东段要抓紧电化前的技改工程施工。川黔电化应组织好收尾配套工程。渝达线电化做好施工准备，争取开工。西安安康线要抓紧技术设计，要尽快完成长隧道的前期工作。

（吴昌元主编《1993 中国铁路改革与发展重要文稿》，

中国铁道出版社，1994，第 212 页。）

---

* 时任铁道部副部长。

加快铁路建设　促进西部开发

——在"2000 中国西部论坛"上的发言

孙永福[*]

（2000 年 10 月 22 日）

实施西部大开发战略，是党中央高瞻远瞩作出的重大战略决策，是我国全面建设小康社会的需要，也是中华民族长远发展的需要。西部大开发，将为 21 世纪我国经济拓展新的发展空间，也给铁路发展带来新的机遇。以新的思路加快西部铁路建设，是实施西部大开发战略的重要内容。

铁路在西部开发中的重要作用

铁路是大宗物资长距离运输的主要方式。我国广大的西部地区有着丰富的矿产资源，是我国能源、原材料的供应基地。西部地区煤炭、石油和矿石三大类货物外运量，占该地区货物外运总量的 40% 左右。铁路运输以其大能力、低成本的技术经济优势，能够适应西部与东中部长距离物资交流的需要，为改善投资硬环境提供了低运输成本的基础条件。1998 年西部地区铁路完成的货物周转量，占该地区总货物周转量的 63.7%，比同期铁路占全社会货物总周转量的比重高出 9 个百分点，这表明铁路对于促进西部地区经济发展具有十分重要的作用。

铁路是开发旅游资源的必要条件。西部地区的自然和人文旅游资源非常丰富，如丝绸之路、唐蕃古道、巴山蜀水等等。但由于西部交通运输不便，使其得天独厚的旅游资源"藏在深山人未知"，开发西部旅游业潜力

---

* 时任铁道部副部长。

巨大，前景广阔。加快西部铁路建设，不仅能够为旅游资源的开发提供运力保证，还可以为西部地区可持续发展创造良好条件。

铁路是加快城市化进程的重要基础。铁路是经济发展的重要纽带，一些地区经济带和重要工业基地，如陇海经济带、成渝经济带、攀西钢铁基地等，都是随铁路发展而形成的。铁路建设带动了沿线地区相关产业的发展，增加了就业机会。铁路车站作为人员聚散和物资流通的枢纽，为城镇的形成和发展提供了有利条件。正是由于枝柳铁路和湘黔铁路的修建，才使湘西偏僻的怀化，发展成为一个经济繁荣的城市，被称为"火车拖来的城市"。

铁路是对外开放的重要因素。西部地区没有出海港口，但与十个国家接壤，边境口岸有几十个，具有对外开放的优越地缘条件。扩大西部地区与周边国家的友好交往，促进对外经济合作，是西部大开发的重要内容，而铁路是促进对外交流与沟通的桥梁。

加快铁路发展是西部大开发的迫切需要。近十年，铁道部加大了对西部铁路投资力度。截至1999年底，西部地区铁路网规模已达15800公里，占全国铁路的24%。尽管如此，西部铁路仍然不能适应西部地区经济和社会发展的需要。主要表现在，一是路网覆盖面小。目前西部地区铁路网密度不到全国平均水平的40%，西藏还是全国唯一不通铁路的省（区）。二是技术标准较低。西部地区铁路多为单线，技术标准不高，装备比较落后，运行速度较低，抗御自然灾害能力差。三是联系通道少。陇海线是西北与东部联系的主通道，能力已趋于饱和。西南对外通道，除新建成的南昆线能力还有富余外，其他各线能力都已饱和。加快铁路发展是西部大开发的紧迫任务。

西部铁路发展规划

西部交通基础设施总体较为落后，各种运输方式都有很大的发展空间，需要统筹规划，形成优势互补、合理分工、协调发展的格局，建立高效、便捷、安全的综合交通运输体系。要针对西部地区特点，合理确定铁路建设的规模、重点和实施步骤。西部铁路建设的战略目标是：拓展内外通道，强化技术改造。提高运输能力，适应发展需要。"十五"期间，西部铁路建设投资力度将进一步加大，约占全国铁路投资总额的40%左右。经过"十五"的建设，西部路网规模将增加2000多公里，达到1.8万公里左右，基本形成路网主骨架，内外通道整体运输能力大幅度提高，进出西南、西北的运输紧张状况基本得到缓解。

加快沟通东西部通道建设。西部与东中部客货交流的畅通，是西部经济发展的基本保证。为提高西北地区东出运输能力，加强西北与内地的联系，除强化陆桥通道、京兰通道外，建设西安至南京铁路，研究太原至中卫铁路方案。为加强西南与华南、华东地区的联系，除强化沪昆通道、贯通沿江通道外，建设重庆至怀化、遂宁至重庆铁路，形成西南东出的新通道。

加强西部省区间通道建设。加强西部地区南北联系，打通包柳通道，建成内昆铁路、水城至柏果铁路，完成盘西线电化、内宜线电化改造。对侯西铁路进行扩能改造，提高晋、陕两省间运输能力。为促进西藏自治区经济发展，加强国防建设，修建进藏铁路。

进行西部国际通道建设。与有关国家配合建设连接喀什—奥什—安集延的中吉乌铁路，与南疆铁路一起形成亚欧大陆桥的南部通路。与有关国家配合修建昆明至新加坡泛亚铁路，开辟我国至东南亚国际新通道，打通直达印度洋的出海口。

加大既有线改造力度。既有线的合理扩能，对通道畅通至关重要。"十五"期间，除继续完成阳安线扩能外，要配合包柳通道建设，安排延安北至新丰镇扩能改造，完成襄渝线襄樊至达县段扩能改造。进行青藏线西宁至格尔木段扩能改造，北疆铁路扩能改造，及京兰通道提速改造。

多方筹集西部铁路建设资金

完成"十五"计划所列西部铁路建设项目，需要投资1000多亿元。我国西部地形、地质条件复杂，铁路工程艰巨。项目投资额大，建成后运量相对较小。这类铁路建设具有国土开发性质，项目本身财务收益较差，但社会效益显著。筹集铁路建设资金是落实西部铁路发展规划的关键，既要加大国家和地方政府的支持力度，又要加大以资源换资金的力度。

中央财政投入起主导作用。西部铁路建设是一项长期的艰巨任务，要根据运量大小、项目特点，合理确定建设标准和建设时机，提高项目的社会效益和经济效益。要集中力量，优先搞好起重要作用的线路。对南疆铁路、进藏铁路等公益性铁路，要由国家出资建设，并对运营中的政策性亏损给予补贴。

充分发挥地方政府积极性。充分发挥地方政府的支持和推动作用，运用行政、经济、法律等多种手段，创造良好的建设环境。尤其对促进地方经济发展的铁路，要增强地方政府参与投资建设的责任。在征地拆迁、物资供应、设施配套、地方税费等方面给予优惠条件，尽可能减免有关税费，降低铁路建设成本。

积极探索市场融资方式。西部铁路建设要依靠国家投入资金和地方积极参与建设，还要探索新的路子。制定地方优惠政策，提供沿线土地开发及划定区域的资源开发等优惠条件。发行西部铁路建设特别债券，优先安排政策性贷款，实行财政贴息和延长还款期等特殊政策，多渠道筹措铁路建设资金。

重视保护生态环境

西部铁路建设必须充分重视搞好水土保持、植树造林、防风固沙和水资源保护，实施建设项目全过程的环境管理，加强施工期环保监督，减少生态环境破坏，避免造成新的污染。要从资金、技术等方面支持铁路沿线种树种草，建设绿化带和防沙带，改善和保护铁路沿线生态环境。要坚持生态保护与污染防治并重，加强对流动污染源的管理，开展有关降噪减震、污水处理回用、内燃机车废气治理等技术的研究开发。要采取综合措施，使列车运行震动和噪声控制在国家规定标准内。要逐步推广站车垃圾袋装化收集、定点投放、集中处理模式和旅客列车密封式集便装置及地面接收处理系统，提高铁路沿线环境质量。

加快西部铁路发展，必须加大铁路改革力度，实现体制创新机制创新和技术创新。要积极推进铁路政企分开，加强政府对铁路的行业管理和宏观管理职能，确立企业的市场主体地位，促使企业自觉地改善经营管理。要改革铁路投融资体制，实行分类建设制度，落实投资责任，提高投资效益。要进一步加强铁路科技进步与创新，更加重视研究开发适合西部铁路特点的技术和装备，提高机械化、自动化程度，降低工程造价和运营成本，提高西部铁路建设质量和运输服务质量，更好地满足西部地区社会经济发展的需要。

（中华人民共和国铁道部主编《世纪大决策》，

中国铁道出版社，2003，133~137 页。）

西南各省铁路决策、规划文献

政府工作报告（2013年1月26日在贵州省第十二届人民代表大会第一次会议上）（节选）

原贵州省代省长　陈敏尔

各位代表：

现在，我代表省人民政府向大会作工作报告，请予审议，并请省政协委员和其他列席人员提出意见。

……

我们坚持基础设施先行，发展条件显著改善。交通建设取得重大突破……

铁路电气化改造全部完成，贵阳至广州、长沙、昆明客运专线和贵阳至重庆快速铁路、织毕铁路开工建设，新增铁路100多公里，在建1400多公里。

……

今后五年的主要任务是，着力构建"六大体系"：

……

（二）构建适应经济社会发展的现代基础设施体系。布局合理、适度超前、延伸到县以下的基础设施网络，是我省后发赶超的重要支撑。形成连通内外覆盖城乡的现代综合交通运输网络。打通连接周边省（区、市）的快速铁路通道，实现县县通高速公路；建成连接主要工矿区、重点产业园区、旅游景区、机场码头的支线铁路或专用公路，推进城际铁路、城市轨道交通和贵阳市轻轨建设。高速公路通车里程6000公里，现有国、省道二级及以上公路比重分别达到 90% 和 65%，行政村通油路达到 85%。铁路营运里程超过 3800 公里，其中快速铁路 1400 公里。……

（《贵州日报》2013 年 2 月 5 日第 1 版）

陈敏尔：满怀激情迎接高铁时代，
加快打造贵州"两高"经济带

9月26日下午，省长陈敏尔主持召开省十二届人民政府第42次常务会议，研究部署打造贵州"两高"经济带、发展现代山地高效农业和培育壮大村级集体经济有关工作。他强调，要进一步增强机遇意识，满怀激情地迎接高铁时代到来，依托贵阳至广州高速铁路、高速公路大通道，加快打造以高铁为引领的综合交通网、特色产业带、新型城镇带、生态旅游带。

在听取贵州"两高"经济带规划研究有关情况汇报后，陈敏尔指出，今年底贵广高速铁路将建成通车，我省将迎来高铁时代。"高铁时代"是一个大交通时代、大合作时代、大红利时代，正在改变区域发展的时空观、边界观、区位观、资源观，将极大地改变人民群众的生产生活方式。全省上下要树立强烈的机遇意识，认真谋划，主动作为，共同迎接高铁时代，加快打造贵州"两高"经济带。一是加快打造以高铁为引领的综合交通网。要打通关键通道，确保贵广高速铁路年内通车，加快沪昆客专、渝黔铁路、成贵铁路等项目建设，争取贵阳至郑州铁路项目纳入国家规划，加快推进贵阳至南宁铁路等项目前期工作，推动贵阳至广州高速公路尽早全程连通。要促进互联互通，统筹推进铁路、高速公路、民航机场、水运设施建设，加快建设一批零距离换乘交通枢纽，促进各种运输方式有效衔接。要加快物流网络建设，大力发展高铁现代物流，培育发展电子商务等第三方、第四方物流，进一步改善物流条件，降低物流成本。二是加快打造特色产业带。要优化产业布局，围绕"两高"沿线中心城市、交通枢纽和重点产业园区，因地制宜发展特色优势产业。要搭建产业平台，加快沿线"5个100工程"建设，提高档次和水平，结合实际适当调整完善沿线产业园区空间布局，让"金篮子"装"金鸡蛋"，用"金项链"串起"金珍珠"。三是加快打造新型城镇带。要加快沿线重点城镇建设，完善城镇功能、规划和配套设施，提升城镇建设档次和品位。要高水平规划建设高铁站场，做到传统与现代相融合、建筑风格与地方元素相协调；以高铁站场为核心，加快高铁新城新区建设，拓展城市空间，优化功能布局，提高建设水平。四是加快打造生态旅游带。要依托"两高"沿线文化、生态、环境等资源，共同构建旅游精品带，把景点串成景区；共同开拓旅游市场，深化与"两高"沿线省份及周边的交流合作，共享优质旅游资源，打造"两高"沿线旅游升级版。陈敏尔强调，要高度重视高速铁路运行安全，进一步加强对铁路安全意识的宣传教育，强化高铁日常管护和沿线地质灾害隐患排查治理。政府、社会、企业和铁路各方要同心同德，齐心协力把高铁管理好、运用好、发展好。

在听取我省现代山地高效农业发展情况汇报时，陈敏尔强调，做好"三农"工作，目的是要让农民富起来，让农村美起来，让农业强起来。各地各有关部门要坚定不移地贯彻省委、省政府的决策部署，大抓特抓现代山地高效农业。要立足"山地"特征，认清山地优势，开发山地资源，念好"山字经"，种出"摇钱树"。要体现"现代"要求，树立现代农业理念，运用现代科学技术，推广现代农业生产经营模式，建设现代农业产业体系。要突出"高效"目标，坚持以亩产论英雄，提升农业资源利用率、土地产出率、劳动生产率，促进农业增效、农民增收、农村发展。一是要以农业园区为抓手，大力推进现代高效农业示范园区建设，完善园区基础设施，搞好园区配套服务，努力保障园区建设和企业发展需求。二是要以市场需求为导向，坚持市场需要什么就发展什么，什么符合市场需求就种养什么，培育农业品种品质品牌，以农产品卖出去、卖得好为目的，想方设法扩大农产品市场销售。要牢固树立保障粮食安全的观念，立足于增强我省粮食自给能力，加强耕地保护，提高单产水平，充分发挥粮食、供销部门的职能作用，在粮食种植结构和流通、加工、消费等方面，与时俱进地推动粮食工作现代化，实现粮食供给动态平衡。三是要以培育经营主体为重点，大力发展农业龙头企业、农民合作社等新型主体，培育农业经纪人队伍，发挥其集聚整合农业市场、生产、科技、资本等要素的作用。四是要以加工为突破口，重点支持农产品加工，提高组织化程度，带动农产品生产和销售，促进产加销一体化。要大力发展农业领域电子商务，创新营销模式，扩大农产品市场占有率。五是要以改革开放为动力，扎实推进农村产权制度等改革，深化农业科研院所改革，统筹使用好公益类、应用类、市场类等各类农业人才，引导越来越多的农业人才服务我省现代山地高效农业发展。要扩大农业开放，大力开展农业招商引资，引进更多资金、技术、人才等生产要素，促进农业加快发展。

在审议关于培育发展壮大村级集体经济若干政策措施的意见时，陈敏尔要求，要把发展村级集体经济的理念确立起来，更加重视发展壮大村级集体经济。要把组织培育起来，推动建立一批农民合作社等村级集体经济组织。要把机制建立起来，围绕富裕农民发展村级集体经济，允许财政补助形成的资产转交村级集体经济组织持有和管护，不断增加村级集体经济收入，实现民富村强。要把业态探索出来，因地制宜发展各类产业，创新村级集体经济业态。要把典型示范起来，结合不同村集体的产业特色和经济特点，首先抓出一批类型各异的示范村，适时总结部署推广，引领带动全省村级集体经济加快发展。

（《贵州日报》2014 年 9 月 27 日第 1 版　记者杨惠）

赵克志：以高铁开通为契机进一步加快我省交通建设，在更宽领域更深层次开展对外开放务实合作

贵广高铁开通在即，22 日上午，省委书记赵克志专程来到贵阳火车北站，检查开通前期准备和运行保障工作。他强调，要以贵广高铁开通为契机，全力抢抓国家加快中西部地区铁路等交通基础设施建设的机遇，进一步加快推进我省综合交通运输体系建设，为实现与周边省区快速互联互通，在更宽领域更深层次开展对外开放、加强务实合作奠定坚实基础。省领导宋璇涛、廖国勋、陈刚参加调研。

22 日一早，赵克志一行从贵阳火车站乘坐动车来到贵阳火车北站。赵克志仔细查看了站台、雨棚、站房等设施，看到贵阳北站站房宽敞明亮、建筑整体特色浓郁、现代气息十足，十分高兴。在西广场，赵克志查看了景观绿化效果，功能区路网配套建设、广场铺筑等情况，要求有关方面再接再厉、精益求精，做到建设一流、保障服务一流，以最良好的状态迎接贵广高铁开通。

赵克志亲切看望了建设者代表，向他们表示亲切慰问。他对大家说，参与贵广高铁和贵阳北站建设的广大建设者经过几年的艰辛努力，抓质量、保安全、出进度，如期完成了贵广高铁和贵阳北站建设任务，创造了骄人业绩，极大提振了贵州人民的精气神，极大提升了贵州的对外形象，贵州各族群众感谢你们。

随后，赵克志召开座谈会，听取贵广铁路公司和贵阳客站建设指挥部负责同志有关工作汇报，充分肯定了各方的工作成效，代表省委、省政府，向中国铁路总公司、成都铁路局长期以来对我省的支持表示感谢，对做好贵广高铁开通前期准备和运行保障工作，进一步推进全省铁路建设提

出要求。

赵克志指出，在党中央、国务院的亲切关怀和国家有关部委的大力支持下，在粤、桂、黔三省区的通力合作下，贵广高铁即将迎来全线开通运营，这是贵州人民的一件大事和喜事。贵广高铁开通运营，巩固了贵阳市西南重要陆路交通枢纽地位，将极大促进区域经济协调发展，推动贵州全方位扩大对外开放。我们要充分认识贵广高铁开通运营的重要意义，以此为契机，更加坚定不移推进新型工业化、新型城镇化、信息化和农业现代化同步发展，更加明确自身比较优势和发展定位，主动对接泛珠三角经济区、贵广高铁经济带和珠江—西江经济带，大力实施开放带动、创新驱动战略，加快发展战略性新兴产业，在更宽领域更深层次开展对外开放，推进区域经济务实合作。

赵克志强调，目前已经进入贵广高铁正式开通的最后冲刺阶段，要抓紧抓好安全评估和验收相关工作，按照专家意见，科学调整完善有关措施和方案。要抓紧抓好沿线站房及配套设施建设，保障运营安全和运营秩序。要妥善解决工程建设造成的地表失水，道路、沟渠损毁等问题，切实维护群众利益，并继续抓好沿线环境整治工作。要实事求是把运行图、运行时间向社会公布，让群众明白出行、高兴出行。

赵克志强调，要以贵广高铁开通为契机，进一步加快我省铁路等交通基础设施建设。今年以来，中央多次研究部署加快铁路建设，我们要抓住机遇，加快推进在建项目，争取贵阳至长沙、昆明、成都、重庆等高铁和省内城际铁路早日开通运营。要深化规划研究、抓好项目前期准备工作，争取更多项目纳入国家"十三五"铁路建设规划。

省有关部门、贵阳市、观山湖区负责同志参加调研。

（《贵州日报》2014 年 12 月 23 日第 1 版　记者赵国梁）

铁道部与我省在昆召开专题会议提出，加快建设面向西南开放铁路大通道

昨日，铁道部、云南省加快铁路建设专题会议在昆明举行，会议提出，紧紧围绕桥头堡建设，坚持不懈地推动云南铁路建设再上新台阶，加快构建我国面向西南开放的国际大通道。

铁道部党组成员、副部长陆东福，省委常委、常务副省长罗正富出席会议并讲话。

陆东福在讲话中指出，近年来，云南省铁路建设进入了一个前所未有的速度快、高质量、大投入阶段，成绩喜人。同时，部省建立了战略合作机制，双方发挥了各自优势，推动了云南省铁路建设。云南省地处边疆，山区多、地形复杂，与周边国家交通往来不畅，因此，党中央、国务院提出了把云南建设成为我国面向西南开放的桥头堡战略目标，铁道部也规划了在云南建成铁路大通道、大干线，以及建设以昆明为中心向周边地区辐射的路网，建成城际网等中长期铁路网发展方案。他表示，只要有利于云南省经济社会发展需要，有利于中央提出的建设桥头堡战略需要的项目，铁道部将给予大力支持。他希望云南省坚持部省战略合作机制，攻坚克难，加快在建项目建设进度，保证工程质量，如期完成今年任务目标，为加快构建我国面向西南开放的国际大通道作出更大的贡献。

罗正富在讲话中说，加快云南铁路建设，既是贯彻落实胡锦涛总书记关于桥头堡建设的重要指示精神和中央西部大开发会议精神的要求，也是加快云南经济社会发展的迫切需要。

云南省委、省政府认真贯彻落实部省历次会谈精神，始终坚持把铁路

建设放在全省经济社会发展大局中来思考和落实，始终坚持把铁路建设作为全省的一项重大任务来抓，连续四年将铁路建设列为全省经济社会发展20个重大项目之一，推动了全省铁路建设。目前，云南省委、省政府按照桥头堡建设的总体要求，提出了"十二五"及中长期铁路网发展规划思路，进一步完善"八入滇、四出境"铁路骨干网络，积极推进沿边铁路及滇中城市群城际铁路建设，加快建成省内各区铁路枢纽，把云南建设成为我国面向西南开放的铁路枢纽。

据介绍，今年以来，我省各地、各部门紧紧围绕确保完成铁路建设投资150亿元、力争实现160亿元的目标，全面加快在建铁路项目的建设进度、积极推进一批规划项目的前期工作等目标任务，全省铁路建设继续保持快速健康的良好发展态势。云南在建铁路项目已达13项，建设里程超过1900公里、投资规模超过1500亿元，为"十二五"时期进一步加快铁路建设发展奠定了坚实基础。今年1至10月，全省完成铁路建设投资105亿元，同比增长了177.7%。与此同时，云南规划铁路项目的前期工作也取得了可喜进展：广大铁路扩能改造工程初步设计已得到部省批复，正在抓紧进行施工图设计；大瑞铁路保山至瑞丽段初步设计已基本完成，两个项目有望很快进入工程实施阶段。中老通道玉溪至磨憨铁路的项目建议书已报国家发改委；成贵铁路可研报告已完成国家发改委内部会签；攀枝花经昭通至遵义铁路预可行性研究进行了评审。这些重点项目前期工作的加快推进，将进一步把云南铁路建设推向新的高潮。

会前，陆东福率铁道部调研组前往成昆铁路扩能改造项目、芒市至腾冲猴桥口岸铁路建设项目进行了调研。

（《云南日报》2010年11月26日第1版　记者李犁）

完善合作机制推进云南铁路建设

昨日，铁道部与省政府在昆明举行加快铁路建设工作座谈会。会议提出，加快完善省部合作机制，齐心协力，着力破解云南省铁路建设瓶颈，努力推动云南铁路建设实现新跨越。

铁道部副部长卢春房，省委常委、常务副省长李江出席会议并讲话，副省长丁绍祥主持座谈会。

省委、省政府历来高度重视铁路建设工作，始终把铁路发展摆在十分突出的位置，作为经济工作的重要任务，动员全省一切力量来抓，着力破解资金筹措难题。8月8日，省政府召开了全省铁路建设工作会，掀起了云南铁路建设新高潮，形成了全省铁路建设大干快上的良好态势。截至10月底，全省共完成投资约124.49亿元。

卢春房在座谈会上表示，加快云南铁路建设是云南省和铁道部的共同责任，路地双方要齐心协力，在建设前期工作方面，做好规划，启动勘察设计工作，以及土地预审等前期的办理工作，推进程序的审批。目前，要着力解决资金问题，解决好征地拆迁问题，以及建设组织问题，破解制约铁路建设发展的瓶颈问题。要进一步完善部省合作机制，早日完成在建项目，并做好计划项目的前期工作，为云南经济社会发展作出新贡献。

李江代表省委、省政府对铁道部长期以来给予云南省铁路建设的大力支持表示衷心感谢。她说，云南省委、省政府始终坚持把铁路建设放在全省经济社会发展大局中来思考，始终把铁路建设作为构建东南亚南亚国际大通道、建设桥头堡的重要支撑来谋划。组成强有力的铁路建设推进机构，加大财政支持力度并建立铁路建设工作目标责任制。当前，我们将尽力做好项目前期工作，在建设项目征地拆迁方面，省、地、县各级将全力以赴做好工作，为铁路建设营造一个良好的环境，及时出台、研究扶持铁路建设的政策措施。

李江强调，云南铁路建设必须提速加快，希望铁道部一如既往关心支持云南铁路建设，在安排明年投资计划时继续予以支持，支持我省新开工建设大瑞铁路保瑞段、丽香铁路、成昆铁路扩能改造工程永仁至广通段等3个项目；同时启动玉溪至磨憨铁路、渝昆铁路、祥云至临沧铁路、弥勒至蒙自铁路4个项目的前期工作。

省铁路建设督导组副组长、省老领导李春林等出席会议。

（《云南日报》2012年11月2日第2版 记者李犁）

刘奇葆：加大力度，加快进度，奋力推进四川铁路建设

　　3月29日，省委书记、省人大常委会主任刘奇葆在调研我省铁路建设时强调，要进一步强化抢抓机遇的战略意识和只争朝夕的紧迫意识，加大力度、加快进度，奋力推动我省铁路建设不断取得新成绩。

　　我省建设西部综合交通枢纽的骨干工程成都至兰州铁路开工建设以来，已有三个标段开始施工。29日一早，刘奇葆来到德阳什邡市双盛镇，现场了解成兰铁路重要节点工程石亭江特大桥建设情况。石亭江河道内，数十台工程设备正在为铁路桥的48个桥墩浇铸基础。刘奇葆看望慰问了建设单位的管理人员和施工人员，向设计和建设单位负责人详细了解成兰铁路建设难点、工期等问题。施工单位负责人汇报说，他们已做好全线开工建设的准备工作，等川西北高原冻土期一过，全线十多个标段就将全面展开施工，到今年第三季度，将有6万大军奋战成兰线。刘奇葆听后高兴地鼓励大家说，在西部综合交通枢纽建设中，成兰铁路是一条非常关键、非常重要的交通要道，经过的地质条件复杂，施工难度大，希望大家进一步优化设计，攻坚克难，确保安全，要在尽快实现全面开工的情况下，力求分段建设，分段开通，分段营运，早见成效。

　　成都东客站从2008年底奠基至今，仅两年多时间就在成都市东郊拔地而起，将在今年5月正式投入营运。车行至成都东三环时，远远就能看见成都东客站大气舒展而又富含四川元素的屋面：两个"三星堆"独特的青铜面具作为建筑正面支撑立柱，源于金沙太阳神鸟张扬的火焰形态融入建筑的结构造型。这个建筑面积相当于8个成都火车北站的新客站是一个立

体交通枢纽，分候车层、站台层和交换层，乘客在站内可实现与地铁、公交和长途汽车的无缝换乘。走进车站候车层，设施设备的现代和装饰风格的明快大气不亚于现代化的机场候机楼：高挑的屋顶自然采光，显得通透明亮；售票窗口分设在候车层的各个角落，分散了拥挤状况；快餐店、咖啡店等服务设施已提前入驻。了解到站房面积 10 多万平方米的东客站，管理人员只有 80 多人，刘奇葆称赞说：车站很现代，规模大。他还仔细察看了与城市公交换乘的车站东广场建设情况，乘扶梯从候车层来到位于负一层的站台区，察看车道和站台，了解乘客从检票进站到上车各个环节的通行情况。沿着一个个标识清楚的导引牌指示的方向，刘奇葆穿过明亮宽阔的出站通道，乘扶梯上行至出租、公交等换乘区，了解旅客出站情况。调研中，刘奇葆仔细询问高峰时段乘客流量，扶梯、电梯的配置数量，以及车站与公交车、长途客车、地铁的换乘衔接情况，他嘱咐车站负责人说，车站的管理和营运一定要以人为本，让乘客感受到安全、方便、快捷、舒心。

刘奇葆说，近几年来，在铁道部的大力支持下，四川铁路建设取得了重大突破，以成兰、成贵等进出川铁路大通道为重点的一批重大铁路项目相继开工建设，"十一五"时期成为我省铁路建设开工项目最多、在建里程最长、投资规模最大的时期，基本奠定了西部综合交通枢纽的骨架，并与东部地区同步进入铁路高速时代。铁路建设的跨越发展，对我省经济社会发展的带动和促进作用初步显现，必将有力推动我省加快建设灾后美好新家园、加快建设西部经济发展高地。刘奇葆对广大铁路建设者付出的辛勤劳动表示衷心感谢。

刘奇葆指出，铁路建设关系四川百年发展，是推动地震灾区发展振兴、推进西部大开发和民族地区加快发展的现实需要。当前，支撑西部综合交通枢纽的重大铁路项目，基本都已列入国家规划并进入集中建设的关键时期。全省各级各地要进一步强化抢抓机遇的战略意识，进一步强化只争朝夕的紧迫意识，把铁路建设摆在西部综合交通枢纽建设重中之重的位置，加大力度、加快进度，奋力推动我省铁路建设不断取得新成绩。

刘奇葆指出，要认真落实我省与铁道部签署的部省合作协议，工作上立足于加快，继续扎实推进铁路建设。要将工作重点转移到加快推进在建项目上来，切实强化资金、土地等要素保障，保持建设力度和进度。特别是对成兰铁路、成贵铁路等支撑西部综合交通枢纽的进出川大通道，要集中力量攻坚，争分夺秒推进，确保建设目标如期实现，力争早日发挥作用。对已列入规划的拟开工项目，要加快工作进度，认真做好环评、审批等前期工作，加强与铁道部等国家相关部委的汇报衔接，力争早日开工建设。要高度重视工程质量和建设资金的使用管理，努力建设优质工程、环保工程、民生工程、廉洁工程，确保经得起历史和人民的检验。

刘奇葆强调，铁路建设关系全局，全省各地各部门要进一步转变作风，克服等靠要的依赖思想，发扬爬坡破难、苦干实干精神，把各项部署落到实处。要建立完善铁路和地方统筹协调联动机制，大力支持铁路建设部门的工作，为铁路建设创造良好环境。对重大铁路建设项目，要组织最强的力量，制定有力可行的工作措施，有针对性地解决征地拆迁、地方资金配套等具体困难和问题，力争早日建成，早见效益。

省委常委、秘书长陈光志，副省长王宁，以及成都铁路局负责同志和省直有关部门负责同志参加调研。

（《四川日报》2011 年 3 月 30 日第 1 版　记者方小虎）

西部综合交通枢纽建设规划及四川省 "十二五" 综合交通建设规划 2012年实施计划（节选）

按照加快建设灾后美好新家园和西部经济发展高地的战略部署，为加快推进西部综合交通枢纽建设和实现"十二五"综合交通发展目标，根据《西部综合交通枢纽建设规划》和《四川省"十二五"综合交通建设规划》，特制定本实施计划。

一、总体目标及实施效果

通过西部综合交通枢纽建设规划及四川省"十二五"综合交通建设规划年度计划的实施，到2012年底，西部综合交通枢纽建设实现阶段性突破，取得明显成效。全省综合交通运输网总里程达到31万公里，其中铁路运营里程达到3602公里，高速公路通车里程达到4000公里，港口集装箱吞吐能力达到190万标箱，水运三级及以上高等级航道里程228公里。形成包括7条铁路、13条高速公路（力争15条）和1条水运航道的21条（力争23条）进出川通道，全省通航机场11个，直接通航城市130个，航线180条。成都主枢纽加速形成，直接引入6条铁路、8条高速公路，建成成都双流机场第二跑道和新航站楼。

二、年度计划投资及发展任务

根据2011年全省综合交通建设进展情况，结合"十二五"综合交通规划项目前期工作成熟度，2012年综合交通基础设施项目计划完成投资1597.8亿元，比2011年增加20%，占"十二五"规划投资的19%。其中：铁路建设300亿元，公路建设1115亿元，水运建设35亿元，民航机场建设52亿元，地铁建设93亿元，邮政设施建设2.8亿元。2011年、2012年共完成"十二五"规划投资的35%。

（一）铁路项目。

围绕打通进出川铁路大通道、形成布局完善的区域快速铁路网的发展方向，加快已开工项目建设进度，推进前期工作成熟的规划项目开工建设。

2012年，全省在建铁路包括成绵乐客专、遂渝二线、兰渝铁路等19个项目，四川省境内在建里程2311.14公里，投资规模超过2400亿元。成兰铁路、成贵铁路、西成客专等10个已举行开工动员大会的项目，加快安全评估、设计修编等工作，争取尽快实现全面开工建设。力争新开工建设成昆铁路扩能成都至峨眉段、米易至攀枝花段等7个项目。

全省铁路2012年投资计划暂安排300亿元，占"十二五"规划投资的11%。（成都铁路局、省铁建办负责）

……

（五）地铁项目。

按照大力发展重要城市内部快速交通网络的工作要求，进一步推进成都市区和天府新区相互衔接的地铁线网主骨架形成，提高城市地铁服务水平。

2012年，加快建设地铁2号线一期、地铁4号线一期等4个项目，计划完成投资68亿元。建成地铁2号线一期及西沿线等2个项目，新增里程31.49公里，通车里程达到50公里。力争新开工地铁3号线一期、地铁1号线南延线（世纪城—广都北）等2个项目，计划完成投资25亿元。

全省地铁项目2012年计划完成投资93亿元，占"十二五"规划投资的10%。（省发展改革委、成都市人民政府负责）

……

三、工作措施

（一）强化落实责任，进一步加强领导。树立"保护优先、开发有序"的原则，进一步落实生态建设与环境保护目标责任制，建立健全科学的工作机制，全力推进我省综合交通基础设施项目建设。认真落实目标考核责任，进一步明确各市（州）人民政府在交通建设项目征地拆迁中的主体责任，承担相应的资金筹集任务和项目实施责任；进一步明确省直相关部门的工作主体作用，认真落实限时办结制和责任追究制，完成好本部门职责范围内的工作任务，努力为全省重大交通项目顺利建设提供坚实保障。

（二）加大统筹协调，促进项目顺利实施。健全和完善不同层次的协调机制，加强省直相关部门和市（州）人民政府部门的综合协调联动，着力解决重大交通基础设施项目建设的热点和难点问题。发展改革、财政、交通运输、国土资源、住房城乡建设、环境保护、水利、林业、文化、地震等部门要充分发挥职能作用，做好项目规划、用地、选址、环评、水保、文物保护、审批和资金筹措等工作。对口衔接，加强与国家相关部委的衔接和汇报，合力推进项目审批要件的各项工作，积极争取国家支持。在项目用地方面，实行差别化的用地指标计划管理，对重点项目建设用地重点保障。在征地拆迁工作方面，省直相关部门要会同当地政府，及时协调解决征地拆迁中遇到的问题，依法加快推进征地拆迁工作进度，积极推进项目建设进程。

（三）创新体制机制，拓宽融资渠道。抓住国家深入实施西部大开发战略、成渝经济区区域规划、灾区发展振兴以及支持藏区等民族地区跨越式发展的一系列重大机遇，深入研究相关政策，争取国家加大对我省交通建设项目的投入力度。加强银政、银企合作，灵活运用短期贷款、信托、保险资金等多方式筹融资手段，争取金融部门加大对交通建设项目的信贷支持力度。通过督促协调各级地方人民政府用好年度地方政府债券资金、广泛吸引民间社会资金、研究盘活国有资产存量、研究铁路项目沿线土地转让增值分成等措施，进一步努力拓展交通建设资金筹措渠道，保障交通建设项目的顺利实施。

（四）优化提升服务质量，着力强化要素保障。深入推进机关行政效能建设，进一步改进政务服务，优化提升投资和建设环境。切实加强招投标和项目管理，在保证建设质量的前提下，加快项目建设进度，加强安全生产，确保重大交通项目有序、顺利推进。大力加强对规划实施重大问题和重大政策的调查研究，及时提出扶持和促进我省交通运输发展的相关政策。进一步强化要素保障，促进新开工项目顺利实施、已开工项目加快推进、规划项目早日开工建设，确保按时完成建设目标任务。各级人民政府和相关部门要主动服务，依法保障交通建设项目正常施工秩序，及时妥善处置各种纠纷。

（2012 年 3 月 14 日川办函〔2012〕48 号）（此文件已于 2017 年 12 月 29 日宣布失效）

四川省人民政府关于深化铁路投融资
体制改革的指导意见

川府发〔2016〕27号

各市（州）人民政府，省政府各部门、各直属机构，有关单位：

为深入贯彻落实《国务院关于改革铁路投融资体制加快推进铁路建设的意见》（国发〔2013〕33号）精神，创新我省铁路投融资体制，加快推进铁路建设，现提出如下指导意见。

一、总体要求

全面贯彻落实党的十八届三中、四中、五中全会和省委十届七次全会精神，按照完善社会主义市场经济体制要求，遵循"统筹规划、多元投资、市场运作、政策配套"原则，充分发挥市场在资源配置中的决定性作用，全面放开铁路建设市场，实施铁路站线土地资源综合开发，鼓励社会资本进入铁路投资、建设和运营领域；发挥政府规划、投资的引领带动作用，努力营造更加公平、开放、健康的投资环境，形成投资主体多元化、投资方式多样化、资金来源多渠道、项目建设市场化的铁路建设发展格局。

二、开放铁路投资、建设和运营领域

（一）可依法向社会各类资本减持或转让国家干线铁路地方持股部分，转让收益应用于铁路建设。

（二）鼓励社会资本投资建设和运营城际铁路、市域（郊）铁路、资源性开发铁路以及支线铁路，支持有实力的企业按照国家相关规定投资建设和运营干线铁路。

（三）推广政府和社会资本合作（PPP）模式，运用特许经营、股权合作等方式，吸引社会资本参与铁路建设发展，通过运输收益、综合开发收益等方式获取合理收益。

（四）鼓励社会资本参与投资铁路客货运输、仓储等服务业务。

三、进一步简化铁路项目审核程序

（五）深化行政审批制度改革，优化铁路建设项目审核流程。建立并联审核机制，对铁路项目审核，除法律、法规明确规定的审核要件外，一律不得作为项目审核前置条件。

（六）凡纳入国家和省中长期铁路网规划、区域发展规划和专项规划的铁路项目，按照规划明确的项目功能定位、线路走向和建设标准等，直接开展可行性研究阶段工作，前期工作相关审核要件，不再以项目建议书批复为前置条件。

四、加大铁路建设政策支持力度

（七）设立省铁路建设专项资金，研究建立四川省铁路建设发展基金。省财政每年安排 10 亿元作为铁路建设专项资金并纳入财政预算管理，充分发挥专项资金引导作用，增强省铁路投资集团融资能力。通过建立发展基金，吸引国有企业和保险、银行、社保机构以及民间资本广泛参与，逐步形成多元化投融资体系，支持我省铁路建设。

（八）省财政通过转贷方式适当安排地方政府债券用于铁路项目建设，指导市（州）、县（市、区）人民政府优先安排地方政府债券转贷资金用于铁路项目建设。

（九）符合国家《公共基础设施项目企业所得税优惠目录》条件规定的铁路项目，其投资经营所得，按规定给予企业所得税"三免三减半"的优惠。

（十）鼓励金融机构对铁路建设提供中长期优惠信贷，通过总行直贷、新增信贷规模、对铁路重点项目单列信贷计划、银团贷款等方式增加信贷支持。鼓励在川各银行业金融机构创新铁路信贷产品，针对铁路项目投资大、期限长、准公益性的融资特点，适当延长铁路建设项目贷款期限，并积极探索在现有政策框架内提供信贷支持的多种方式。

支持省铁路投资集团和其他铁路投资主体，通过发行企业债券、项目收益债券、中长期票据等方式扩大直接融资规模，对其发行的各类债券给予财政贴息。

支持使用国外政府和国际金融组织优惠贷款，有效降低融资成本。完善融资担保增信服务体系，鼓励有条件的融资性担保机构为铁路建设项目提供担保。

五、支持铁路建设土地综合开发

（十一）按照支持铁路建设与新型城镇化相结合、政府引导与市场自主开发相结合、盘活存量铁路用地与综合开发新老站场用地相结合的原则，以构建现代综合交通运输体系为目标，做好铁路站场及毗邻地区土地综合开发。

（十二）科学编制新建铁路站场用地规划。科学编制土地综合开发规划，充分考虑铁路站场及毗邻地区土地综合开发需求，切实做好铁路发展规划与土地利用总体规划、城乡规划等的衔接，统筹土地综合开发规划编制工作。

土地综合开发规划要坚持"多式衔接、立体开发、功能融合、节约集约"原则，重点对投资规模、开发方式、用地规模、融资方式、项目盈亏等内容进行研究。

铁路项目投资建设主体要会同铁路沿线市、县级人民政府编制土地综合开发规划。省发展改革委组织国土资源厅、住房城乡建设厅等有关部门对土地综合开发规划进行审查，审查通过后由国土资源厅报省人民政府审批。

（十三）盘活现有铁路用地。支持铁路项目业主单位及下属具有开发资质企业整合毗邻区域土地，对既有铁路站场地区进行综合开发。棚户区、旧城改造范围内的既有铁路土地综合开发项目，可享受相关优惠政策。

（十四）支持市场主体参与土地综合开发利用。地方政府要建立土地综合开发协调机制和土地增值收益分配机制，支持铁路运输企业、合资铁路公司单独或联合其他市场主体，对既有铁路站场及毗邻区域取得的划拨用地，或已依法改变用途的存量铁路沿线建设用地合作开发；对在建、改（扩）建铁路站场及毗邻区域拟开发的沿线土地，由相关投资者共同协商，确定联合开发主体；地方主导建设的城际铁路、市域（郊）铁路、资源开发性铁路等，其站场及沿线土地，由相关投资者共同协商，确定联合开发事宜。对已列入国家中长期铁路规划的铁路建设项目土地综合开发利用按照铁路建设投融资机制和政策，根据项目建设规划逐步实施。

六、建立铁路公益性、政策性运输补贴制度及运价机制

（十五）研究建立城际铁路、市域（郊）铁路过渡性运营补贴制度。根据线路营运亏损情况确定补贴额度，建立城际铁路、市域（郊）铁路补贴机制，由省、市（州）人民政府分级负担。

（十六）放开地方铁路（包括地方控股的合资铁路）客货运输价格及杂项作业收费、铁路专用线共用收费和铁路自备车收费标准。

四川省人民政府

2016 年 5 月 29 日

重庆"十二五"要建 11 条铁路
黄奇帆在市铁路建设领导小组第一次会议上要求各地各部门，一定要凝聚精气神，打好铁路建设大会战

加快铁路建设，是我市打造内陆开放高地、建成长江上游综合交通大枢纽和国际贸易大通道的重要战略任务。昨天，市铁路建设领导小组召开第一次会议，专题研究"十二五"铁路建设问题。市长黄奇帆指出，"十二五"期间，将有 11 条铁路同时在重庆境内开建，另外还要建 3 个火车站和 1 个编组站，总投资达到 1860 亿元，这将是"十二五"我市最大的建设项目，各地各部门一定要凝聚精气神，齐心协力打好铁路建设这场大会战，早日将重庆建成国家级铁路枢纽。

"十二五"全市铁路运营里程超过 2300 公里，全面实现铁路现代化

市发改委介绍，"十二五"我市铁路建设的总体目标是：境内铁路建设里程 1860 公里，形成"一枢纽十一干线二支线"格局，铁路运营里程超过 2300 公里，其中高速铁路里程超过 900 公里，干线铁路复线率超过 80%，铁路全面实现电气化，建成西部最大的编组站和客运站，基本形成"3+1"客运枢纽和"1+9"货运枢纽格局，全面实现铁路现代化，从根本上突破对外交通大通道不畅的瓶颈制约。

重庆未来几年要建这么多铁路项目，
想象一下都让人热血沸腾

黄奇帆说，上世纪 50 年代至 90 年代末，成渝铁路建成后重庆差不多 50 年没有增加更多铁路，"十五"期间，重庆直辖后修的铁路等于之前 50 年修的铁路，到"十一五"，重庆在建铁路达到 1300 多公里，今年内还要新开工 3 条铁路，"十二五"期间再开工 3 条铁路，这样，重庆境内在建的铁路项目将达到 11 个，另外还要建 3 个火车站和 1 个编组站，加起来是 15 个大项目，总投资 1860 亿元，而且这不是 10 年、20 年的长远投资，就是 5 年要干的活。现在，我们铁路建设一年投资差不多 200 亿元，"十二五"期间还会进一步扩大，达到每年 300 多亿元。过去一个"五年计划"铁路建设投资 300 亿元已很了不起，比如我们修渝怀线的时候，几年时间就只是这一个项目，现在是 15 个铁路项目同时推进，而且还要建西部最大的火车站和编组站，成为重庆铁路枢纽地位的标志性建筑。重庆未来几年要建这么多铁路项目，想象一下都让人热血沸腾。

黄奇帆说，这些波澜壮阔的铁路建设项目，将是我市"十二五"时期最大的建设项目，可以说是前无古人、后无来者的项目，是我们这个时代的光荣。建成后，重庆将变成名副其实的国家级铁路枢纽，成为内陆开放"前哨"，对建设长江上游经济中心有重大历史意义。他强调，要打好这场铁路建设大会战，不管是资金调度、规划布局，还是工程建设、资金配置、征地动迁，需要各方面大力协调，为此，市里专门成立一个领导小组，下设一个指挥部，来统一指挥协调。铁路经过的各区县一定要明白，这是对当地经济发展的重大利好，因此一定要全力配合支持，把有关工作做细做好。总之，各地各部门一定要凝聚精气神，共同努力，一起来高效推进这项宏伟工程。

副市长童小平、凌月明参加会议。

（《重庆日报》2010 年 11 月 24 日第 A01 版　记者商宇）

黄奇帆：加快重大铁路项目建设，
助推重庆经济社会发展

4月7日，市长黄奇帆在重庆西站、北站铁路综合交通枢纽建设专题会上指出，相关部门和区县要高度重视铁路建设，加快推进重庆西站、北站等重大项目建设，助推重庆经济社会发展。

黄奇帆说，直辖以来，在铁路总公司和国家有关部门的大力支持下，我市铁路建设取得了显著成效，在已有的成渝、川黔、襄渝、达万"三干一支"铁路的基础上，建成了渝怀、渝利、遂渝、宜万、南涪等铁路，形成了"一枢纽六干线二支线"网络格局；先后建成投用了重庆北站、兴隆场编组站、团结村中心站、白市驿等客货运枢纽，铁路运营里程达到1774公里。目前，成渝客专、渝黔、渝万、兰渝、渝怀二线、黔张常等6条干线铁路和三万南铁路在建，重庆西站、重庆北站改扩建、沙坪坝站改建和珞璜、团结村中心站扩建工程等客货运枢纽正在加快建设。今年，国家铁路总公司进一步加大重庆铁路建设的投资力度，支持重庆高铁和骨干货运铁路建设，助推重庆建设内陆铁路枢纽，打造西部开发开放重要支撑。地处沙坪坝上桥的火车西站，是渝黔、渝昆、渝湘等几条重要铁路的始发终到站，是集铁路、轨道、长途汽车、公交于一体的西部地区最大的铁路综合交通枢纽。

已经建成投用的火车北站是渝怀、渝利、渝万等铁路的始发终到站，正在实施扩能改造。西站和北站均为重庆铁路枢纽的重要组成部分，对重庆铁路进一步完善客运功能具有重大意义。相关部门和区县要全力配合国家铁路总公司，切实做好征地动迁和建设协调工作，为铁路建设发展创造良好环境，推动火车西站、北站扩能改造等重大铁路项目早日建成投用。

副市长陈和平参加会议。

(《重庆日报》2015年4月8日第1版　记者商宇)

唐良智：科学谋划，统筹调度，扎实推进，加快建成国家综合铁路枢纽

6月2日，市委副书记、市长唐良智率队调研我市高速铁路建设时强调，要深入贯彻落实习近平总书记对重庆提出的"两点"定位、"两地""两高"目标，按照陈敏尔书记"加快高速铁路建设"要求，科学谋划、统筹调度、扎实推进，全面提速建设"米"字型高速铁路网，加快把重庆建设成为国家综合铁路枢纽。

唐良智来到南岸区茶园、广阳湾实地考察重庆东站选址。在铁路规划展板前，唐良智认真听取相关部门和单位关于铁路线路引入和站场设计布局、地方配套及轨道交通、市政道路规划布局等情况汇报，对前期相关准备工作给予肯定。他说，要高质量推进高铁规划、建设，加快打通高铁大通道，早日实现重庆主城2小时通达全域，重庆1小时至成都、贵阳，3小时至周边省会城市，6小时至北京、上海、广州的目标。

在随后召开的现场会上，唐良智强调，高铁建设是城市发展的"百年大计"，是城市提升的重要内容，要坚持战略导向、需求导向和问题导向，突出高铁发展先导作用，全面增强我市高铁有效供给，加快建设国际性综合交通枢纽，为实现"两点"定位、"两地""两高"目标提供重要支撑。要加强顶层设计，坚持以轨道交通引领城市发展格局，既立足当前，更着眼长远，注重科学谋划、缜密论证，加强技术经济综合比选，科学合理确定线路走向和站点设置，着力提高项目决策科学化水平，让高铁建设经得起历史检验。要统筹推进项目建设，按照规划确定的功能定位和建设标准，充分考虑工程条件和经济发展实际，重点从落实战略、集聚资源角度出发，统筹安排建设时序，有序均衡推进项目实施。要强化互联互通，积极争取国家支持，主动融入国家高铁网，强化重庆与周边省市和全国主要

经济区域的快捷联系。要加强枢纽建设，推进高铁、普铁和城市轨道交通"三铁"融合，同站规划建设综合交通体，强化铁路客运枢纽、机场、城市轨道交通、城市公交等的便捷联接，形成系统配套、一体便捷、站城融合的现代化综合枢纽。要培育壮大高铁经济，以高铁通道为依托，引领支撑沿线城镇、产业、人口等合理布局，以高铁站区综合开发为载体，发展站区经济，推动高质量发展、创造高品质生活。

市领导吴存荣、陈和平、陆克华等参加调研和会议。

（《重庆日报》2018年6月4日第1版　记者陈国栋）

洛桑江村：加快推进西藏铁路建设，做好铁路运营

27 日，自治区人民政府与青藏铁路公司在拉萨举行座谈会，就加快推进西藏铁路建设和铁路运输发展等事宜深入沟通，达成共识。

区党委副书记、自治区主席洛桑江村主持，区党委常委、自治区常务副主席丁业现，青藏铁路公司总经理王忠玉、党委书记徐双永等出席。

洛桑江村首先代表自治区党委、政府，代表陈全国书记，代表全区各族人民，对中国铁路总公司、青藏铁路公司、拉日铁路建设指挥部对西藏交通事业的高度重视和大力支持表示衷心感谢，向青藏铁路公司全体干部职工和拉日铁路全体建设者致以崇高敬意。洛桑江村说，在党中央、国务院的亲切关怀和国家有关部委特别是中国铁路总公司的大力支持下，在历届自治区党委、政府的高度重视和坚强领导下，经过广大铁路建设者的共同努力，西藏铁路交通从无到有、快速推进，有力促进了经济社会又好又快发展，各族群众切身感受到了铁路带来的新机遇、新变化，为西藏的跨越式发展和长治久安发挥了重要作用。

洛桑江村指出，加快西藏铁路建设是贯彻落实中央确定的"两屏四地"战略定位的内在要求，是国家促进边疆民族地区综合交通体系建设的重要内容，是实现西藏跨越式发展和长治久安的必然要求，是确保西藏同全国一道全面建成小康社会的重要保障，是全区各族人民的殷切希望和打基础利长远的重要工作，意义十分重大。当前，西藏铁路建设正处于深入推进的关键时期，面临着国家加快中西部铁路建设的大好机遇，加快西藏铁路建设正逢其时。希望青藏铁路公司一如既往地关心支持西藏铁路建设

和运营，承担好社会责任，积极促进就业；与自治区密切配合，加强与国家有关部委的协调，共同加快推进西藏铁路事业健康快速发展。

王忠玉对西藏自治区党委、政府长期以来对青藏公司的关心支持表示感谢，并介绍了公司安全生产、运输服务、铁路建设等方面工作开展情况。他表示，服务西藏跨越式发展和长治久安是青藏铁路公司义不容辞的责任，将认真贯彻落实自治区党委、政府和铁路总公司的部署要求，加大铁路重点项目建设力度，管好用好世界一流高原铁路，为更好地服务西藏经济发展、社会稳定、民生改善、生态良好作出新的更大贡献。

座谈中，双方达成了五点共识意见：1. 路地双方将高度警惕，严守安全生产底线，筑牢铁路安全防线，确保青藏铁路点线面都在安全防控之中，确保运营安全。2. 加强运输调度和组织协调，为西藏客运、货运高峰期提供有力保障。3. 全力做好拉日铁路运营各项准备，在保证质量和安全的前提下，确保拉日铁路提前通车。4. 加快项目前期工作，确保今年 8 月先期开工拉林铁路控制性工程，9 月实现全面开工；确保青藏铁路扩能改造工程今年 11 月开工。5. 积极配合，加强衔接，尽快将西藏铁路网规划纳入国家铁路网规划；加快推进区域其他干线铁路前期工作，力争"十三五"开工建设新的铁路项目。

[《西藏日报（汉）》2014 年 5 月 28 日第 1 版　记者赵书彬]

洛桑江村：抢抓我区铁路建设面临的难得机遇，全力以赴推进拉林铁路建设各项工作

区党委副书记、自治区主席洛桑江村7日下午在拉林铁路建设总指挥部调研时强调：我区铁路建设面临难得历史机遇，建设拉林铁路具有重大现实意义和深远历史意义，路地双方要统一思想，提高认识，切实增强责任感、使命感和紧迫感，全力以赴推进拉林铁路建设各项工作，确保今年12月中旬"两隧一桥"控制性工程正式开工，2015年上半年全面开工建设。

区党委常委、自治区常务副主席丁业现一同调研。

拉林铁路是川藏、滇藏铁路重要组成部分，是西部大开发重点建设项目，也是"十二五"规划标志性工程。铁路正线全长402公里，国家发改委核算项目投资366亿元，相关市政配套和护路联防工程投资15.12亿元，投资共计达381.12亿元。拉林铁路获批后，拉林铁路建设总指挥部随即成立，标志着拉林铁路正式进入建设期。在总指挥部，洛桑江村认真观看新建川藏铁路拉萨至林芝段线路平纵面示意图，详细了解拉林铁路工程概况、主要技术标准、设计运量、重难点工程、工程主要特点等相关情况，并召开项目建设专题会，听取工程建设进展情况汇报，就加快推进拉林铁路建设进行动员部署。

洛桑江村指出，建设拉林铁路是党中央、国务院高度重视西藏工作、深切关怀西藏人民的又一重要体现，是西藏各族人民盼望已久的大事喜事。拉林铁路建设凝聚着以习近平同志为总书记的党中央的亲切关怀，凝聚着国家发改委、国家交通运输部、中国铁路总公司等中央有关部委的大力支持，凝聚着历届自治区党委、政府的不懈努力，凝聚着铁路交

通人的智慧和心血。建设拉林铁路,对保障和改善民生、促进区内外各经济区域互联互通、破解基础设施瓶颈制约、巩固祖国边防、促进跨越式发展和长治久安、全面建成小康社会具有十分重大的现实意义和深远的历史意义。

洛桑江村强调,西藏是边疆地区,是民族地区,也是集中连片贫困地区,加强基础设施建设、加快铁路交通建设十分必要、十分重要、十分迫切。路地双方要充分认识拉林铁路建设的重大意义,把思想、认识、行动统一到自治区党委、政府的要求部署上来,继续弘扬"老西藏"精神和"两路"精神,充分借鉴青藏铁路、拉日铁路建设中的好经验、好做法,打破常规,主动服务,特事特办,急事急办,谋大局、干大事、打大仗,全力以赴推进拉林铁路建设。

一要成立一个专班。加强组织领导,搭建起一个强有力的工作领导小组,明确责任,加强协调,统筹推进铁路建设。

二要营造一个环境。妥善处理征地拆迁、地材供应等问题,依法打击影响铁路建设的不法行为,引导教育群众积极支持铁路建设,营造和谐的建设施工环境。

三要健全一套机制。进一步健全自治区铁路建设运营工作领导小组,建立健全各级支铁组织机构,建立路地双方沟通协调机制,建立劳务(资)纠纷处置等专项机制,全员、全面、全程服务好拉林铁路建设。

四要明确一个目标。加快前期,协调联动,开辟绿色通道,专人负责,专项推进,确保实现今年12月中旬控制性工程开工、明年上半年全面开工这一目标任务。

五要保障一个利益。要深入群众、组织群众、宣传群众、教育群众,加强征地拆迁管理保障群众合法权益,合理引导农牧民群众有序参与铁路建设。

六要突出一个大计。百年大计、质量为本。要自始至终坚持质量为先、质量第一,真正把拉林铁路建成经得起历史检验的优质工程。

七要保护一草一木。要始终坚守生态环境保护底线,工程建设与生态保护、建设同步推进,把拉林铁路建成为一条生态文明线。

洛桑江村：抢抓我区铁路建设面临的难得机遇，全力以赴推进拉林铁路建设各项工作

　　八要绷紧一根弦。牢固树立安全生产防患意识，时刻绷紧安全生产这根弦，守住安全生产底线。

　　自治区有关部门和拉萨、山南、林芝三地（市）有关负责同志参加。

　　［《西藏日报（汉）》2014年11月8日第1版　记者赵书彬］

抢抓机遇顺势而为，加快推动
西藏铁路事业发展

自治区铁路建设运营工作领导小组 2016 年第一次会议 4 月 29 日在拉萨召开。会议传达学习国务院铁路建设工作会议精神，分析我区铁路建设发展面临的形势任务，安排部署当前和今后一个时期的重点工作。

区党委常委、自治区常务副主席、自治区铁路建设运营工作领导小组组长丁业现出席并讲话。

自治区领导丹增朗杰、宋宝善出席，纪国刚主持会议。

丁业现指出，铁路是国民经济的动脉、民生保障的基石、国防安全的支撑、对外开放的干线、民族团结的桥梁。加快铁路建设，事关西藏发展稳定和现代化建设，事关巩固祖国西南边防，事关南亚重要通道建设。全区各级各部门要从贯彻落实习近平总书记"治国必治边、治边先稳藏"重要战略思想的高度出发，充分认识加快铁路建设的重大意义，把思想和认识统一到自治区党委、政府的决策部署上来，统一到加快铁路建设的各项工作要求上来，抢抓机遇、顺势而为，全力以赴推动铁路事业持续健康发展。

丁业现强调，要以更加明确的目标，更加有力的举措，更加有效的行动，切实解决好铁路事业发展的相关问题，加快推动西藏铁路事业发展。一要编制好铁路发展中长期规划，做好规划衔接，强化政策支撑，抓好项目前期工作，创新筹资模式。二要做好拉林铁路、青藏铁路扩能改造工程等在建项目建设运营工作，创新体制机制、抓好政策落实，铸造优质工程、安全工程和精品工程。三要强化工作举措、狠抓工作落实，主动作为、加强协调，形成支持铁路事业的强大合力，确保工程建设顺利推进。

[《西藏日报（汉）》2016 年 5 月 1 日第 2 版　记者张尚华]

加快项目建设，完善交通网络，
为经济社会又好又快发展注入强劲动力

　　24日下午，区党委常务副书记、区政协党组书记丁业现前往贡嘎机场至泽当专用公路、拉林铁路项目建设现场和拉萨贡嘎机场，就交通重点项目建设及运行情况进行实地考察调研，并代表自治区党委、政府，代表吴英杰书记、洛桑江村主任、齐扎拉主席亲切看望慰问节日期间坚守在工作一线的广大干部职工。

　　贡嘎机场至泽当专用公路工程是我区"十三五"规划的重要项目。项目自2016年4月开工以来，各相关部门、各参建单位强化管理、严控质量、狠抓进度，项目建设取得了阶段性成绩，预计9月底建成通车。在项目建设现场，丁业现与建设者亲切交谈，详细了解工程进展情况，对项目建设取得的突出成绩给予充分肯定。他强调，一要从讲政治的高度，充分认识加快综合交通运输体系，特别是公路建设的重要意义，把加快推进交通建设与维护国家安全、确保边疆巩固、脱贫攻坚、建成小康社会、实现"两个一百年"奋斗目标和中华民族伟大复兴中国梦结合起来，按照自治区"规划换投资，时间换空间"要求，全面推动工程建设。二要科学推进公路工程建设，使西藏各族人民群众能够更好地享受到建设的成果，实现各族人民对美好生活的向往和期待。三要提高工程建设的标准，在项目设计、施工环节等方面统筹规划、科学考量。四要确保工程建设质量，建立严格的质量监管体系，确保经得起历史检验。五要高度重视环保工作，认真落实习近平总书记关于环境保护工作的一系列重要指示要求，在保护中发展、发展中保护，把项目建成环保示范路。六要加快推进改革创新，充分发挥代建制及设计施工总承包的优势，着力解决人才短板和管理、建设力量不足等问题。

在拉林铁路贡嘎特大桥工程建设现场，丁业现实地查看工程进展情况，听取工作情况汇报，对参建单位所付出的努力表示肯定。他指出，要充分认识铁路建设的重要意义，认识到川藏铁路是一条政治线、国防线、经济线、民族团结线、幸福线，全力以赴推进拉林段建设；要全力推动西藏铁路网规划建设，造福各族群众；要科学施工，总结高原铁路建设经验，加大科技攻关力度，满足群众期待；要坚守安全生产底线，抓好安全管理；要高度重视环保工作，做到保护发展同步；要处理好各方关系，牢记群众利益，抓住铁路建设这个社会和谐的契合点，合理优化配置资源，为工程建设营造和谐的项目建设环境。

在贡嘎机场，丁业现与坚守在维稳安保一线的武警官兵、公安干警一一握手，致以亲切的慰问和节日的祝福。他说，雪顿节期间，大家忠诚担当、恪尽职守，有效保障了国内外旅客的安全出行，为确保全区社会持续和谐稳定作出了积极贡献。丁业现强调，要深入贯彻落实习近平总书记治边稳藏重要战略思想，时刻绷紧维稳这根弦，居安思危、知危图安；要敢于担当、主动作为，严格落实各项安检措施，加强预防预警，做好应急预案，确保绝对安全；要搞好服务，提高服务水平和质量，使旅客舒心，让旅客满意。

[《西藏日报（汉）》2017 年 8 月 26 日第 1 版　记者张尚华]

西南铁路建设文献

成渝铁路全线铺轨工程昨天胜利完成

十三日下午三点二十一分，成渝铁路铁轨已铺至成都车站终点。成渝铁路全线长五百零五公里，一九五零年六月十五日开始动工，今年四月底全线路基土石方、桥梁、隧道等工程基本完成，工程质量都符合铁道部所规定的标准。铁轨铺至成都时，第四五号机车牵引工程列车同时到达，成都市民数万人夹道欢呼。

（《人民日报》1952 年 6 月 14 日第 1 版）

成渝铁路"七一"通车，沿线城镇
将举行庆祝盛典

重庆、成都和成渝铁路沿线各城镇人民，将于七月一日举行庆祝中国共产党成立三十一周年和成渝铁路全线通车的盛典。重庆、成都两地同时各对开一列专车，被邀请乘车的贵宾将有亲手创造成渝铁路并有卓越贡献的民工、钢铁工人、海员工人和铁路职工的模范以及各界代表人物。两专车将于"七一"下午八时在内江会车，二日上午分别到达两地。

成都人民四十年前曾为争路事件流血牺牲，这次特别盛大庆祝人民筑路的胜利，大会将有三十万人参加，并举行示威游行和焰火大会。成都市主要街道上已张灯结彩，准备欢迎来自重庆的贵宾和市面繁荣的好日子的到来。在重庆，通车筹备委员会已成立。重庆车站已装饰一新。成渝铁路沿线各地都纷纷成立筹备庆祝委员会，市民们将于专车经过时，热烈庆祝。

（《人民日报》1952 年 6 月 28 日第 1 版）

西工指关于川黔、黔滇、成昆线施工安排意见（1964）

西南铁路建设总指挥部工地指挥部
一九六四年十月二十六日

一、总的安排

（一）工期。根据中央要求，结合设计施工情况，对三条线通车期限安排如下：

川黔线 1965 年三季度末通车，1966 年二季度末全部配套交付运营。黔滇线 1966 年三季度末通车，1967 年底全线配套交付运营。成昆线 1969 年三季度末通车（龙坪支线 1968 年底通车），全线于 1970 年底交付运营。以上通车日期作为各单位奋斗目标。

（二）兵力部署和任务划分。全部施工力量：西南工程局十个工程处、三个专业处及直属队共计 105000 人，各师 180000 人，成昆北段三个处 16900 人，东川支线民工 3000 人，大桥局 3000 人，昆明铁路局 6000 人，共计 313900 人。

1. 各线任务

（1）川黔线：由西南工程局五个处施工。1965 年三季度抽调三个处去成昆北段，1966 年下半年再抽调一个处去成昆北段，留下一个处担任贵阳枢纽及支线任务。

（2）黔滇东段：由西南工程局五个处施工，自 1966 年一季度陆续抽调三个处去成昆北段，留下两个处继续完成收尾及支线任务。

（3）黔滇西段：由五、七师十个团施工。五师于 1965 年下半年抽调一个团，七师于 1966 年上半年抽调一个团去成昆南段。除五师留一个团担任全段配套收尾工程外，其余均于黔滇西段完成后陆续投入成昆南段。

（4）成昆北段：由十师五个团及三个工程处施工。1965年以后除六处转车箕口以南外，再由川黔、黔滇调来七个处担任六处以南到尼波任务。十师五个团于完成吴场至金口河段任务后，1966年陆续转至沙南至西昌段。隧道四处及隧道五处1967年以后作为机动力量。

（5）成昆南段：一师担任昆明至一平浪段任务。八师担任一平浪至牛街段任务。五师于1966年陆续转至牛街至拉鲊段施工（其中零的隧道等重点工程，1965年作施工准备）。七师于1966年陆续转至拉鲊至小街段施工。

一师完成第一段任务后，留一部分兵力担任配套扫尾及支线任务，其余部队于1967年陆续转至小街至西昌段施工。八师于完成管区任务后担任龙坪支线任务。

（6）沾益至下马房段、羊场支线扫尾工程及东川支线由一师两个团（包括一个机械团）施工。

（7）昆沾段及昆明枢纽任务，由昆明局工程处配合同工担任。

2. 各专业队任务划分

（1）铺轨架梁任务：

川黔南段及黔滇东段包括水城至梅花山车站铺轨架梁任务，由西南工程局铺轨架梁队担任。

川黔北段及成昆北段铺轨架梁任务，由原西北工程局铺轨队担任。

黔滇西段，格以头至河东段由一师担任，河东至梅花山段由五师担任。

成昆南段由一师铺轨架梁队担任。

（2）房建、给水、通讯及信号工程：

川黔线、黔滇东段及成昆北段由西南工程局建筑处和电务工程处施工。各师施工地段除大型厂房、站房建筑安装及电气集中、枢纽信号工程分别由建筑处和电务工程处施工外，其余均由师建筑给水营及工程通讯连施工。

（3）新线管理：川黔、黔滇东段及成昆北段由西南工程局新管处负责，黔滇西段（包括东川、羊场支线）及成昆南段由一师新管处负责。

（4）全梁供应：川黔北段、成昆北段由成都成品厂负责供应。川黔南段、黔滇东段由都匀成品厂负责供应。黔滇西段、成昆南段由昆明成品厂负责供应。

（5）大桥局担任成昆线大渡河大桥、金沙江大桥、龙坪支线雅砻江大楷及宜珙支线金沙江大桥等四座大桥施工任务。前三座大桥预定1965年四季度开工，铺轨前全部竣工，宜珙支线金沙江大桥工期另定。

（6）机械修理：

川黔、黔滇东段大型机械、汽车等由贵阳厂负责修理。成昆北段大型机械、汽车等由成都厂负责修理。黔滇西段、成昆南段大型机械、汽车等由昆明厂负责修理。各厂能力不足部分，可就近联系地方支援。

各线小型机械由各师、团及工程处修理单位负责修理。六枝厂担任黔滇东段及水树段流动修理及一般机械的修理任务。

按以上安排，现有施工力量尚感不足。川汉线如提前施工，必须另外抽调力量。

3. 勘测设计任务

（1）大桥局施工的四座大桥由大桥局担任设计

（2）贵阳一总队担任川黔线及黔滇线贵阳至树舍段设计任务。安排两个勘测队、六个钻探组、两个现场设计组，共714人。

（3）昆明第三总队担任成昆南段、黔滇线树舍至宣威段及东川支线、龙坪支线设计任务。安排十二个勘测队、两个地质队、四十二个钻探组、四个电探组、三十二个挖探组、五个化验组、三个水文组，两个施工调查组、三个现场设计组，共2689人。

（4）成都第二总队担任成昆北段勘测设计任务。安排十个勘测队、两个地质队、三十五个钻探组、三个电探组、九个挖探组、两个化验组、两个施工调查组、一个现场设计组，共计2161人。

……

西工指下达六五年计划
任务安排（1965）（节选）

一九六五年西南铁路建设计划说明
（一）一九六四年基本情况

中央为实现主席的伟大战略思想，决定加速西南铁路的建设，要求尽快修通川黔、黔滇、成昆三大干线，同时积极筹备修建川汉线，这是我国铁路建设史上具有重大历史性的任务。我们接受这一艰巨而光荣的任务后，在中央、主席亲切关怀下，在军委、国家经委、中共西南局和铁道部、铁道兵的领导下，在全国各地、各部门和广大人民的大力支援下，以战斗的姿态，迅速调集了设计、施工队伍，边行动、边准备，很快地投入了设计、施工。全体官兵、职工吃大苦、耐大劳，克服了重重困难，在三个多月中取得了较好的成绩。

队伍开得动，开得好，作到了"一声令下，立即出动"。不到一个月的时间，一支二十万人的设计、施工队伍基本到齐，并迅速展开了工作。

施工准备工作抓得紧，正线工程进展快。三个月来，共修建了临时房屋 367559 平方米，搭建帐篷 144057 平方米，活动房屋 6119 平方米，修理或租用民房 191070 平方米，新建临时公路 334 公里，整修公路 173 公里，铺设生活和生产用水管路 37.2 公里，架设临时通信 7088 条公里。

在完成大量施工准备工作的同时完成正线路基土石方 444.5 万立米，为计划的 113%；隧道成峒 4457.51 米，为计划的 88%；正线铺轨 194.349

公里，为计划的 109.6%；站线铺轨 24.127 公里，为计划的 91.2%；黔滇东、西两段，东川支线，羊场支线及川黔南、北两段的正线铺轨均提前完成了任务。川黔南段还多铺了 10.398 公里。

建安投资共完成 9515.28 万元，为调整计划建安投资 8949 万元（不包括昆明局施工的昆沾改建）的 106.3%。其中川黔线完成 2277.61 万元，为计划 2031 万元的 112%；黔滇线完成 4986.95 万元，为计划 4978 万元的 100.2%；成昆线完成 1300.2 万元，为计划 1241 万元的 104.8%；东川支线、羊场支线及昆沾改建共完成 950.52 万元，为计划 912 万元（不包括昆明局施工的昆沾改建）的 104.3%。各线各单位均超额完成了计划。

三个月来工效和劳动生产率不断上升。土石方综合工效，十月份每工 1.57 立米，十一月份 2.35 立米，十二月份 2.61 立米。梅花山进口及梅子关出口在十二月份都突破百米成峒关，分别达到了 117.79 米及 102.69 米。这个经验对加速隧道施工有着积极的推动作用。由于工效的不断提高，劳动生产率也有所上升。全员劳动生产率十月份 9.82 元，十一月份 10.86 元，十二月份 13.18 元。

材料及机电设备的供应工作是很繁重的。由于上级和各部门的大力支援，三个月来共计供应了钢材 8289 吨，木材 99000 立米，楠竹 15 万根，水泥 3250 吨，炸药 1300 吨，油毛毡 2 万卷，各种工程机械 946 台，机具 2171 台，其中各种汽车 692 辆，发电机 11 台，空压机 38 台，水泵 55 台，凿岩机 181 台，大斗车 2228 台。根据施工的先后缓急和保证重点照顾一般的原则进行分配，基本上解决了川黔、黔滇线施工的急需及成昆线临时工程和重点工程开工的需要。

运输工作是完成工程任务的一个重要环节。在运量大、运距远、运力小、时间短的情况下，各级运输部门做了大量的工作，完成了部队和职工的调动及三类工程物资和施工用料的运输，共运输人员、物资折合 489913 吨，其中地方车支援运输 31444 吨，有力地保证了施工任务的完成。

在完成工程任务的同时，工程质量也有所提高。三个月来没有发生特殊重大和重大工程质量事故，全试件强度不及格现象显著减少。自取消承发包制以后，各施工单位都根据自己的具体情况制订了保证工程质量的必要措施，对提高质量起到了一定的作用。

设计任务也完成得较好。二院各级领导机关下楼出院，深入工地，开展了群众性的设计革命运动。全年共完成初测 162.4 公里，定测及补充定测 698.4 公里，施工图勘测 145 公里，工点勘测 241 公里，施工图及修改施工设计 797 公里，工点变更设计 179.5 公里，基本满足了施工的急需。四院还对川汉线进行了踏勘，提出了初步比较方案。

总的来看，我们执行一九六四年工程任务，已经取得了较好的成绩，取得成绩的主要原因：

首先是中央、主席关于加速西南铁路建设的决心和各地、各部门的大力支援。煤炭、冶金、地质等部还派了大批队伍参加施工勘探，特别是西南人民对修建西南铁路的支援是巨大的，无论是人力、物力，只要确实需要都尽量帮助解决。西南局及省、专、县各级都成立了支援铁路委员会，在铁路沿线组织了商业供应网点，有力的支援了兵、工上场和大量物资的调运工作，沿线地方还让出了大量的公房、民房，许多村庄的群众在部队来到之前，把房子打扫的干干净净，热烈欢迎部队入村，使官兵深受感动。各单位之间也发挥了互相协作，互相支援的共产主义风格，并开展了比学赶帮活动，这种精神应该大大地发扬。

第二是贯彻了主席的伟大战略思想和中央的指示。工指第一次党委会议，根据中央关于加速修建西南铁路的决定，结合西南地区及施工队伍的具体情况，提出了三大任务（建路、建军、建章），一个作风（三八作风），八个字（从难、从严、落实、过硬）和工程上"三高一低"（高标准、高质量、高速度、低造价）的要求作为今后工作的方向。通过党委会议文件的学习和贯彻，全体干部、兵工对中央、主席关于建设西南铁路的伟大战略思想有了进一步明确。这是参加西南铁路建设三十万大军总的指导思想、奋斗目标和团结的基础。从而使广大干部、兵工认清了形势，统一了思想，明确了方向，增强了斗志，提高了当铁道兵和铁路工人光荣的思想，纷纷表示坚决完成中央、主席交给的光荣而艰巨的修建西南铁路的任务。很多战士说："党和毛主席交给我们的任务，困难再大，也能克服，请毛主席他老人家放心，我们一定提前完成任务"，"我们不睡觉，也要让主席睡觉"，"修建西南铁路的意义比我们的生命还重要"，这是一个巨大的动力，促进了一九六四年工程任务的完成，并将在西南铁路修建中继续起着巨大的作用。

第三是开展设计革命和技术革新运动。西南三大干线同时上马，设计是个大问题。在指挥部党委的正确领导下进行了设计革命，废除了教条主义的设计程序，由三阶段设计改为两阶段设计，废除了繁琐的预算编制办法，以概算代预算。设计人员参加施工，施工人员参加设计。改变院内设计，部内鉴定脱离实际的办法，实现了现场设计、现场鉴定等一系列的革命办法，并提出了西南铁路勘测设计工作条例三十条，大大地提高了设计施工人员的设计思想，为加速设计进度，提高设计质量奠定了基础。施工和设计的配合更加密切，许多重大的设计变更问题，通过现场会、桥头会、峒口会等办法都得到了很好的解决，促进了施工任务的完成。

在施工中为了提高工效，大力开展了技术革新运动。在路基土石方施工方面，各单位都根据自己的设备条件开展了小型机械化施工。

在隧道施工方面，为了突破隧道关，工指党委及时提出了单口月成峒100米、150米、200米的奋斗目标，并颁发了隧道快速施工纲要，各个担任隧道施工的单位都作了很大的努力，特别是梅花山隧道进口及梅子关隧道出口进度提高很快，十二月份他们都突破了百米成峒关，正在施工的各个隧道都在积极为突破百米成峒关创造条件，可以预计，在不久的将来会有更多的隧道突破百米关，把我们的隧道施工进度推向一个新的水平。

在取得以上各项成绩的同时，在工程上也存在不少缺点，除了新兵新工多，技术不过硬，工效还不够高，材料机械设备还不能满足需要外，最突出的一个缺点是对技术安全工作重视不够，伤亡事故多。各施工单位自到新区后虽然对技术安全工作采取了一些措施，收到了一定效果。如七师和十师三个多月以来消灭了死亡事故，不少单位基本上做到了安全生产，但也有些单位对技术安全工作的重视不够，伤亡事故不断发生。自一九六四年九月二十一日至十二月底止，共发生各种事故845起，死亡16人，伤872人，平均每天有8件事故。各级领导均应认真吸取这些教训，采取有效措施，充分发动群众，严格执行保安制度，遵守劳动纪律，严禁违章作业，建立正常生产秩序，确保安全。

其次是有少数单位对工程质量重视还不够，发生了一些质量事故。对过去遗留下问题的处理，决心不够大，行动不够快，应引起注意。

另一个问题是工程成本有超支现象。在材料计划使用上宽打窄用，大材小用，优特劣用，管理上还不够有秩序。机械、汽车使用管理上，也有浪费现象，仅机械破损事故即发生 69 起，损失机械 34 台，油料消耗也较多。在间接费和行政管理费开支方面，有些单位大手大脚，不问价值高低，不管是否急需，非生产性的开支控制不严，浪费现象很普遍，学习大庆精神很不够。各单位必须全面贯彻"三高一低"的要求，克服与扭转部分干部认为取消承发包制度就可以不算账、不问经济效果，可以实报实销的错误思想，继续发扬自力更生，奋发图强，艰苦奋斗，勤俭建国的精神，真正落实到各项工作中去。

总之，在执行一九六四年工程任务中，我们虽然取得了较好的成绩，但工作上仍然存在不少问题，我们应该很好地总结经验教训，进一步发扬优点，克服缺点，在执行一九六五年工程任务中作出更大的成绩，为多、快、好、省的完成西南铁路建设的光荣任务而努力。

……

西工指下达一九六六年铁路计划
（1965）（节选）

一九六六年铁路基本建设计划

一九六五年十二月十日

几点说明

......

二、西南铁路建设工地指挥部的建设项目，仍按（64）铁密计建字第4430号部令规定的管理办法办理。

......

1966 年铁路基本建设计划

（全国铁路）

项目	1965 年调整计划		1966 年计划	
	全部投资（万元）	大中型项目数量	全部投资（万元）	大中型项目数量
铁路总投资额	226372		186330	
Ⅰ 铁道部	224972	86 项	185600	51 项
一、新建铁路	141816	35 项 铺轨 1061 公里	112000	19 项 铺轨 556 公里
其中：西南铁路	106508	11 项 铺轨 463 公里	87700	9 项 铺轨 244 公里

1966 年铁路基本建设计划

单位及项目名称	款额（万元）	主要建设内容及要求
西南铁路建设工地指挥部		
投资总额	87700	
一、大中型项目	69100	
1. 川贵线	1200	补充道碴、房屋、信号、遵义机务段等配套收尾及病害整治。
2. 云贵线	9900	滥坝至扒挪块铺轨 72 公里全线通车交付运营，水城机务段及贵阳昆明车辆段建设，扩建贵阳、昆明枢纽，昆宣段收尾。
3. 成昆线	50000	沙湾至官村铺轨 80 公里，昆明至北甸铺轨 50 公里，峨嵋机务段及全线桥隧路基土石方施工。
4. 川汉线	1000	宜都长江大桥施工。
5. 渡口支线	1000	重点施工，雅砻江大桥完成下部工程。
6. 水城支线	1800	全线施工。
7. 宜珙支线	1400	全线施工，宜宾金沙江大桥基础工程基本完成。
8. 开阳支线	1200	全线施工。
9. 东川支线	1600	铺轨 42 公里到浪田坝，全线通车交付运营
二、小型项目	18600	
1. 施工机械	15000	
2. 其他建设	3600	
成都铁路局		
投资总额	4080	
一、大中型项目	3700	
1. 宝成复线	2400	罗妙真-马角坝间做到铺轨程度
2. 渝赶线改建	500	三江，赶水站扩建，赶水站机务整备以及三江，赶水间正线土石方工程，全部建成投产。
3. 重庆枢纽	500	石场联络线建成，梨树湾货场，珞璜站增铺股道及机务整备设备等工程。
4. 黔桂线改建	300	都匀贵州间增设会让站五处，四个站增加股道等工程

单位及项目名称	款额（万元）	主要建设内容及要求
二、小型项目	380	
1. 成都车辆段	90	车库续建完成
2. 成都站场扩建	210	续建完成投产使用
3. 成都机修厂	30	设备配套
4. 成渝线朱扬溪站增加股道	50	配合专用线接轨增铺股道
昆明铁路局		
投资总额	12	
小型项目	12	
昆明指挥所通信设备配套	12	电源及机端设备等

新中国建立以来大力发展运输事业，新建铁路干线和支线一百零三条

新华社北京电　中华人民共和国成立以来，我国共修建了一百零三条铁路干线和支线，目前全国铁路通车里程达五万多公里，对促进我国国民经济的发展，发挥了重要作用。

在旧中国，从一八七六年修筑第一条铁路算起，到一九四九年全国解放前夕，只修筑了铁路二万一千多公里，主要集中在京广线以东的沿海和华北、东北地区。西北、西南地区的铁路寥寥无几，青海、宁夏、新疆等省、自治区根本没有铁路。

三十年来，国家大力发展铁路运输事业，用于新建铁路的总投资达三百多亿元。新线百分之七十五分布在京广线以西的广大地区。在西南的云贵川三省，陆续兴建了成渝、宝成、川黔、贵昆、湘黔、成昆、襄渝铁路，并改建了湘桂、黔桂等铁路，初步形成了西南地区的铁路网骨架，大大改变了西南地区交通困难的局面。在西北地区，相继建成了兰青、兰新和包兰等铁路干线，从此结束了青海、新疆、宁夏没有铁路的历史。这些铁路的建成，显著改变我国铁路网的布局，有力地促进了西南、西北地区经济建设的发展，加强了沿海与内地的联系。今天，除位于世界屋脊的西藏自治区以外，全国各省、市、自治区都通了铁路。

近两年来，又有太焦线（山西太原至河南焦作）、京通线（北京郊区昌平到内蒙古通辽）、枝柳线（湖北枝城至广西柳州）、青藏线第一期工程（青海西宁至格尔木）、南疆线（新疆吐鲁番至库尔勒）、福前线（黑龙江福利屯至前进）等七条铁路铺轨通车。现在以北京为中心，贯穿南北的铁路干线除京沪、京广线以外，又增加了由同蒲、太焦、焦枝、枝柳铁路连

成的第三条南北干线；横贯东西的铁路干线除陇海线以外，又有了由浙赣、湘黔、贵昆铁路连成的第二条东西干线。这样就大大减轻了原有干线的运输压力，促进了全国的物资交流。

除新线建设外，铁路部门还大力改造旧线。目前，全国已有复线八千公里，电气化铁路一千多公里，新建和扩建了四十多处枢纽站。同时，在许多干线上，安装了自动闭塞、电气集中信号装置，并延长了车站站线。一些较大编组站的驼峰调车场，全部采用了机械化操纵和电气集中控制，使铁路运输能力大幅度提高。

（《人民日报》1979 年 10 月 2 日第 1 版）

以新时期铁路精神为强大动力，
奋力推进西南铁路现代化建设

成都铁路局党委中心组

在中国铁路迎来新一轮发展战略机遇的关键时期，"安全优质、兴路强国"的新时期铁路精神引领着铁路干部职工为推动铁路改革发展团结奋进，更激励着成都铁路局干部职工牢牢把握新时期铁路精神坐标，为实现西南铁路现代化而努力奋斗。

一　新时期铁路精神是推动铁路发展的强大动力

国无德不兴，企无德不立。伟大的时代，需要伟大的精神力量。实现中华民族伟大复兴的中国梦，铁路肩负重要担当，需要凝聚与时俱进的强大精神力量，努力实现无愧时代的中国铁路现代化，写下中国梦精彩厚重的铁路之笔。

新时期铁路精神内涵高度凝练、时代特征鲜明，是中国特色社会主义道路自信、理论自信、制度自信在铁路的具体集中和生动体现，深刻贯穿社会主义核心价值体系以及社会主义核心价值观的精神本质，必将引领铁路干部职工的精神脉搏始终与时代强音同步跳动，激励全路职工与全国人民一道为实现中国梦而不断拼搏进取。新时期铁路精神是铁路的独特标识，深刻阐明了铁路的固本之基，深刻体现了铁路的本质属性，深刻诠释了铁路的时代要求，是广大铁路人共同信念和价值追求，是全路职工报国为民的铿锵宣言和情感升华，必将凝聚起宏大的精神力量，更好更快地推动铁路科学发展。新时期铁路精神生动反映了成都局干部职工的强烈心声和梦想追求，是成铁人矢志不渝坚守的精神高地，更是铁路局十年三步走、实现西南铁路现代化的强大动力，必将成为成都局坚定不移的思想自觉和行动自觉，奋力谱写西南铁路之梦。

二　争做弘扬新时期铁路精神的实践者和推动者

人无精神不立。新时期铁路精神需要每一名铁路干部职工以实际行动努力实践，立足本职岗位为铁路事业多做贡献。

培育践行新时期铁路精神，领导干部必须成为引领力量。展望进入关键时期的铁路改革发展，迎接进入全面攻坚期的西南铁路现代化建设挑战，成都局领导干部要有强烈的使命感和责任感，增强舍我其谁的担当意识，把培育践行新时期铁路精神与学习弘扬焦裕禄精神、倡导"三严三实"作风紧密结合，以能谋大局、能担重任、能破困局、能解难事的实际行动，带头践行精神，推动新时期铁路精神发扬光大。培育践行新时期铁路精神，党员干部必须成为骨干力量。党员干部是推进铁路发展的先锋，成都局党员干部要牢固树立强烈的先进意识，严格遵循新时期铁路精神的本质要求，抓住党的群众路线教育实践活动开展的契机，立足安全生产主战场，围绕运输经营新领域，广泛开展党内主题活动，攻坚克难，彰显作为，以立得住、站得稳、亮得出的过硬榜样，成为践行新时期铁路精神的模范。培育践行新时期铁路精神，广大职工必须成为根本力量。实践证明，人民群众始终是推动历史发展进步的力量源泉，铁路职工始终是铁路改革发展的根本力量，全局广大职工要进一步增强主人翁意识，增强践行新时期铁路精神的自觉性和主动性，立足岗位，履职尽责，发挥群众优势，凝聚群众力量，不断把培育践行新时期铁路精神推向深远。

三　将新时期铁路精神贯穿西南铁路现代化建设始终

新时期铁路精神既是思想，更是方法。用广阔的历史发展眼光，回顾展望西南铁路的建设发展史，成都局传承的成昆精神、弘扬的抗震救灾精神，秉持的"坚守、实干、创新、奋进"的企业精神，无不闪耀新时期铁路精神这一宝贵精神财富的历史轨迹和时代光芒，更深刻昭示新时期铁精神对西南铁路现代化发展的重要意义和深远作用。

按照铁路科学发展的战略架构,成都局推进山区铁路现代化建设,需要不断提高建设能力和管理水平,必须将新时期铁路精神贯穿西南铁路现代化建设始终。一是要让弘扬践行新时期铁路精神形成浓厚氛围。中国铁路总公司党组提出"安全优质、兴路强国"的新时期铁路精神后,我们迅速通过党委中心组学习、干部政治学习、班组学习讨论等途径,采取印制招贴画、印发宣传册、悬挂标语、制作景观展示台、电子显示等形式,以及组织巡回宣讲、举行"五一"劳模报告会和"五四"青年职业规划设计大赛、开展征文活动、刊发学习成果,在《西南铁道报》、局有线电视开展专题专栏报道,营造全局浓厚的新时期铁路精神氛围环境,推动干部职工学习把握新时期铁路精神。二是要把新时期铁路精神作为工作坐标。不管山区铁路安全的风险多高、难度多大、任务多重,成都局干部职工将始终牢记安全是铁路的饭碗工程、服务是铁路的本质属性,严格落实"三点共识""三个重中之重"要求,强化"以服务为宗旨,待旅客如亲人"理念,努力提高安全风险管理水平,不断深化货运改革成效,加快提升客运品质,坚决确保高铁安全,提供优质服务,打牢铁路局十年三步走坚实的安全发展基础。三是要以新时期铁路精神锤炼职工队伍。紧紧抓住培育践行新时期铁路精神契机,采取多种形式,不断引导干部职工将新时期铁路精神入脑入心,自觉内化为思想准则和行为遵循,做到自觉坚持和践行,努力成长为优秀的西南铁路人才。四是要用新时期铁路精神发展铁路文化。通过弘扬践行新时期铁路精神,持续推进以安全文化、服务文化为重点的五大文化建设。五是要用新时期铁路精神推动建设攻坚。成都局将牢记"安全优质、兴路强国"的光荣使命,肩负建设职责,认真落实总公司要求,抓住新机遇,迎接新挑战,掀起西南铁路建设热潮,保安全,保质量,保进度,打造精品工程,加速西南铁路现代化进程。

(《人民铁道》2014 年 5 月 17 日第 A01 版)

中西部地区成为铁路建设重点

记者从中国铁路总公司获悉，为贯彻落实国务院常务会议加快铁路建设尤其是中西部铁路建设的决策部署，总公司采取有力措施，将铁路建设的重点向中西部地区转移。

按照规划安排，"十二五"期间，中西部国家铁路建设投资1.85万亿元、投产新线2.3万公里，占比分别为72%、77%。"十二五"前3年，中西部地区国家铁路建设投资完成1.15万亿元、投产新线7000公里，占比分别为72%、58%。

2014年，中西部铁路安排建设投资和投产新线比例进一步加大，占比分别达到78%、86%；兰新铁路第二双线和大同至西安、杭州至长沙、南宁至广州铁路等中西部铁路重大项目将建成投产，蒙西至华中煤运通道、拉萨至林芝铁路、怀化至邵阳至衡阳铁路等中西部铁路重点项目将开工建设。随着一大批铁路建设项目的实施，铁路将在促进西部大开发、推动区域协调发展和扶贫攻坚等方面发挥更为显著的作用。

(《人民铁道》2014年4月11日第A01版　记者杨欣)

积极推进中西部铁路建设，打造布局均衡的现代化国家铁路网

冉　理[*]

（2016 年 7 月 25 日）

近日国务院批准发布《中长期铁路网规划》（以下简称《规划》），明确了我国铁路网的中长期空间布局。《规划》的颁布实施为积极推进中西部铁路建设，打造布局均衡、高效便捷的现代化国家铁路网奠定了坚实的基础。

一　中西部铁路建设成绩明显

2004 年国务院首次批准实施《中长期铁路网规划》以来，我国铁路发展成效显著，中西部铁路建设也进入了长期快速发展的黄金机遇期。

2006 年青藏铁路建成通车，填补了我国铁路网的空白，成为西部地区铁路建设的标志性成果。十年来，青藏铁路的安全运营为拉动区域经济社会发展注入了强大动力。2006 年至 2015 年，青海省 GDP 由 641 亿元增长到 2417 亿元，西藏自治区 GDP 由 342 亿元增长到 1026.39 亿元，年增速均保持在 10% 以上。青藏铁路的客货运量增长均超过设计预期，成为铁路助力脱贫攻坚，推动国民经济发展的成功典范。

"十二五"以来，沪汉蓉铁路通道、郑西、大西、贵广、长沙至贵阳、南广、成渝、成绵乐、西宝、兰新第二双线等一批联系中西部地区的高速铁路相继建成通车，大大缩短了西部与京津冀、长三角、珠三角地区的时

---

[*] 铁一院原总工程师。

空距离。高速铁路安全、快捷、方便、舒适的旅行环境已越来越多的得到了中西部旅客的认可，建设高铁的积极性日益高涨。近期郑徐高铁即将开通，年内沪昆高铁、云桂、兰渝铁路也将全线贯通，郑万、渝万、黔张常、西成、宝兰等一大批铁路项目正在加紧建设。这些项目的实施，将使中西部铁路网的数量和质量得到极大的提升，中西部地区旅客的出行条件亦将逐步得到改善。

通过大规模的铁路建设，中西部铁路运能紧张状况基本缓解。但与东部地区路网水平相比，中西部路网覆盖面尚不够广泛，区域布局不均衡。重点区域之间、主要城市群之间的快速通道尚未完全贯通。网络层次不够清晰，城际客运系统发展缓慢。现代物流、综合枢纽、多式联运等配套设施和铁路集疏运体系以及各种交通运输方式衔接有待加强。随着铁路快速发展，铁路建设资金筹集难度增加，债务不断攀升，经营压力加大，中西部铁路发展面临新挑战，需进一步加大政策支持，继续深化铁路改革。

二 加快推进中西部路网建设需要关注的几个问题

《规划》高度重视中西部铁路网建设，为完善中西部路网提出了新的发展目标和蓝图。

（一）科学确定建设标准，有序推进项目建设

中西部地区地域辽阔，人口密度差异性较大。尤其是在西部的部分区域，人口密度小，地形地质条件复杂，高速铁路干线通道难以与东部人口稠密区一样形成多线并行，高速铁路与城际铁路分工明确的路网布局。西部高速铁路干线的部分区段在满足中长途旅客出行的同时，必须兼顾中短途城际客流，以满足旅客多样化的出行需求。《规划》提出应"因地制宜、科学确定高速铁路建设标准。高速铁路主通道规划新增项目原则采用时速250公里及以上标准（地形地质及气候条件复杂困难地区可以适当降低），其中沿线人口城镇稠密、经济比较发达、贯通特大城市的铁路可采用时速350公里标准。区域铁路连接线原则采用时速250公里及以下标准。城际

铁路原则采用时速 200 公里及以下标准。"在推进项目建设时，应根据上述精神通过科学、严谨的技术经济论证，以市场为导向，合理确定速度目标值等相关技术标准。

《规划》期限为 2016～2025 年，远期展望到 2030 年。中西部地区规划项目多，规模庞大。路网的完善不可能一蹴而就，应加强与"十三五"综合交通运输体系规划的有效衔接，把握建设节奏，分期、分层次有序推进项目建设。对地形地质及工程特殊复杂的项目可提前安排前期研究工作，做好技术储备，相机建设。

（二） 坚持技术创新，不断提升艰险复杂山区的铁路建设技术

《规划》的中西部地区铁路项目，部分位于西部艰险复杂山区。先期建设的哈大高铁、沪昆高铁长昆段、贵广高铁及建设中的西城、云桂、宝兰、兰渝、大瑞、成兰、拉日、拉林等铁路项目的工程实践为本次规划铁路网向严寒地区、地形地质特殊复杂地区延伸积累了丰富的技术储备，创建了高寒、高原冻土区、湿陷性黄土区、岩溶强烈发育区、地热异常区、高地震烈度区、软岩大变形等特殊地质环境下的成套铁路建设技术。为顺利实现规划目标奠定了基础。

同时，我们也应清醒的认识到，随着中西部路网的进一步延伸，更多的项目会挺进昔日的筑路禁区。河谷深切、坡面稳定性差、地震活跃、地质灾害频发、不良地质与特殊地质问题突出、高桥与特长隧道等重点工程集中。更为严酷的自然环境，更为艰巨的工程使中西部的铁路建设者面临新的挑战。因此，坚持科技创新，不断提升艰险山区复杂环境下的铁路建造技术是《规划》顺利实施的基础。对于难点工程可提前安排开展科研专题工作，加强地质勘察，确保项目顺利推进。

（三） 增强环保意识，强化环保措施

中西部地区是我国自然保护区、风景名胜区较为集中的区域，部分区域生态环境较为脆弱，强化环境保护工作在中西部铁路建设中尤为重要。在项目的规划、建设和运营的全过程要增强设计者、建设管理者、施工人员和运营管理人员的环保意识，在设计阶段要坚持"保护优先、避让为

主"的选线原则，加强对沿线环境敏感区的保护。合理设计项目线路走向和场站选址，拟定针对性强、可靠有效的环保措施，依法合规的开展环境影响评价工作。在建设阶段要强化落实各项环保措施。做好地形、地貌、生态环境恢复和土地复垦工作；做好水土保持等生态保护，注重景观恢复和铁路绿色通道建设；运营期要大力推广采用环保新技术，促进废气、废水和固体废物的循环使用和综合利用。

通过全过程强化环境保护工作，将更加凸显铁路作为绿色交通方式的技术优势，对推进生态文明建设发挥重要作用。

（四）破解投融资难题，提升项目可持续发展能力

与东部地区铁路项目相比，中西部铁路建设投资大，运量相对较小，运营企业财务效益差。尤其是在项目运营初、近期往往需要通过财政补贴，才能实现盈亏平衡，维持正常运营。因此如何破解投融资难题，提高项目的可持续发展能力是长期困扰中西部铁路发展的瓶颈。

针对以上问题，《规划》提出"用改革精神破解铁路投融资等难题，……形成国家投资、地方筹资、社会融资相结合的多渠道、多层次、多元化铁路投融资模式。……实施差异化投融资政策，建立长效机制，提高中央资金对中西部铁路建设投入比重。研究建立公益性、政策性补贴机制，完善土地综合开发配套政策，……研究化解铁路债务的有效措施，加大力度盘活存量资产，支持铁路企业对车站和线路用地一体规划，加强地上、地下空间的综合开发，……，深入实施多元化经营战略，延伸产业链和服务链，不断提升铁路经营效率效益"。

《规划》所提出的一系列改革与扶持中西部铁路发展的政策措施为化解中西部铁路建设瓶颈指明了方向。在积极争取国家政策与资金扶持的基础上，铁路运营企业要加快推进自身的改革与市场化进程，逐步改善企业财务状况，提升可持续发展能力。

三　结束语

《中长期铁路网规划》的发布为中西部铁路发展创造了新的历史机遇

期，我们欣喜的看到，在不远的将来，一个充满活力、现代化的铁路网即将变为现实。

（中国国家发展和改革委员会网站，http：//www. ndrc. gov.
cn/fzgggz/nyjt/fzgh/201607/t20160726_ 812981. html）

宝成铁路北段的选线工作已基本完成

宝成铁路北段的选线工作已经基本完成，年底将提出略阳至凤县段的初步设计，明年四月提出宝鸡至凤县电气化地段的初步设计，并准备在明年春天集中几万人的修路大军，在秦岭以北开始重点施工。宝成铁路全线修通以后，将成为我国西南、西北间主要的交通干线。四川、陕南产粮区的粮食将可以源源外运，沿线煤铁矿藏将得到开发，著名的白龙江林区的木材也可以大量地采伐出来。

经过初测以后的宝成铁路北段，共长二百二十二公里。它从陇海铁路线上的宝鸡起，向西南跨过渭河，越过秦岭，到陕西边境的略阳，和来自成都的南段铁轨相衔接。这条线路和过去选测的天（水）略（阳）段比较，不但地质情况较好，而且不必绕道陇海铁路一百五十三公里的宝（鸡）天（水）段，可以缩短西南到华北的距离。

宝成铁路北段将是一段很艰巨的工程。线路将要在许多峭壁上通过。全线将有百分之三十五左右的路基要修筑在坚硬的岩石地带。特别是宝鸡到秦岭的一段中，光是隧道的总长度就将占这一段线路全长的百分之三十以上，其中有一座隧道将成为关内最长的隧道。在这一段中间还要架二十多座深沟桥，桥的高度最高的达五十余公尺。中间还有二十六公里长的一段，根据苏联专家建议，将要设计成为一段千分之三十的坡度，列车通过时将用电气机车来牵引。因此全段工程的艰巨程度，在我国铁路修筑史上将是空前的。

中央人民政府铁道部设计局第七勘测设计总队的工作人员，为了选测这条最经济的线路，从今年年初开始就在秦岭山区和沿嘉陵江、白水河一带，攀山涉水，进行艰巨的勘测工作。他们曾先后选了三条线路，最后才加以选定。

（《人民日报》1953 年 12 月 23 日第 1 版）

宝成铁路东段渭河大桥落成通车

宝成铁路宝（鸡）东（河桥）段渭河大桥已在六月二十八日胜利完工，并在七月一日举行了落成通车典礼。大桥上第一次通过了盛装结彩的列车。

这座大桥建成通车，是宝成铁路宝东段新线工程中的巨大胜利。通过渭河大桥，铺轨工程将继续向宝鸡以南进行。从此，宝东段沿线特别是秦岭山区施工所需大量的机械、建筑器材、粮食和日用品等将由火车源源运到，为加速宝东段工程向南进展创设了有利条件；同时运输费用也可大大节省。

渭河大桥从今年二月八日开始动工兴建。为要在洪水期前把下部基础工程做完，千百个工人昼夜不停地工作着。他们克服了重重困难，终于在五月七日完成了最后一个桥墩的混凝土灌注工作。在架设钢梁过程中，架桥工人又以四天时间的速度把全部钢梁架设完毕，保证了渭河大桥在"七一"前夕提前两天完工。

（《人民日报》1954年7月4日第1版）

宝成铁路铺轨到广元

宝成铁路南段已在十二日铺轨到四川省北部的广元县。这段铺轨工程比原订计划提前三天完工。成都广元间将在明年元旦正式通车。

十二日那天下午，当路轨铺到广元车站时，满载钢轨的工程列车立即从新铺的轨道上行驶过来。铺轨工人们又继续向北推进，他们要争取在年内再多铺十几公里。

今年宝成铁路南段铺轨工程是从四川省江油县的中坝开始的。从中坝到广元全部是丘陵地带和大山区，有一百五十多公里。筑路工人战胜了很多困难，穿过长达六十多公里的剑门山区，学会了弯道架桥和高坡铺轨等许多复杂的技术。

（《人民日报》1954 年 12 月 14 日第 1 版）

宝成铁路成都广元段通车

除夕下午二时从成都出发的扎彩列车，在元旦上午十时到达广元站。宝成铁路成都到广元段从此正式通车。

元旦清晨，人们成群结队从各处赶到广元车站。广元各界五万五千多人在这里举行了盛大的庆祝通车典礼大会。参加大会的还有四川、陕西、重庆、成都和铁路沿线各县的代表。四川省人民政府副主席余际唐在大会上剪彩。这时汽笛长鸣，挂着毛主席像的彩车徐徐驶进车站，人群欢声雷动。

广元是西南、西北地区来往交通的门户。宝成铁路成都到广元段通车后，对西南、西北的物资交流和支援宝成铁路南段广元以北的工程有重要作用。

（《人民日报》1955年1月4日第2版）

宝成铁路

——艰巨的修筑工程

形势险要的秦岭和巴山屹立在陕西和四川两省。在那绵延不断的群山中，有纵横交错的大小河流。这是我国自古以来最难通行的地区之一。伟大的诗人李白形容进入四川的艰险情况是："蜀道之难，难于上青天"。我国古代人民，为了通过这里，曾在悬崖峭壁上栽下木桩，架起木板，修筑了有名的"栈道"。

眼前正在修筑的宝成铁路，就从这里经过。

解放前联系西南和西北的只有一条川陕公路。这条公路从通车后就不断发生各种惊险的事故，有些汽车因司机稍一不慎就被摔碎在深谷中。因此，富饶的四川同外地的陆上联系仍然处在半隔绝状态，大宗粮食不能输出，机器不能大量运入。这种状况，在我国进行大规模经济建设时期，是不能继续存在下去了。从一九五二年国家就开始在这里进行宝成铁路的勘测和修筑的工作。这条铁路，是贯通我国内地南北交通的大动脉，它将把陕西、四川两省富饶的矿产和农产品吸引到国家的建设事业中来，大大有助于内地建设事业的发展。

这条线路的确定是经过多次勘测，反复考虑的。当时曾有几种不同的方案。有的方案主张把线路延长，避开这些险峻的山峰和急湍的河流。但是线路的延长对将来的运输是不利的，在常年不断的运输中，运输力和运输费用的损失是不可计算的。因此，为了将来运输上的节省，为了更大地发挥经济上的作用，为了充分利用川陕公路便利施工，最后选定的这条工程虽然艰巨，但距离却是比较短的线路。这是一个勇敢的选择，只有像我们这样充满了力量的政府才敢于做出这样勇敢的选择，才敢于蔑视高山、激流等一切困难。

我们可以想象到，宝成路的工程该是如何的艰巨和复杂。

铁路的起点宝鸡在渭河北岸；渭河南岸就是雄伟的秦岭。铁路如果要直线通过，就需要在二十公里的距离内升高八百公尺。这么大的坡度，根据现今科学的要求，还是不能允许的。因此，为了越过秦岭，线路就只好在这一带的群山中来回盘绕，逐步上升。越过秦岭顶峰，就是险峻的嘉陵江峡谷，铁路需要在江上跨越十六次，找寻去路，有时在江边悬崖上穿行，有时把河赶开，把河床填起通过。最后，线路在越过剑门山"天险"后到达成都。在线路图上，宝成路是一条无处不弯曲的铁路。其中有一段直线距离仅八百公尺，线路却绕了十三公里。有的地方可以看到三条线路，一列火车可以在一个地方看到三次。在修成的宝成路上，火车将是一会在山顶盘旋，一会在河谷环绕，忽东忽西，时隐时现。

由于线路接连不断地穿山、跨沟，需要不断地开凿隧道，架设桥梁，劈开山峰，填平深沟，这就出现了数量很大的桥梁隧道和土石方工程。据统计全线平均每公里有路基土石方八万一千方，隧道一百一十四公尺（占全长百分之十一点四），大桥十一公尺多，中小桥一点六座。宝鸡到东河桥一段隧道占线路长的百分之三十六。许多地方都是隧道桥梁相接连，甚至连车站也需要有一部分设在隧道里或桥梁上。最长的隧道（秦岭隧道）长二千多公尺。许多隧道都是弯曲的。为了就地取材，全线大量采用石拱桥，技术要求十分严格。地形的复杂使许多工程都要在险峻的山头上或悬崖绝壁间进行，工作条件极为艰苦，材料运送更加困难。

修筑宝成路的广大职工，以自己的顽强努力、英勇劳动战胜了遇到的困难。他们不顾狂风大雪，日晒雨淋，用绳子把自己吊在悬崖上，开凿山石，辟出路基。据一九五四年极不完全的统计，全线职工为改进工作提出的合理化建议就有九千多件。许多从来没有见过隧道的民工已成了优秀的风钻开山工，许多不懂测量常识的工人已掌握了弯曲隧道的开挖方向，有些从未砌过石头的工人也成了砌大石拱桥的能手了。苏联的先进科学技术对解决工程中的许多复杂问题，起了极大的指导作用。复杂隧道的开挖，石拱桥的设计和施工，大量土石方的爆破，都得到了苏联先进经验的帮助。施工中的机械化程度在不断提高，许多笨重的、人力难以胜任的劳动都采用机械操作。

宝成铁路全长六百八十多公里，从一九五二年秋季即从成都往北修筑，现在成都到广元三百多公里已经通车。眼前，宝成路正进行全面施工。由宝鸡到广元三百多公里的线路上，十几万人正在山巅、谷底、峭壁悬崖间进行紧张的劳动。高达数十公尺的桥墩已经在沟谷、河面树立起来，许多山腰里已筑好了整齐的路基。夜间沿线万点灯光，隧道、桥梁照常施工。筑路工人正在英勇地完成祖国人民交给他们的伟大任务。

（《人民日报》1955 年 7 月 11 日第 2 版　记者也辛）

宝成铁路广略段正式通车

宝成铁路由四川广元到陕西略阳段已经在 1956 年元旦提前正式通车。

这段铁路长 135 公里，要穿过绵延的大巴山山脉，两次跨过湍急的嘉陵江。这段铁路的修筑和通车，使四川、陕西、甘肃三省边境广大山区的经济开始逐渐繁荣。解放前在略阳每 70 斤玉米只能换一斤盐或是两市尺布，现在已经能换七斤盐或 18 市尺布了。

（《人民日报》1956 年 1 月 7 日第 2 版）

宝成铁路北段铺轨工程全部完成

从宝鸡起全长一百一十公里，穿过秦岭、七跨嘉陵江的宝成铁路北段铺轨工程已经在四月三十日全部完工。

宝成铁路南段，在五月六日铺轨到距成都 478 公里处。现在宝成铁路全线还没有铺轨的只剩下九十公里左右了。

宝成铁路北段铺轨架桥的工人为了提前完成铺轨任务，曾经展开了热烈的社会主义竞赛。架桥分队潘若海工班，以一小时五十八分钟架了一孔十六公尺跨度的钢筋混凝土丁字桥梁，创造了全国新纪录。林成柏工班原来半个小时才能卸完一车钢轨，从竞赛展开以后，他们不断改进卸车方法，提高到五分钟就卸完一车，有力地保证了铺轨工程迅速进展。

（《人民日报》1956 年 5 月 9 日第 2 版）

英雄们修通了宝成铁路

宝成铁路全长 668 公里、行经陕、甘、川三省，北同天兰铁路、陇海铁路与正在继续向西挺进的兰新铁路接轨，南同成渝铁路及正在修建的成昆铁路、川黔铁路相连。宝成铁路建成后，在全国的铁路网上，西南、西北、华北、华东、东北和中南将结成一个整体。

宝成铁路所经之地尽是高峰、深谷和江河，桥梁连着隧道，隧道连着桥梁，全线共有隧道 280 多座，全长约 81 公里，共有大、中、小桥 900 多座，全长 22 公里，单挖填土石方就有六千万方，按高宽各一公尺算，能绕赤道一周半以上。

出宝鸡不远，宝成铁路便被高大的秦岭拦住。秦岭雄姿巍然，数不尽的高峰深谷。铁路要从秦岭通过，只有缠绕盘旋。工程最密集的地方，线路成 "8" 字形的盘山道。这里不到六公里的线路内，有十多座隧道，占线路长度的 80% 以上。在短短不足六百公尺长的枣园沟里，从沟底到山腰就有九座隧道和三座中桥。桥梁和隧道相近只有七公寸。这样高度集中的工点，地方窄，活儿多，彼此干扰。可是一项一项工程分开干，时间又不等人。经过一再研究，才采取了白昼黑夜分别施工的办法。白班的工人在高处施工，晚班的工人接着又在低处干了起来。枣园沟等工程最集中的地方，真是昼夜施工忙。

秦岭上的青石崖车站和观音山车站，都建在峭壁上。必须将整个山头砍去，才能填平站场。光青石崖的高填深挖工程，在六百多公尺的范围内，就要做土石方六十多万公方，要在这样狭小的地方用人力挖填这样大的工程，不但施工队伍摆不开，而且也会延长工期。在苏联专家的帮助下，这两处工程采用了先进的大爆破方法施工，一炮装炸药一百四十多吨，一炮装炸药三百多吨，两次各炸下二十多万方土石，把山头削成平地，象这样大型的爆破在我国是史无前例的。

在秦岭上，数十座桥梁载着宝成路越过深谷，其中最多的就是石拱桥。这些桥都是就地取材，利用秦岭山区灰白色的花岗岩建造的。经济、美观又坚固。最高的松树坡大桥，可以同北京的跳伞塔比高。修这座大桥也极不容易，砌起墩台以后，还要砌上一万二千块大小不同的拱石，砌拱时正是雨水连绵的秋季，浓雾弥漫桥台，从桥下向上看，什么也看不清楚，就是运拱石的高空索线，到半空也象断弦一样，桥上与桥下运输只好用钟声和哨音连系，历尽千辛万苦，才将桥砌起来。

通过五华里长的秦岭隧道，铁路便沿着滚滚的嘉陵江南下。嘉陵江象一条风吹的飘带，曲流拐弯的从山脚、峡谷流着。铁路要在江的一边直着走，不但要做大量的填挖土方和隧道工程，有些地带地质也很坏；要是紧挨江岸走，又容易受洪泛的破坏。勘测时做了多次比较，决定全线要跨过嘉陵江十六次。过双十铺后，嘉陵江进入峡谷地带。江面狭窄，江中遍布大石，水流湍急，汹涌澎湃。猛一看，这里好象原是一个大石山，凶猛的江水硬冲出一个槽子流过去。这就是天险灵官峡。它比剑门天险，古栈道区域的明月峡更险几倍。两岸陡壁错列，耸入云霄。铁路就在江左岸离江面几十公尺高，野羊也难站脚的峭壁上通过。就是现在，线路已经修成了，乍一看，也只能看见一个洞，铁路影踪全无。只有从这里走过的人才能看到其中的奥妙。原来陡壁上是一个山洞接着一个山洞，四公里线路有三公里隧道。

在灵官峡中有个猴子崖。人在崖上登几步，便不免要像站在滑梯上似的跌下来。当地老乡说，就是伶巧的猴子也难爬上去，可是筑路的工人们，已经在猴子崖上修成隧道，让火车在这里通过。

这种峭壁险地，人根本没法走，只好绕几十里大山到工地去；车子更没有办法进去，吃的粮食只得靠五百人的运粮大队绕山背运。可是，这种方法只能暂时采用，时间长了是不行的。大型机械、筑路器材也无法运进去。而且，一旦遇到洪水或风雪，更会路断粮绝。所以必须在江对岸修筑汽车便道，再架起密如蛛网的高空索线，才能把机械和其他筑路器材输入工地。

修筑便道的第一步，是要架起无数座便桥。可是，在架桥时就是一个半吨重的打桩铊也没法向里运，没有打桩铊，就不能打桩架桥。人急生智，三十多个工人便挺身而出，挽起裤腿，冒着零下十度的严寒跳进江里，把桩铊拴上一条绳子，借江水流动的力量，把桩铊拽到工地，架起桥来。

便道刚过江面，又遇到五十公尺高的琵琶崖迎头拦阻。琵琶崖突出在峭壁上，连一点斜坡都没有，汹涌的江水兜成圈子流过去。要使汽车在这里通过，一定要把崖头炸掉，而在这样三面临水的陡峭悬崖上打炮眼，是难以成功的。所以人们把希望都寄托在利用自然条件爆破上。工人李文治勇敢地系上几十公尺的绳子，悬在崖上寻找能塞进炸药的位置。崖上没立脚的地方，他就像一个秤铊似的摇幌着悬在半空。找了半天，才在石崖中发现一条石缝。他挤到石缝中去探索。石缝口还大，可是愈往下探愈窄，他脱去棉衣又往里探，尖石划破他的脊背，渗出一长条一长条的血迹，他也不觉得疼痛，因为他心里只有一件事：怎样完成爆破任务。这种坚定的信念，使他准确地测定出石缝的形势，胜利返回住地。经领导同意后，将石缝塞满炸药，一炮便把琵琶崖的崖头炸掉，让汽车便道在崖凹中伸向前去。

修筑汽车便道困难，在峭壁上修隧道更是困难。在峭壁上开辟隧道首先要崩下几千方岩石，划好仰坡，才能进洞。这种峭壁上不用说站人，连个登脚的地方都找不到。工人们每天只好背起八镑锤、炮钎，带上一天吃的干粮，系上安全带，悬空打眼。没有登脚的地方，就用双腿盘着绳索，用螃蟹爬行的姿式向前移动。

在这种艰苦的环境下，工人们还唱着自己编的歌子：山高挡不住太阳，困难挡不住英雄。鸟飞不过的地方我们能走，猿猴爬不上的高山我们能攀登；只要有钢钎和炸药，在天山上火车也照样行。

开辟出洞门，进了洞，新的困难又出现了。这里是著名的严重地震区。一打风钻一放炮，发酥的岩石象瀑布般的倾泻下来，把导坑堵满了。塌了就抢，抢了又塌。时间一久，大家摸出经验来：发现有一点裂纹就用木头支住。所以一进洞，就能看到密密麻麻象森林一样的支撑木。

在洪水泛滥期间，有时十几座便桥全被冲垮，隔在工地上的工人就过着"白毛女"一样的生活，休息时睡在隧道的横洞和天然的石洞里，盖着蓑衣和洋灰袋，渴了便喝山中的泉水；饿了只靠一条运送简单工具的高空索线输送饭菜。在这种环境下，工人们提出了"进一寸隧道，就是一寸幸福"的口号，坚持工作。并写决心书捎到对岸，向党保证：只要能供足风和钢钎，我们保证提前打通导坑，决不当通车障碍。他们就以这样的英雄气概接连不断的创造了开挖导坑的新纪录。

　　宝成铁路快要接轨了。不久之后，从宝鸡到成都，坐火车只用一昼夜就可以安全到达，正像当地人民所说的，现在是"蜀道不难，如履平川"了。

（《人民日报》1956 年 7 月 7 日第 2 版　记者赫崇焕）

英雄的路

——宝成铁路正式通车有感

有一条六百六十八点二公里的钢铁的大动脉，正在我国腹部陕、甘、川三省的高山深谷与平川沃野之间跃动，这就是宝成铁路。它又像是一个钢铁的巨人，两脚踏住了险恶的秦岭和大巴山，两手拥抱着富饶的秦川和川西平原。它为广大的山区人民与平川人民沟通着和灌注着新鲜的血液；并且发动着这里的一切可能的力量，为我国伟大的社会主义事业服务。它生长在英雄的时代，只有我们英雄的祖国和英雄的人民，才能养育这英雄的路。

我来到宝成路上，正当这个征服天险的英雄的路就要正式通车的前夕。全线职工和各地来宾，都兴高采烈地谈论着这条铁路的斗争史。国家验收委员会满意地宣布：宝成路全线验收完毕，即日正式营运。这是经过多么艰巨复杂的斗争的结果啊！

兴建这样的一条铁路，对于我国国民经济的发展具有何等巨大的意义？这个问题，在许多文章中已经做了说明。我现在要说明的问题是：宝成路怎样成功地征服着自然？它又怎样有效地锻炼和提高了人类征服自然的力量，同时改造了人们自己？

看看这条铁路线上许多险恶的地形和地质条件，我们就不难了解，宝成路是中外铁路建筑史上罕见的一条铁路，它称得起是英雄的路而绝无愧色！宝成铁路北段九十四公里，通过秦岭和嘉陵江上游，这是古代冰川地带，又是七级的地震区域，岩层风化现象十分严重，岩石节理破坏，地下水多，河谷中有许多古老的滑坡。中段六十五华里，沿着嘉陵江两侧几乎都是悬崖绝壁，古代的栈道由这里经过，这一段仍然处于七级或六级地震区，山脚水边也有许多古老的滑坡。在这样的地质条件下能不能兴建铁路呢？据说从前有一个地质学家断定秦岭地区是不能兴修铁路的。现在事实已经完全打破了这种武断的结论，做出了与它相反的肯定的回答。试问现在还有谁怀疑这个事实的吗？那就请他到宝成路上来参观吧！

我们的党和人民政府对于建设宝成铁路的计划，经过全面考虑以后，就始终坚定不移地为它的实现而奋斗。虽然早已预见到可能遭遇的严重困难，但是我们伟大祖国的儿女们，一切忠于社会主义事业的战士，是决不肯在任何困难面前低头的。从1952年的"七一"开始，来自各个省县的地方党政工作干部、老铁路职工、人民解放军转业部队和抗美援朝胜利归来的工程总队，以及刚刚离开农村的大批新工人，就陆继地投入了建筑宝成路的伟大斗争。他们经历了无数的险阻，终于完成了计划。即便是在地质条件很坏的若干工程上，消除自然病害的努力也已经收到了巨大的成效。国家验收委员会的结论是：宝成路北段工程质量优良，中段工程质量良好，南段工程质量优良，全线符合二级铁路的标准。所谓二级铁路就是全年载重不超过二百万吨的，而一级铁路的全年载重量则超过了二百万吨。一级和二级的铁路都是全国铁路的干线，它们是根据国民经济的需要分别规定不同的载重量，两者之间在工程质量标准上是没有差别的。而宝成路作为贯通我国西北和西南的铁路干线，并且同全国其他干线衔接起来，这是有重大的战略意义和经济价值的。

但是，这一条铁路的诞生，一方面充满了英雄的凯歌，另一方面也不免引起了临产的痛苦。这是很自然的。负责指挥宝成路全线工程的熊宇忠同志对我说：国家交给我们这样重大的任务，作为共产党员，我们有信心战胜一切困难，我们同自然界进行了残酷的斗争，我们认识了自然界是一个顽强狡猾的敌人，我们必须不断地提高自己的本领，同它斗法，才能最后战胜它。我认为熊宇忠同志的话是正确的。宝成路建设成功的这个事实表明，我们的人在同革命的敌人作斗争中已经学会了许多本领；现在向自然界进行斗争，必须重新学会一套本领；而所有这些本领，只要我们的人有决心，肯努力，就一定能够学会。

从铁路建筑工程的角度来看，许多老工程师都说，宝成铁路是一所最完备的大学。这里集中了各种典型的地形和地质的特殊情况，给勘探、设计、施工以及经营管理等各方面都带来特殊的经验，为中外铁路建筑史上所罕有。例如在秦岭上的铁路轨道，盘旋曲折，上下五层，构成了三个马蹄形和一个"8"字形的错综状态；在"8"字形的中间，还有一个宽六十公尺、长六百公尺的山沟，上下四层有十二个隧道口和七座桥梁同时施工。这种工程技术的复杂性只有在宝成路上才能见到。

苏联的先进工程技术在宝成路上的运用也有很突出的成就。对山头举行大爆破便是一个例子。特别是指向大爆破，功效如神。如在嘉陵江上的李家河，山势迂回，江水本来像 S 形蜿蜒而下，铁路要通过这里就必须架设大桥和涵洞。由于苏联专家的帮助，实行了指向大爆破，这座山头一次就被炸倒，并且按照指定的方向，填塞了弯曲的河床，使江水立刻改道，直流而下。同样，秦岭上的青石崖本来是峻峭的山峰，铁路要通过这里不但没有站场，并且还需要建筑一座大隧道和一座大桥。采用苏联大爆破的方法，一下就把山峰炸平了，崩裂的砂石填平了山谷，铁路通过这里既有适当的站场，又节省了隧道和桥梁的建筑工程，完工的时间也提前了。人们常说的"高山低头，河水让路"的奇迹，在宝成路上真正实现了。

还有更复杂的向自然界作斗争的一套方法，是用来对付地质条件恶劣的古老滑坡的。例如嘉陵江边的谈家庄、马蹄湾等处，本来是不稳定的滑坡地带。要想制止地基的滑动，必须排泄地下水，使边坡干固稳定。工程局用了种种方法，修建截水沟、引水沟、小型窝沟、泄水窝洞和渗井等，尽量使地下水排出。有的地方甚至在路基下面三十多公尺的深处挖掘泄水洞，直通嘉陵江。这样就稳定了边坡，巩固了路基。许多工程师和专家都认为，多种复杂的地质情况同时出现，这除了宝成路以外，别处是很少见的。

在同自然界斗法的过程中，必然会锻炼出大批优秀的技术人才，积累丰富的技术经验。这样的人才是关在学校里培养不出来的，这样的经验也是任何书本上找不到的。"从不懂到懂"，这是参加宝成路工程的广大职工的口头禅，也是人们认识和掌握客观规律的真实过程的反映。负责宝成路北段工程的李荣村同志告诉我：最初谁也没有经验，新成立的摊子，技术和管理水平都很低。除了少数老工人以外，80%是来自农村的农民和城市贫民，有许多农民连铁路都没有见过，只好临时学一点简单的操作，一面参加劳动，一面继续提高。这样慢慢地就培养出来了很大的工程技术队伍。现在这个技术队伍的力量已经是相当强大的了，这应该说是我们国家最宝贵的一份财富。

我在宝成路上见到的有从老工人中提拔出来的技师李振田同志，也有许多经过实际考验的老技术人员。他们日日夜夜在工地上，在工人阶级群众斗争的洪炉中，不断地得到锻炼，不断地从思想上和政治上改造了自己。工程师刘宏业用他自己的经历说明，在旧社会里，技术人员的力量不能发挥，真正干铁路工程还是解放以后的事情。他说现在才真正懂得什么是人民铁道事业。工程师传安石回忆 1953 年 12 月才到秦岭工地的时候，党号召用竖井的方法开挖隧道，他想这一定做不成。因为他不相信从山顶打下一个竖井，由井底引申出前后两点，挖出隧道能够不发生偏差。但是他的想法错了，竖井开成功了。工程师张业鑫以新旧铁路工程做对比说：1943 年在黔桂铁路线上要开一个三百三十公尺的隧道，七百人花了两年半的时间没有做成，现在开一个四百零二公尺的隧道，三百多人不到一年就打通了，这怎么能够叫人不心悦诚服呢？工程师庞振东表示，他最佩服群众路线的工作方法。他说，每一个隧道或桥梁的兴修，往往经过正面和反面意见的激烈争论然后才确定下来，如今线路上任何一个工程都有大批原始资料和不同意见的记录，这是非常难得的活的教材。至于工人群众的合理化建议，它的正确性有时还超过了工程师的意见。从这许多工程技术人员的谈话里，我们可以很清楚地看到，实践多么有力地改变着人们的思想认识，实际斗争是改造人们自己的多么巨大的力量啊！

当着宝成路正式通车的时候，记者希望铁道部门、地质部门、科学研究机关和工程技术学校等有关单位，进一步密切的合作，把宝成路的一切原始材料毫不遗漏地收集和整理起来，不够的加以调查补充，编成系统的科学资料；设立专门的陈列馆，把一切实物也集中在一起；并且要系统地详细地总结宝成路的全部经验，轮流调派干部到这里学习，使现有的技术水平进一步提高，使现有的技术力量进一步发展壮大起来。

（《人民日报》1958 年 1 月 2 日第 3 版　记者邓拓）

成昆铁路开始勘测

为进一步开发西南资源和活跃西南物资交流，继成渝铁路修建以后，成（都）昆（明）铁路又已开始勘测。草测工作已在今年四月完成，初步确定了线路。现在，共一千多人的三个勘测队先后到达沿线各段进行初测。

成昆铁路初步确定的线路是从成渝铁路线上的内江起，经过宜宾，沿金沙江和小江到昆明，全长八百一十公里，不仅直接连接四川、云南两省，而且可以沟通贵州、西康的部分地区。铁路沿线有著名的自贡盐井、叙南煤炭和桐油、生漆、药材、猪鬃、木耳、香菌等土特产品。这条铁路通过滇越铁路还可以和著名的个旧锡矿相连接。这条铁路修成以后，这些矿产和土、特产品就可以大量而廉价地运销全国各地，云南全省和贵州、西康部分地区所需要的工业器材和人民日常生活用品也可以得到大量的供应。

(《人民日报》1953 年 8 月 19 日第 1 版　新华社供稿)

成昆路完成初测工作

　　成昆铁路的初测工作已经全部完成，定线和设计工作即将开始。未来的成昆铁路全长一千零三十三公里。成都到内江段长二百二十三公里，系利用成渝铁路，内江到昆明段长八百一十公里，全部新建。内江到昆明的初测工作是分南段、中段和北段同时进行的。南段和中段的初测工作在去年十二月初旬就已提前完成，北段的初测工作在去年十二月三十日完成。

　　从内江到昆明的铁路线三次经过水流湍急的金沙江，并且要爬过人烟稀少的险峻高山。担任初测工作的第十四、十七、十八三个勘测设计总队的勘测设计人员，爬山涉水、忍饿挨冻、克服了重重困难，胜利完成了全线的初测工作。担任北段初测任务的第十四勘测设计总队的队员们，大多是从华东各地调来的养路工人，不熟悉勘测技术。但由于他们能刻苦钻研，虚心学习，很快地就掌握了技术。他们发挥集体智慧克服了几乎难以想象的困难。各勘测设计总队的工作人员积极学习了苏联先进的勘测设计经验。他们采用了水准测量方面的"双面搭尺法"以后，工作效率提高了百分之一百七十五。

（《人民日报》1954年1月26日第2版　新华社供稿）

成昆铁路内宜段即将动工修筑

　　成都—昆明铁路内江宜宾段工程将在今年 2 月份动工修筑。现在，担负这一段工程的第一批施工人员已经到达工地，各有关部门正在积极进行技术、施工和物资供应的准备工作。这段铁路由四川省内江开始，途经自贡到达宜宾，全长 115 公里，今年计划铺轨 81 公里。

　　　　　　　　　　　（《人民日报》1956 年 1 月 15 日第 1 版）

成昆路开始初测、重庆长江大桥钻探桥址

成（都）昆（明）铁路开始初测。担任北段成都到峨嵋间线路勘测工作的铁道部第二设计院第十六综合分队的职工，已经在六月上旬到达工地。现在，他们正在新津、彭山一带劈荆斩棘地进行测绘。

这条铁路的南段昆明至太平地三百七十公里的初测，也将在七月中旬开始。目前，铁道部第二设计院已经派出选线工程师赴南段现场勘察。预计在今年之内可以完成南北两段约五百二十公里的初测和初步设计。

成昆铁路是我国铁路网中纵贯南北的主要干线之一，也是西南地区最长的一条干线。它的北端起自成都枢纽站（和宝成、成渝两铁路连接），经新津、峨嵋，沿大渡河向西南伸展，到达西昌，再沿安宁河南下进入云南省境内直抵昆明。全长约一千零六十公里。沿线铁、煤和有色金属蕴藏量很大。

据新华社重庆23日电，长江上的另一座大桥——重庆长江大桥，全面展开桥址的钻探和测量工作。

重庆长江大桥目前确定钻探和测量的桥址共有三个，现在是开始钻探第一个桥址的最后一个钻孔。这个桥址从五月初开工以来，已完成钻探工作量的90%。今年十月份前，三个桥址的钻探和测量工作将全部完成，并提出大桥的设计意见书。这时，重庆长江大桥的桥址就可以选择确定了。

重庆将来是成渝、川黔等好几条铁路线的枢纽地，也是一个不断发展的重要工业城市。重庆长江大桥修建成功后，就可把各条铁路连接起来，使华南、西北各地物资运输畅通无阻；同时，使重庆地区工业原料和产品的内外运输与水陆联运十分便利。如正在修建的川黔铁路在长江南岸，它

通过重庆长江大桥，就可和北岸的成渝路联接。将来从我国南方海港——湛江港运进的物资，可通过黎湛、湘桂、黔桂、川黔、成渝、宝成等铁路，一直运到西北地区。

（《人民日报》1956年6月25日第1版　新华社供稿）

勘测成昆路南段

参加初测成（都）昆（明）铁路南段的第一批一百二十多名勘测人员，已经在这几天分别从成都和内昆铁路沿线出发；第二批一百五十多人，也将在本月下旬前往工地。

这些勘测人员大都参加过宝成铁路、黎湛铁路、鹰厦铁路和内昆铁路的勘测工作。这次出发前，他们充分研究了成昆铁路线路和学习了各种先进勘测经验。

成昆铁路分成北段（成都到峨眉约一百五十公里）、中段（峨眉到西昌约四百公里）和南段（西昌到昆明约五百四十公里）。北段在六月初就开始了初测，现在已经完成了七十多公里。中段将在年底前进行航测。

（《人民日报》1956 年 8 月 14 日第 2 版　新华社）

成昆铁路完成草测设计

据"人民铁道"讯 全长一千零五十公里的成昆铁路的草测设计意见书，已经由第二设计院编制完成。

为了确定技术原则问题，选择良好的方案，设计人员分析和整理了三千多公里的资料，在分析资料的过程中，采用了运营费新的计算方法，绘了西昌至大沙坝限制坡度 6% 和 12% 经济合理范围曲线，又绘了运量适应曲线，这样就可看出各年代运输能力和限制坡度的比较，因此可以节省一千多公里的初测。全线概算比原成昆西线缩短了正线一百二十公里，减少了隧道三十公里，可以减少投资二亿元。

（《人民日报》1957 年 2 月 16 日第 2 版）

部党委批转成昆铁路座谈会的几个文件与四院勘测设计中几个问题的报告（1961）（节选）

成都座谈会纪要

（一九六一年四月廿六日至五月二日）

根据吕副部长在成昆线视察后的指示，在成都召开了有成都铁路局、第二设计院、西南铁路研究所和成昆线各施工单位参加的座谈会，座谈了以下的几个问题：

（一）在西南新建铁路主要的特点是什么？

西南各省是一个多山地区，又是一个多宝地区，有建立工业基地的良好条件，和极大的发展前景，同时，又是一缺路的地区，铁路少，互不联系，而一般的交通也很不方便。在这山多、宝多、路少的情况下，矛盾集中表现在修路的自然条件复杂，近期的要求急迫，远期的要求量大，就是线路的标准要高，时间要短，而工程艰巨。这就是西南新建铁路的基本的特点。

（二）隧道问题

（1）隧道是和山作斗争的主要手段，也是西南山区铁路建设能否多、快、好、省的关键问题。西南七大干线的隧道数量有1450座，总延长640公里，平均每公里133公尺如不能正确地解决隧道问题，西南铁路的建设必然是少、慢、差、费，贻害无穷。没有解决隧道问题就没有解决西南铁路的建设问题。

在隧道的设计和施工中，有两种思想在斗争，就是长隧道和短隧道及绕行隧道群的问题，目前还未获得正确的解决，应该进行系统的总结澄清思想，确定铁路选线、设计、施工、运营的技术政策。

十年来我们在新建铁路中，在隧道方面有巨大的成就，初步打破了长隧道的迷信，十年来我国新建一公里以上的长隧道 48 座，也积累了丰富的经验，不论设计、施工在隧道技术的掌握上，都有很大的提高。

从一九五二年天兰路修建曲儿岔 1980 米的长隧道起，一九五三年到一九五七年，宝成铁路 11 座大隧道（包括 2364 米的秦岭大隧道）和丰沙线的 4 座大隧道均相继竣工，隧道的长度从 24 米多，到 3 千多米（北同蒲段家岭）至 4270 米，（凉风垭）以及成昆北段沙木拉达（6389 米）现已施工，川豫线大巴山隧道（11000 米）正作施工准备，思想是在逐步的解放。

在施工进度上也不断提高。从柏树拗的月成洞 25 米（1952 年）到大营梁月成洞 100 米（1959 年）已提高了三倍。凉风垭和关角垭，在作充分准备后，个别月份曾创造了 192 米和 151 米的记录，这虽然不能作为一般的指标，但已为我们指出速度，进一步的提高不是没有可能的。

（2）修建长隧道目前还有那些顾虑？长隧道的鬼在什么地方？为什么还有不同的争论呢？主要是和长隧道有关的因素很多，也很复杂，又相互牵制。和隧道长短有关的主要因素如下：

1. 和线路标准有关系。主要影响到坡度和曲线半径。

2. 和地质情况有关系。堆积层、溶洞、断层等。长隧道本身的情况和短的隧道群的地质病害等问题。

3. 和运营里程有关系。越岭或绕道

4. 和工期要求有关系。要求的紧迫和不紧迫。

5. 和施工条件有关系。机械设备、场地等。

6. 和机车类型、机车牵引方式有关系。蒸汽机车还是电气、内燃机车，单机还是双机。

7. 和造价有关系。高或低

8. 和运营养护有关系。方便不方便。

这几大关系互为因果，错综复杂，互相矛盾。考虑隧道方案时，究竟什么是主要的，根本性的方面，谁服从谁，是争论中纠缠的问题。

我们认为这八大关系中，前三者是主要的，是根本性的。考虑长隧道或短隧道的各种因素，应服从前面三个。满足线路标准，无后遗病害及缩短运营里程，这三个是根本性的，不能因怕长隧道，而牺牲这些根本性的长远的利益。但我们也不是为修长隧道而修长隧道。

（3）长隧道有没有鬼？有。

我们还没有能完掌握的东西就是鬼。特别是在开始修长隧道的时候，设计和施工对于"地、水、气、风"四鬼确实有些怕。几年的实践，对这"四鬼"已不是那样怕了，但某种顾虑还是有的。今后必须：

1. 加强地质勘探研究工作。

2. 对地下水的处理，还要进一步研究，改进水和防冰层等设计，以解决施工中的涌水和竣工后的漏水问题。

3. 对有瓦斯的隧道，防毒防爆的措施要加强，并制出一套防毒防爆的办法，和试验采用新的设备。

4. 进一步加强通风问题的研究，现已实际解决机械通风问题的隧道已有段家岭隧道（3349 米）。

大家一致认为当前怕的不是这"四鬼"，这"四鬼"都是物质，是能够捉到的，是可以经过研究解决的。

大家所怕的，顾虑最大的是"工期"。十年来历次长隧道被否决的原因，是工期要求的紧。为了适应工期要求，不是采取正确的积极的态度，如何正面的解决隧道快速施工问题，而是降低了线路的标准，把长隧道改为隧道群。这一点施工方面的顾虑更大。

运营方面一般的不欢迎长隧道，原因是：（1）隧道养护维修困难；（2）长隧道通风不良，用蒸汽机车双机牵引时烟大，温度高，乘务人员热晕身体受不了。解决的办法：（1）改用电气或内燃机车；（2）继续研究机车消烟问题；（3）解决通风和降温问题。

（4）正确处理工期问题：

工期应实事求是的考虑、确定。

工期是主观需要与客观可能的结合，要从实际出发，不能凭空臆定，不能为工期而影响线路的标准，如同施工不能为赶工期而降低工程质量。

所以，一条线路的设计，正常应当是：（1）根据实地勘测的结果，作出设计方案；（2）从方案中找出工程的控制点，进一步研究如何合理的缩短工期；（3）与施工单位共同研究一切新技术采用的可能性；（4）定出工期和要求。

解决隧道和施工时间长的矛盾，在于积极进行快速施工试点，有计划有步骤地组织隧道的机械化的快速施工，从根本上解决缩短工期问题。

（5）隧道机械化快速施工的现状和发展前景。

隧道月成洞的进度，从五二年的 25 米，不断提高，个别隧道经过周密准备，在一个月中曾达到 192 米（凉风垭）和 151 米（关角垭）。六零年的进度由于设备配套和材料供应不足，未有正式的记录。目前是巩固、提高阶段，在材料供应充足，设备修正配套可以解决的条件下，半机械化和一般机械化的指标可以达到：半机械化 50~60 米，一般机械化 80~100 米（一个工作面月成垌自进洞日起，不包括洞外土石方和洞外落石工程）。

基建总局曾提出如下的指标，作三年提高隧道快速施工的奋斗目标，其中综合机械化施工正在和科研单位组织试点。

这样半公里至五公里长的隧道施工，予期期限如下所列：

三年后应该达到：半机械化施工 1000 米一年；

一般机械化施工 3000 米一年；

综合机械化施工 5000 米一年。

目前西南地区隧道施工能力，在现有机械修整、复活，并加以配套，每年约 50 公里左右，如在明后年能增加机械设备，不增加劳动力，隧道施工能力可达每年 80 公里。十年递增后平均每年 100 公里，和西南铁路修建的进度，基本是可以适应的。

（6）关于成昆线的几个具体问题（略）

成昆铁路胜利建成通车

筑路军民响应毛主席关于"成昆线要快修"的伟大号召，以"红军不怕远征难，万水千山只等闲"的英雄气概，凿穿了几百座大山，修通了四百二十七座隧道，飞架六百五十三座桥梁，为社会主义建设建立了卓越功勋。通车三年多来，线路质量良好，运输畅通无阻。

在伟大的无产阶级文化大革命中，我国英雄的筑路军民以"千难万险脚下踩，高山恶水任调遣"的英雄气概，在外国专家断言根本不能修建铁路的"禁区"，胜利地建成了祖国西南地区的交通干线——成昆铁路，为社会主义建设写下了光辉的新篇章。

这条铁路从一九七〇年七月一日正式通车以来，线路质量良好，运输畅通无阻。

目前，广大铁路职工在批林批孔运动的推动下，正努力提高运输效率和运输质量，为社会主义革命和社会主义建设服务。

成昆铁路北起四川成都，南抵云南昆明，全长一千零八十五公里。这条铁路建成通车后，北接宝成铁路，形成了纵贯我国西南、西北地区的交通大动脉。祖国各地和西南边疆之间的距离，也由于这条铁路建成通车而大大缩短了。

四川、贵州、云南三省物产丰富，资源雄厚，聚居着彝族、苗族、藏族、壮族、白族、傣族、傈僳族等数十个兄弟民族。成昆铁路建成通车后，对于加强我国各族人民之间的团结，促进西南地区工农业生产的发展，改变沿海和内地的工业布局，加快社会主义建设，提供了有利条件。

成昆铁路逶迤在四川、云南两省的万水千山之间。沿线山高谷深，川大流急，地质复杂，气候多变，有三分之一的路段坐落在七级以上的地震区。这里有气温高达摄氏四、五十度的深沟，有十级大风劲吹的峡谷，沿线有溶洞、暗河、断层、流沙、瓦斯、岩爆、泥石流、粉砂、硝盐等，被称为"地质博物馆"。铁路飞越大渡河，穿过大、小凉山，横跨金沙江，平均每一点七公里就有一座大型或中型桥梁，每二点五公里就有一座隧道。全线桥梁和隧道总长四百多公里，工程量相当于修建一条从北京到山海关的地下铁道或空中走廊。工程之艰巨，为世界铁路建设史上所罕见。

伟大领袖毛主席十分关怀成昆铁路的建设。这条铁路建成通车，是毛主席无产阶级革命路线的伟大胜利。一九五八年七月，成昆铁路开始施工。当时，有几个外国专家来这里观察地形。他们面对沿线的悬崖绝壁，摇头叹息，说什么"地质复杂，此路不通"，把沿线宣判为"不能修路的禁区"。后来，由于刘少奇修正主义路线的干扰和破坏，筑路工程到一九六二年基本上下马停工。一九六四年八月，毛主席发出"成昆线要快修"的伟大号召，筑路大军从祖国四面八方，日夜兼程，以最快的速度开进沿线工地，揭开了修建成昆铁路大会战的序幕。接着，轰轰烈烈的无产阶级文化大革命开始了，它有力地推动了铁路的修建。广大铁道兵指战员、铁路工人、工程技术人员和民工们，高举革命大批判的旗帜，愤怒批判了刘少奇鼓吹的"洋奴哲学"、"爬行主义"等修正主义黑货。广大军民把在大批判中激发出来的革命干劲倾注在建设工程上，决心尽快建成成昆铁路，把刘少奇修正主义路线耽误的时间夺回来。筑路大军坚决贯彻毛主席的"备战、备荒、为人民"的伟大战略方针，坚持党的社会主义建设总路线，自力更生，艰苦奋斗，在所谓"不能修路"的"禁区"，提前修成了成昆铁路，大长了我国人民的志气。

成昆铁路经过当年红军长征时走过的地区。在这场征服大自然的筑路斗争中，筑路大军学习革命前辈当年长征的革命精神，在凉山脚下搭帐篷，大渡河畔垒锅灶，以"红军不怕远征难，万水千山只等闲"的英雄气概，凿穿了几百座大山，修通了四百二十七座隧道，飞架六百五十三座桥梁，战胜了泥石流的冲击和滑坡塌方，在隧道里或桥梁上建成了几十座"地下车站"或"空中车站"，为社会主义建设建立了卓越的功勋。沙木拉打隧道有六公里多长，峒内每昼夜涌水一万二千多吨。战斗在这里的第二铁路工程局的广大职工，淋着"倾盆大雨"，在地下暗河齐腰深的水中坚持工作，胜利地打通了这座隧道，为成昆铁路全线提前通车赢得了时间。

大渡河畔的"一线天"是成昆铁路北段有名的险区。两座如剑的险峰紧紧夹着一条四、五里长的老昌沟。当地群众说："老昌沟，十人提起十人愁，终日难见太阳面，只见猴子扔石头"。但是，英雄无畏的筑路工人们说："身居一线天，心胸比海宽，壮志撼山岳，定把铁路修上山。"勘测设计人员腰里拴着绳索，吊在悬崖半空进行测量；没有公路便道，工人们翻山越岭，肩挑背扛，把几千斤重的机器，数十万吨器材，运到山头工地。他们采用了拱架单片吊装的新方法，只用五十五天时间，就在"一线天"两侧的险峰绝壁之间筑起一座大跨度铁路石拱桥。战斗在波涛汹涌的金沙江上的大桥工程局的职工，架设了我国最大跨度的金沙江大桥。金沙江有一段峡谷，水急礁石多，险滩一个连着一个，自古被称为"水上禁区"。铁道兵某部运输连指战员发扬红军抢渡金沙江的大无畏革命精神，向当年为红军摆渡金沙江的老船工调查、学习、闯险滩，绕暗礁，开辟了一条水上运输线，把数百万吨物资、器材运到沿江各工点，保证了施工的需要。铁道兵某部十一连负责施工的金沙江畔的一座隧道，石质复杂，岩层多变，隧道内温度高达摄氏四十多度。指战员们迎着困难上，战胜了坚如钢铁的特坚石，闯过了"火焰山"，与兄弟部队一起，打通了这座隧道。

为了多快好省地修筑成昆铁路，广大铁道兵指战员、铁路工人和工程技术人员，创造并推广了五十多项新技术，创造和革新重大设备七百六十多件，建成了六座具有先进水平的栓焊梁大桥。这种用高强度螺栓焊接的钢桥比通常用铆钉焊接的钢桥节省钢材百分之十五，工人劳动条件也大大改善。修路军民还在这条线路上第一次使用了我国自行设计制造的高效率的新型架桥机、能铺设二十五米长钢轨的新型铺轨机等新设备，为我国铁路建设积累了丰富的经验。

成昆铁路的建设，得到全国人民特别是西南地区各族人民的大力支援。西南人民组成了几万人的民工队伍，同铁道兵指战员、铁路职工并肩战斗在沿线工地。许多生产队派人跋山涉水，给筑路大军送牛羊，送蔬菜，送柴禾。许多贫下中农社员带着干粮，给筑路队伍砍树条、打山草、盖房子。有的地区的贫下中农社员跳到激流里捞石头，捶成铺路的道碴送到工地。有一次，铁道兵的一个连队遭到洪水围困，方圆几十里的各族人民闻讯后纷纷赶来，冒着生命危险，跳入波涛滚滚的江水抢救人民子弟兵，使遇险战士全部脱险。全线接轨通车前夕，接轨点的两河口隧道突然发生大塌方，四川喜德县革委会立即率领群众，配合筑路大军，奋战三天三夜，在烂泥潭里掏出六万多方土石，垒起了四座桥涵，保证了全线按时通车。全国各地有一百多家工厂优先为成昆铁路制造各种设备、材料，有三十多个铁路局等单位抽调大批职工，参加了修筑工程。

（《人民日报》1974 年 3 月 23 日第 1 版）

大西南的期盼

——千里南昆铁路线纪行之一

在我国的大西南，一条新建铁路正从北部湾畔，沿右江河谷，缓缓爬向云贵高原。4 年以后，这条钢铁巨龙将背负西南人民的百年梦想，奔向大海。这就是建设中的南昆铁路。

（一）

早春二月，记者从邕江之滨的南宁出发，沿南昆铁路工地，经贵州盘县，抵达春城昆明。行程 1000 多公里，历时半个多月。

南昆铁路建设指挥部设在昆明一个很不起眼的小旅馆里。指挥部那巨幅建设示意图前，副总指挥长兼总工程师朱传华谈起南昆铁路，如数家珍：

南昆铁路是国家一级干线铁路，也是国家"八五"重点建设项目。总投资 65 亿元，计划 1997 年完工。

全路要打通 287 座隧道，架设 502 座桥梁，其中大桥、特大桥有 230 座；全长 898 公里的铁路线上，桥隧总长即达 231 公里。

尤其是中段八渡过南盘江至德卧 81 公里长地段，线路远离公路，蜿蜒于群山之中，岭谷相对高差达 300 至 1200 米，人迹罕至，被称为"无路、无电、无水、无人"的"四无"地区。工程是极为艰巨的……

朱总的大手在地图上滑动，一切都在这里浓缩，我又回到了刚走完的千里南昆线，又听到隧道里那震耳欲聋的炮声……

这是一条西南人民期盼了多少年的希望之路。大西南有着自己的骄傲：地质资料表明，全世界已探明的矿产有 140 多种，这里即有 130 余种。其中钒、钛、锡储量居世界首位，铅、锌、铝、铜等几十种有色金属的储量居全国之首。

云南有着丰富的磷矿资源，远景储量达 200 亿吨；贵州的盘江地下则是一片煤海，已探明储量 96 亿吨，远景储量 250 亿吨。然而，既有铁路运量严重不足，又无到达港口的捷径。在盘（盘江）百（百色）公路上，记者看到，一辆辆满载焦炭的卡车吃力地爬行，几乎塞满了这条三级公路，昼夜不停地把焦炭拉往东南沿海。

大西南也曾有过自己的辉煌：从元谋猿人到巴蜀文化、古滇文化，文明总是以交通为依托。秦汉的"五尺道"（当时官方修建的 5 尺宽的交通要道），带来了大西南与东南亚、西亚各国的贸易繁荣。

进入汽车、火车年代，大西南却陷入了冷落的境地。当年"五尺道"上络绎不绝的马帮、脚夫渐渐消失。

多少年来，西南人民期盼着铁路，期盼着拥有自己的出海口岸。孙中山先生在其《建国方略》中明确提出了要修一条与现在的南昆铁路走向相似的铁路，以建成西南的出海通道；

新中国成立后，中央政府也曾决定修建这条铁路，1958 年南宁至百色段曾部分开工。后因种种原因被迫下马。

南昆铁路，成了西南人民的百年梦想。由于交通的制约，西南的经济发展已经落后于全国的发展水平，牵绕着中央决策者的心。

1990 年 5 月，国务院正式批准南昆铁路开工建设；仅仅过了 7 个多月，1990 年 12 月 24 日，在广西南宁市郊的金鸡村，南昆铁路东段正式破土动工。施工机械的"隆隆"声响，拉开了南昆铁路建设的历史性序幕。

一年后，1991 年 12 月 19 日，昆明附近的石林车站，南昆铁路西段宣布动工。

来自铁道部第二、五、十一、十五、十六、十七、十八、二十工程局、隧道局及柳州、成都铁路局的两个工程处，共 11 个单位、数万建筑大军，从全国各地，迅速汇集南昆线，连营千里，摆开了战场。

（二）

站在南昆铁路零公里处，不远即是有南昆第一站之称的江西村新火车站，站房整洁、别致，A 字型的框架结构，有着浓郁的民族特色。路基已经成型，铁轨笔直地伸向远方。由这里到隆安 64 公里的路段已经完成了铺轨。承担施工任务的柳铁工程处的施工人员已迁往新的工地。

随行的柳铁工程处梁兆庄书记介绍：我们脚下的零公里处是两座小山头，不远处的这个车站原来是一个大填沟。我们硬是搬掉了两座山，填平了两条沟，建起了车站，完成土石方 30 多万平方米。

他说的很平静。我们也已听不到施工机械的"隆隆"声响，看不到施工现场飞扬的尘土，然而我分明看到锈迹斑斑的铁轨上，他们洒下的辛勤汗水；高高的路基上他们走过的匆匆脚印。

广西境内的米花岭隧道，全长 9383 米，国内最长的单线隧道，有南昆铁路东大门之称。担任进出口施工的分别是铁二局二处和隧道局三处。这是两支英雄的部队。前身都是二局，是新中国刚成立就组建的老工程局，几十年来，南征北战，承担了我国大部分铁路的修建工作。隧道局三处刚完成衡广复线大瑶山隧道的施工，征尘未洗，即又投入了米花岭隧道的施工。昔日的战友，如今又并肩战斗在南昆线上，短短几个月，修通了 85 公里的便道，为大型机械的运入、为早日进入正洞施工，做好了充足的准备。

位于云南省宜良县和路南自治县交界处的二排坡隧道，全长 4767 米，是南昆铁路第三大长隧道，也是南昆铁路的西大门。担任出口处施工的铁 15 局三处的工程人员克服进场时间短、设备未齐、地质条件差等困难，奋力拼搏，争分夺秒，在 1992 年 11 月 26 日至 12 月 23 日，实际施工完成折合成洞 100.98 米，创造了南昆铁路施工的第一个月成洞百米的高产纪录。

贵州省红果附近的家竹箐隧道，全长 4975 米，是南昆铁路的第二长大隧道和第一难点工程，号称南昆铁路的"北大门"。该隧道是一座高瓦斯隧道，将穿过 1085 米的煤系地层，占隧道全长的 1/4，预测瓦斯含量最大为 19.5m 的立方/T，瓦斯压力为 1.9MPa，瓦斯含量、压力和相对涌出量都是我国、甚至是亚洲铁路隧道修建史所罕见。

啃这块"硬骨头"的是铁五局四处。去年 6 月份开始，四处南昆线指挥长齐康平带领 10 名工程技术人员到达一无所有的工地，首先对计划修扩建的 82.5 公里便道进行勘探、选线和设计，沿设计的正线绕道勘测，劈荆棘、爬悬崖，从人迹罕至的山路翻过海拔 2190 米的家竹箐，徒步往返 60 公里，患有心脏病的指挥长几次呕吐，工程师张利平脚上磨起了血泡，索性脱下胶鞋打赤脚，施工科长何荣康强忍高原反应，始终冲在最前面……20 多天里，每天仅靠一壶水、几个干馒头，起早贪黑，取得了第一手资料，作出了比较科学、经济的便道设计。

南昆铁路是一个多兵种大兵团作战的战场，在 900 公里的铁路线采访，工地上出现最多的标语是，决不辜负西南人民的期望，决不让南昆铁路工程卡在自己手中。

铁二局二处四队有一副队长，叫任申键，四川南充人。他堪称工地的机械专家，焊接、起动、维修，样样在行。修了几十年的铁路，走遍了祖国的大江南北。1992 年 7 月成达线开工建设，铁路刚好修到了家门口，他所在的曾承担杭州钱江二桥工程的机运队全部调往成达线，作为一名铁路建筑工人，还有什么比为家乡修铁路更自豪的事呢？然而一纸调令，唯独把他调来了南昆线，调来了承担米花岭隧道入口处施工任务的四队，当副队长，专管机械。而他以前是机运队的正队长，此时又刚出院不久，住院 8 个月，胆切除了 50%。在米花岭隧道入口处，记者问他：愿意来吗？他憨憨地一笑，搓着一双大手："有啥愿意不愿意的？"

他是一个党员，一个有着 27 年工龄的铁路建筑工人，他知道这里是全处、全局，乃至全国的重点。他接受组织的安排。来了，就全身心地投入工作，风里、雨里，一身泥、一身汗，干活总是在最前面。四队的干部、职工谈起他来，没有不服的。

铁二局是个建国初期就成立的老工程局，还有铁五局以及隧道局都是二局分出去的。这几个局战斗在南昆线的职工又以 1964 年招收的工人为多，大多是修了 20 多年路的老职工。他们长年工作、生活在荒山野岭，有的是抛家别子，有的则是举家上工地，常常迁移，过着吉卜赛人式的生活，无怨无悔。在他们的身上体现了我国铁路工人那种无私无畏、艰苦奋斗的奉献精神。一条新的铁路建成了，没有看到通车，他们又要迁往新工地，远离闹市，与大山孤月为伴。一年复一年，一直到退休。

铁路建筑工人中有这样一句话形容自己：献了青春，献终生；献了终生，献子孙。铁路职工的子弟，绝大部分继承了他们父辈的事业，为了祖国的铁路建设而默默无闻地奋斗。前面提到的家竹箐隧道铁五局四处的指挥长齐康平，他的父亲就是 50 年代初新中国的第一代铁路建设者，从修建宝成线、陇海线到建成衡广线退休，历尽艰辛，但仍将子女全部送到了铁路工程单位。齐康平这一代已挑起了国家重点工程的建设重担。而年龄在 20 岁左右的第三代，也即将跨入铁路建设者的行列。

（《人民日报》1993 年 5 月 14 日第 1 版　记者刘建林）

希望之路在理解中延伸

——千里南昆铁路纪行之二

铁路工程人员的那份艰辛、那份寂寞，是几句话说不清楚的。走遍近900公里南昆线工地，无论是广西境内，还是贵州、云南，恶劣的施工环境、艰苦的生活条件给我们留下了深刻的印象，却没有听到工程人员一句抱怨的话。用他们的话说，这些没什么，都习惯了。最让他们念念不忘和感动的，是沿线政府和人民的支持和无私的援助。

担任米花岭隧道进口处施工的副指挥长范定国用浓重的四川口音说："20多年前，我们修成昆线的时候，沿线百姓牵猪牵羊，扔下就走，给我们以极大的支持和安慰；现在，在南昆线，这种感觉又回来了。"

确实，西南人民对于南昆铁路倾注了无限的热情和支持。

在云南，为了配合南昆铁路建设，省长和志强提出：高度重视，全力支持，特事特办。沿线的县市专门成立了以政府主管领导为主任或组长的"支援铁路建设领导小组"，专人配合铁路建设，在征地、拆迁、税收上给予了一系列优惠政策，去年省政府拨出2000万元作征地补贴；在施工人员的生活上，也做了大量工作，各有关部门提供了一切方便。地县政府及当地村民慰问施工队伍的场面频频出现。

贵州省的黔西南布依族苗族自治州是南昆铁路在贵州的所经之地。承担该段部分施工任务的铁18局指挥部到达州府兴义市的当天，州各级领导就登门拜访，亲切慰问，帮助解决问题。以后又多次召集会议，协助施工。州歌舞团则多次到工地进行慰问演出。百姓则主动为施工队伍带路，勘查线路。这样的事例，在每个工程局人们都会给你讲上一大堆。

在广西田东县，铁二局机械筑路处副指挥长谢锡仁深有感触，"我只举两个例子"，他伸出两个指头。

我们的施工地段要迁坟 80 多个，因时间紧、任务急，国家规定的迁坟费又少得可怜，仅几十元。可当地政府全力协助，村民大力支持，不到一个月，80 座坟全部迁走，没有发生一起敲竹杠的事；南昆指挥部与广西自治区政府曾联合下文，南昆铁路建设征地，4000 元一亩。而田东的土地是 2 万元一亩，每亩差价达 1.6 万元，怎么办？当地村民表示，即使不要钱，我们也要支援铁路建设。开工至今，没有一个村民上门闹事，县土地局的同志也一直没放假，星期天、春节都在工作，征地工作进展迅速。与此形成对比的是，地方一个水泥厂征地扩建，办了两年也没办下来。

在广西的北海、防城港、钦州，大规模的港口开发热潮早已掀起，数十个万吨级以上深水泊位的码头正在兴建。

邹家华副总理在国务院一次会上宣布：国务院考虑，把云南、贵州、广西、海南及四川南部、广东西部作为一个经济区来统筹规划，加快发展。把地域辽阔、原材料丰富但无出海口岸的云、贵、川与沿海联接起来；把有上千公里海岸、有良好的出海通道的两广、海南与大西南连成一体。背靠大西南，面向东南亚。

还缺什么呢？在大西南广袤的大地、丰富的资源与东南部优良的海港之间，在改革开放和大西南的经济振兴之间，缺少的正是这条钢铁纽带——南昆铁路。

朱传华总工程师的手又指向了地图：1997 年南昆铁路建成后，东经湘桂、黎湛、广茂铁路可达广州或湛江港；经南防铁路和在建的钦北线可达防城港和北海；西经成昆铁路和拟建的广大线可达成都和大理；北经贵昆铁路及拟建的内昆线可达四川腹地成都、重庆和贵阳。在路网上，将构成我国南方的东西向铁路干线，部分区段又兼有南北向铁路干线的意义。

大西南的外运物资沿南昆铁路从广西的港口出发，陆路缩短 360 至 680 公里；到东南亚和亚欧各大港口，比从上海港出发距离缩减 23% 到 65%。

铁道部总工程师沈之介介绍说：50 年代，我国铁路的设计和筑路水平，集中表现在宝成铁路的建设上；60 年代，表现在成昆铁路上；80 年代建成了第一条开行重载列车的大秦铁路；而我国铁路多学科的 90 年代综合技术水平，则将集中表现在南昆铁路的设计和施工技术上。

在南昆铁路,将要出现我国铁路建设史上的多项纪录:

清水河 160 米岩锚斜拉桥,将是国内外仅有 4 座铁路斜拉桥中最大跨度的单线铁路斜拉桥;八渡南盘江大桥百米高墩的设计和研究,将大大超过我国既有 70 米最高墩的纪录;9383 米长的米花岭隧道,将是国内目前最长的单线隧道。

铁路通过膨胀土(岩)、岩溶、软土地区、泥石流、滑坡多发区和八、九度地震区,都将促使在地基处理和新型支撑结构上出现多种高水平的技术对策。……

我们期待着这一天的早日到来,期待着这条钢铁巨龙横卧在那片红土高原上。

(《人民日报》1993 年 5 月 16 日第 1 版 记者刘建林)

穿山越水奔大海

——南昆铁路建设采风

　　"九五"第一年，远在西南一隅的南昆铁路捷报频传。这条东起广西南宁、西至云南昆明、北接贵州红果的大西南出海通道，历经数度寒暑，已进入全线决战阶段，线下工程完成90%以上，控制工期的重点难点工程取得重大突破，东段已铺轨至百色并继续向前，西段铺出云南进入贵州，北段铺轨已通过有"天下第一险洞"之称的北大门家竹箐隧道。为了让西南经济早日插上腾飞的翅膀，南昆铁路的建设者们正日以继夜地向全线接轨点——黔桂两省交界的八渡车站挺进。苍茫云水间，一条钢铁巨龙，正穿山越谷，向大海奔去。

　　炎炎夏日，为追寻筑路大军的足迹，感受建设者们的创业精神，我们一行对南昆铁路进行了全程采访。

　　在外国专家称之为铁路禁区，中国专家称之为"地层博览、地质迷宫"的地方，钢铁巨龙正在崛起"西南地方，……地皆险峻，此诸地者，非山即谷……"孙中山先生在其《建国方略》中如是说。这片神奇的土地，风景秀丽，资源丰富，但山路奇绝，举步维艰。拥有便捷的出海通道，改善交通，摆脱封闭，加快发展，成为人们的梦想。

　　一梦百年，圆在南昆路。南昆铁路，是大西南通向出海口岸的最短路径，它的建成，将对加快地区经济的振兴，实现东、西部地区协调发展发挥重大作用。广西壮族自治区政府主席成克杰称这项国家投资上百亿的工程为"全国最大的扶贫项目"。

　　这是我国继成昆铁路之后，在艰险山区修建的又一条长大干线。诗云："蜀道之难，难于上青天"；相比蜀道，南昆线的困难程度有过之而无不及。

线路从海拔 78 米的南宁,爬上海拔 2000 多米的云贵高原,相对高差达 2010 米,其间因跨越江河和翻越山岭,还有八次大的起伏。

全长 898.7 公里的正线铁路上,岩溶带(长 374.6 公里)、膨胀岩土带(长 146.1 公里)、煤层瓦斯带(长 8.1 公里)和七度以上高烈度地震区(长 220 公里)并称四大地质灾害问题;崩塌滑坡、断层破碎带、软土泥岩土、泥石流等不良地质也分布甚广。

软弱围岩、浅埋、偏压……几乎所有铁路隧道施工中可能遇到的难题,都集中到了南昆线上。线路大都分布在自然条件极其艰苦的山区,特别是中段,被称为"无人、无电、无水、无路"的四无地区。

不了解它的昨天,就不知道今天的可贵。出昆明向东行 20 余公里,是全长 2050 米的七甸软土路基。当地人说,这里连水牛掉进去都活不了。在这样的烂泥滩上进行路基作业时,倒进去几千立方米土,都沉下去了,几天后,在离施工现场 100 多米远的地方,倒冒出个土包来。铁 11 局经过反复试验,终于攻克难关。如今,轨道车以 50 公里/小时的速度在上面奔跑。

全长 4767 米的"西大门"二排坡隧道是铁 15 局的骄傲,仰拱光滑平整,洞门气势不凡,宛若一座高大、雄伟的地下宫殿,很难想象所经之地穿过长 555 米的 5 个大断层和日涌水量 1.3 万立方米的一条暗河,塌方时最大的石头像小汽车,顶部的空洞有四层楼高。

贵州省兴义市附近的马宝树风景区,山势险峻,水深流急,隔岸可喊话,要过去却需绕行整一天。铁 16 局承建的拥有 100 米高墩、183 米河底到桥面高度两项世界之最的清水河大桥就从这里横空出世,已成为一处新的风景。

一座不朽的丰碑,正在祖国的大西南竖起!

科学技术在南昆铁路建设中大显威力,人们向科技要质量,向科技要速度,向科技要安全险峻的地形,复杂的地质条件,使选线设计成为创水平的课题。铁道部第二勘测设计院历经两代人,历时 20 多年,完成了这一鸿篇巨制。他们在选线设计上的突破之一,是采用长隧、高墩大跨新结构桥梁以克服线路的巨大高差,缩小展线系数。

全线要建桥梁 447 座,总延长 80.38 公里,隧道 258 座,总延长 194.59 公里。全长不足京九铁路 1/3 的南昆铁路,桥隧总长却为其三倍,难度可想而知。

兴建如此浩大艰巨的工程,采用新技术成为必然。南昆线成为我国90年代铁路多学科综合技术水平的一个缩影。一批在国内乃至世界都无先例的重点、难点工程如一颗颗璀璨的明珠,将南昆线这条巨龙装点得分外夺目。

位于广西田林县板桃乡的米花岭隧道,全长9392米,是目前亚洲最长的单线铁路隧道,也是南昆铁路的咽喉控制工程。

铁道部第2工程局和隧道局迎难而上,分别从进出口两端啃这块硬骨头。长隧施工的出路在于机械化,他们一上场就着手于机械化施工的选型配套。铁2局投资4000万元购置了来自六个国家的精良设备,包括全路只有两台的四臂凿眼台车,形成了开挖装运、初期支护、铺底、衬砌四条机械化作业线。二处指挥长范定国戏称为"六国联机攻打米花岭"。隧道局严格按新奥法有效组织施工,在光面爆破上狠下功夫,打出的隧道内实外美,滴水不漏。高级工程师谭曼怡自豪地说:"这充分体现了我们隧道专业局的优势。"

新工艺、新设备加科学管理,创出了一流的速度,1994年12月,两局共同创造了双口月成洞769米的全国最高纪录。1995年8月,随着全隧的贯通,诞生了我国90年代长隧机械化配套快速施工模式。

横跨黔桂两省的八渡南盘江大桥的建设又是一例。这座桥高105米,主跨为一联280米的V形支撑部分预应力混凝土连续梁,是目前世界上采用V形支撑设计制造的最高铁路桥。远远望去,四个近80米的高墩上的V形支撑就像巨人张开的双臂。

铁道部第一设计院既是设计者又是总承包方,铁18局2处则是把蓝图变成现实的勇士。呈现在我们眼前的,是混凝土自动拌和、输送车和空中索道平行运输、工业电梯垂直运输、自动升降翻板模等组成的施工一条龙流水作业。2处指挥长蓝远均指着这些对我们说:"就是要向先进的施工手段要生产力!"

墩身施工时,他们自制成功的"液压自动升降翻板模",使打一板混凝土的时间由四天缩短为一天,铁道部将这种模板列为南昆线技术推广项目。在大桥高标号混凝土施工中,他们摸索出预留散热孔、改变灌注时间和水泥品种等办法，解决了混凝土水化热大、易开裂的现象，使工程质量大大提高。在近 80 米的高墩上进行 V 支施工，桥墩上的平台是关键，他们研究出的鹰架斜拉平台，安全系数高，还缩短工期两个月。

贵州盘县境内的家竹箐隧道，斜穿 26 道煤层，其瓦斯浓度和压力在国内乃至亚洲隧道史上尚无先例。负责进口施工的铁 5 局 4 处 9 队队长苏正勇，是一位参加过成昆线建设的老兵，他对我们说："比起成昆线来，这里难多了，成昆线上至少没瓦斯。"

"科研和生产必须紧密地结合起来。"局总工程师白继承深有感触地说。在制服这座险洞的过程中，他们成功地摸索出一整套在高瓦斯隧道中施工的技术，取得了五项重大科研成果，为我国今后同类隧道的施工积累了宝贵的经验。

死亡地带无一人死亡，瓦斯监控功不可没。局瓦斯监控中心的管健给我们介绍了他们的双保险监测法：局、处、队三级瓦监系统共计 28 人全天候进行人工监测，地面遥控系统通过设置在洞内要害部位的瓦斯和风速传感器对洞内瓦斯浓度、风速等自动监控，微机可随时显示、记录、储存、调用历史数据。在瓦斯浓度超限时，能自动下达指令，发出警报，断电，指示工作人员停工检查或撤离。

除此之外，还有世界最高桥、最高墩桥、国内首次使用的弯梁桥，新型的支挡结构……南昆铁路成为国内科技含量最高的铁路，它的建成，将为缩小我国与世界铁路建设整体水平的差距作出贡献！

吃尽天下万般苦，为民修好幸福路。在南昆线上，和它的高科技含量同样突出的，是铁路建设者们顽强拼搏、无私奉献的精神。

铁 15 局是一支能征善战、铁骨铮铮的队伍，然而，提起"南昆第一难"的草庵隧道，4 处干部职工们的眼睛湿润了。

全长 2469 米的草庵隧道地处云南宜良附近的九级地震断裂带，石质破碎，岩隙水含量极高，开工不久，涌水和塌方就相伴而来。积水最深的时候达到 2.7 米，职工们焊制了简易的铁皮船，坚持进洞掘进。一边掘，一边塌，10 个月掘进了 24 米，塌了 27 米！两年的时间就在塌方和抢险中度过，先后战胜大小塌方 77 次，特大塌方 7 次。

石头无眼，塌方无情。在一次大塌方后，18 队组织了党员抢险队，选在围岩较稳定的零点进洞。局处的领导们都来了，拉着抢险队员的手反复叮嘱："多保重，好好回来。"队里的职工和临时来队的家属没有一个休息的，都来到洞口，静等着抢险的消息。抬钢轨，掏基槽，立支撑，有的职工脚被石碴磨得血肉模糊都不知道；有的人头被石头砸得鲜血直流也顾不得理会。

长期泡在水中，职工们的手脚都变了形，脱了皮。在洞里连续工作时间最长的，达 57 个小时，15 局指挥长王大贤说："57 个小时啊，不要说干体力活，你就是在这里待 57 个小时，也难以顶住啊！"隧道贯通后，众多的贺电、贺信中有这么一句话：近百年的中国铁路建设史上又多了一份沉重与豪迈，多了一组耀眼的文字……

两根锃亮的钢轨，每前进一步，铺架工人们都要付出艰苦的努力。负责西段铺架的铁 11 局 3 处指挥长谢建国告诉我们，南昆线山高坡陡，桥隧相连，曲线半径小，13‰的大下坡，机车容易掉道，半填半挖多，高桥多，稍不注意，几十吨重的铺轨机、造桥机就会倾覆，机毁人亡。铺轨机靠蒸汽启动，长隧中排烟困难，很多工人晕过去了，抬出洞清醒过来又接着干。

今年春节，3 处在云南罗平县境内铺轨，气温降到零下七八摄氏度，工人们用喷灯将冰烤干，铺上麻袋，撒上沙子，在自己脚上绑上麻布片，从 80 厘米宽、57 米长的架桥机大臂上爬过去坚持架梁。

……

像这样感人的事迹太多了，就像天上的星星，看得见，数不清。

铁 20 局 3 处 4 队副队长林书明，在天生桥瓦斯隧道中右手受伤，因治疗不及时，后来引发败血症告别了人世。辞世之前，他没有给父母妻儿留下一句遗言，却给队友们写下了一封厚厚的交代工作的信，信的最后一句话是："我会回来的……"

铁 17 局 4 处 11 队的风枪手刘庆明，两次接到妻子病危的电报，身为工班长的他，没有对别人说起，只是拼命干活；那个月，他们创下了单月成洞 123 米的好成绩，他是揣着局劳模的大红奖状回到家的，见到的却只是一座新坟和两个哀哀哭泣的女儿；铁道部第二设计院副总工程师陆玉珑，50 年代就参加了南昆铁路的选线工作，如今青丝已变成了白发，快 60

岁的他还在崇山峻岭间奔波……

在南昆铁路的东段，铁2局和柳铁工程处负责施工的南宁至百色段已交付临时营运，我们看到，沿线荔枝红、芒果黄，一派安宁景象，和硝烟弥漫的施工场面对比何等鲜明。若干年后，当人们乘火车从南昆线呼啸而过时，不要忘记这里曾进行过一场气吞山河的攻坚战！不要忘记是那些四海为家、风餐露宿的铁路建设者们将智慧和血汗融合在这条钢铁大动脉中，给这片美丽富饶的土地带来前所未有的活力。不要忘记他们的伟大奉献！

（《人民日报》1996年8月3日第1版 记者王尧）

国家最大扶贫项目　西南最佳出海通道

南昆铁路全线铺通

——李鹏总理出席庆祝大会发表讲话并考察百色

今天上午，南昆铁路全线铺通庆祝大会在著名革命老区广西百色市火车站前隆重举行。9 时 38 分，当位于贵州境内的八渡车站接轨点落下最后一节轨排、拧紧最后一颗螺栓时，中共中央政治局委员、国务院副总理邹家华宣布：南昆铁路全线胜利铺通。

中共中央政治局常委、国务院总理李鹏出席庆祝大会并发表重要讲话。铁道部及广西、贵州、云南三省区和国务院其他有关部委负责人，参建单位的代表及受表彰的先进集体、先进个人代表，与当地群众一起参加了庆祝活动。

南昆铁路是国家重点建设工程，被称为"国家最大的扶贫项目"，是沟通西南与华南沿海的一条重要通道，是云、贵、川出海的最佳捷径。它东起广西南宁，西至云南昆明，北接贵州红果，途经桂、黔、滇三省区的隆安、平果、田东、田阳、百色、田林、册亨、安龙、兴义、盘县、富源、罗平、师宗、陆良、路南、宜良、呈贡等 19 个县（市），全长 898.7 公里，为国家一级干线（单线），一次建成电气化，年输送能力近期 1000 万吨，远期 2000-3000 万吨。

南昆铁路所经地区地形极其险峻，地质极为复杂，勘察设计工作始于 70 年代，先后共做了 8 个比选方案，经过充分论证，才最后确定实施现行方案。沿线岩层破碎，滑坡、坍塌、溶岩、瓦斯、膨胀土等不良地质俱存，覆盖面大，通过七度以上高烈度地震区 242 公里，可溶岩区 375 公里，膨胀土区 146 公里，被称为"地层博览"、"地下迷宫"。铁路从海拔 78 米的南宁盆地上升到海拔 2000 多米的云贵高原，高差达 2010 米，为我国铁路前所未有。整个线路形成沟梁相间，桥隧相连的走势，路基土石方达8600多万立方米；隧道258座，总长194.6公里；大中桥梁476座，总长79.8公里，桥隧总长占线路总长的31%。其中多座大桥、特大桥的高桥墩、大跨度、新结构具有全国领先水平，或为国内首次采用。为克服众多的技术难题，铁道部组织了37项科研攻关，均获成功。南昆铁路的胜利铺通，标志着我国在艰难山区修筑铁路和建设桥隧的科学技术水平，已经进入世界先进行列。

修建南昆铁路是党中央、国务院的一项重大战略决策，对加快西南地区经济发展、社会进步，增进民族团结，缩小东西部差距，具有十分重要的意义。西南地区资源丰富，人民勤劳，但因交通闭塞等原因，经济发展和人民生活水平提高还不够快。南昆铁路的建成，改善了路网布局，不仅是西南与华南沿海间最便捷的通道，而且将与钦州湾上的钦州、防城港、北海以及雷州湾上的湛江港一起，构成一个出海大通道，从而把地域辽阔、发展潜力巨大但无出海口的西南内陆，与有绵长海岸、交通发达的华南地区连接起来，形成"背靠大西南，面向东南亚"的格局，为大西南的资源开发和从根本上改变贫困落后面貌起到促进作用。

南昆铁路的建设，得到了党中央、国务院的高度重视和亲切关怀。江泽民总书记1996年10月亲临工地视察，作了重要指示并题词："建设南昆铁路，造福西南人民"；李鹏总理1992年12月为南昆铁路题词："建设大通道，开发大西南"；朱镕基副总理1995年两次到工地检查工作，要求加快建设；邹家华副总理多次参加铁路建设领导小组会议，协调解决重大问题。

南昆铁路东段于1990年12月先行开工，1991年12月和1993年4月，云南、贵州境内工程相继开工。6万名铁路建设者发扬"为造福人民勇于攻难克险，甘愿吃苦奉献"的精神，精心设计，科学施工，风餐露宿，日夜奋战，终于提前完成了全线铺通任务。在今天的庆祝大会上，铁道部决定：授予铁二局一处八队等51个单位"南昆铁路建设先进集体"称号，授予汪攀登等497名职工"南昆铁路建设先进个人"称号。

据新华社电，在百色期间，李鹏在邹家华副总理、广西壮族自治区党委书记赵富林、自治区主席成克杰陪同下，瞻仰了百色起义烈士纪念碑并敬献了花圈，参观了红七军纪念馆，察看了田阳县的万亩菜田和万亩芒果园，走访了异地安置扶贫点的壮族村民家庭。

（《人民日报》1997 年 3 月 19 日第 1 版 记者江世昌、罗昌爱）

西南腾起一条龙

——写在南昆铁路全线开通运营之际

一条巨龙从西南腾起，这是一条钢铁的巨龙。

1997 年 12 月 2 日，贵州兴义，国务院副总理邹家华宣布南昆铁路全线胜利开通运营。嘹亮的汽笛响彻云贵高原的深山峡谷，一列列满载货物的列车从川、渝、滇、黔，奔向南宁盆地，扑向大海。全长 899.7 公里的南昆铁路和祖国的 6 万公里铁路一起，强有力地搏动起来了。

广袤的西南腹地与华南沿海终于有了最便捷的大通道。

南昆铁路是中国铁路九十年代的代表作

纽约，联合国总部。来过的人都会注意到摆放在这里展示人类力量和智慧的三件物品：人类第一颗人造卫星的模型，人类第一次踏上月球取回来的一块岩石，中国成昆铁路模型的牙雕。它们默默无语地昭示着二十世纪人类脱离地球，探索宇宙和在地球上征服自然的壮举。这是全人类共有的智慧、力量和英勇无畏精神的象征。

六十年代的成昆铁路曾受到世界的赞叹，而九十年代修筑的南昆铁路是中国铁路更艰难的壮举。其难度超过素有"地质博物馆"之称的成昆铁路。

南昆铁路从北部湾海滨爬上云贵高原，800 多公里的距离，相对高差 2010 米，世界罕见，其间还有 8 次大的起伏，两个地质构造带，泥石流、滑坡、岩溶、膨胀岩（土）、高瓦斯煤系地层和高烈度地震区。工程之艰之险之难，工程量之浩大，世界少有。它长度仅为京九铁路的三分之一，土石方量超过京九 10 倍，隧道桥梁长度是京九的 3 倍，连接起来长达 275 公里，就是说火车有 30% 的路程是在大桥上和隧道里通过。为了锁住山体稳固路基修筑支撑结构，所用石块和混凝土如果以一米见方摆放，长达

4000 多公里，可以从北京排到广州再排回来。

筑路大军依靠科学的利剑，征服地质难点，在山区铁路的建设中实现历史性大跨越：遇到高山大河，深沟峡谷，不用再绕行，长隧、高桥大跨，强行通过。整个南昆铁路形成最经济合理的走向，几乎是直线距离奔向东部。

在运输市场的激烈竞争中，成都至重庆之间，火车跑 9 个小时，汽车只需 3 个小时 50 分，被喻为"龟兔赛跑"。由于五十年代修筑成渝铁路时，征服自然的能力所限，铁路围着山头和河流绕来绕去，里程比九十年代修筑的成渝高速公路整整长 164 公里，而且弯道多，坡道大，制约着列车的速度。

南昆铁路不再重复昨天的故事，在蜿蜒的群峰中，火车直线通过，汽车却要在山里爬上爬下，尾芽到册亨，汽车走 5 小时的路程，火车穿过山腹中的两座隧道，只需七八分钟。清水河，从这面山下到河谷再到对面，要走 100 多公里，铁路建设者修筑了高达 183 米的全国铁路最高桥清水河大桥后，两座山峰之间的里程，缩短到 360 米，一下子就跨过去了。

中国人以自己的聪明才智，在地质最复杂的云贵高原，创造了征服自然的壮举。来自全国各地的铁道专家们一致的结论是：南昆铁路一批项目世界第一、国内领先，是我国铁路九十年代的代表作，标志着我国山区铁路建设达到新的水平，是中国铁路建设史上一座辉煌的丰碑。

南昆铁路是一条致富之路，文明之路。

路是人流、物流、信息流的大通道。路修到哪里，现代文明之光就照耀到哪里。

在贵州省西南有个地图上找不到的偏僻山乡，被人们戏称"板其共和国"。

重重叠叠大山的阻隔，那里的布依族老乡世世代代没有走出山乡。到二十世纪九十年代初期，还不知道蔬菜为何物，吃饭就着盐巴。现在，山坳里竖起了接收电视的天线，响起了卡拉 OK 嘹亮的歌声，出现了集贸市场。

过去山里人没有商品意识，许多山珍都烂在地上，而今铁路所过之处，流通领域首先繁荣起来。百色到南宁的铁路先期交付运营后，沿线的小水泥厂、打石场开足了马力，机械修理业随之而生。商业服务业也兴旺起来，许多地方还出现了"火车拖来的开发区"人们说，南昆铁路如同强大的"催化剂"，激发了生产要素市场的活力，创造了巨大的产业需求，铁路使沿线投资价值提升，带动了房地产、旅游和技术市场的发育。

火车没有响，公路先修到，筑路大军为了将施工设备运到工地，在高山大岭中所修的公路就超过铁路里程的一倍，达两千余公里。这些公路成为西南交通网的重要组成部分。为了方便当地群众，许多公路宁可绕远也要连接村寨方便群众。筑路大军在所经之处架起电线，设立电视接收站，使许多山寨告别了没电的历史，收看到电视，打开了山外世界。

希望小学是筑路大军留给沿线的风景线。铁道部第五工程局捐出 20 万元在册亨修建一所希望小学，使当地儿童入学率由 64% 上升到 96%。"板其共和国"矗立在山头上的小学校，白墙青瓦，是当地最好的房舍，被称为板其的"白宫"。

人们称赞那一座座如明珠般洒落在南昆线上的希望小学，是大西南未来的真正希望。

南昆铁路倾注着党中央第三代领导者的心血，体现了社会主义可以集中力量办大事的优越性。

1990 年 5 月国务院正式批准修建南昆铁路。这是党中央、国务院的重大决策。

中共中央总书记江泽民到南昆铁路视察时，深情地对同行的人们讲，我在大学读书的时候，校园里流行一支歌叫《马车夫》，歌词的大意是：一个赶马车的人，从早到晚地赶车，赶了一辈子的马车，结果还是穷得讨不起老婆。我们共产党人是为人民服务的，绝不能让我们的人民群众穷得像马车夫样，讨不起老婆啊。

江总书记还对南昆铁路的重大意义做了一个最恰当的论断：

"南昆铁路是西南地区的最大的一个扶贫项目"。他关心这条铁路，情系西南人民。

李鹏总理到广西视察时，挥笔写下"建设大通道，开发大西南"后指出，关键是修好南昆铁路。

朱镕基副总理在云南昭通地区考察时，得知当地人年均收入只有 200

元时，流下了眼泪。他对计委的同志说，大西南地区要靠铁路扶贫，要靠铁路治穷。他考察南昆铁路时说，这条路对少数民族地区经济发展"意义非常重大"，嘱托建设者加快、提前，他说"提前一天，对大西南来说都是贡献。"

邹家华副总理连续 6 次主持南昆铁路领导小组会议，及时对工程重大问题作出决策。

铁道部部长韩杼滨说："社会主义可以集中力量为人民办大事，办实事，办好事。"

于是，全国铁路 10 大工程局，两个铁路局调动 6 万精兵强将，在云贵高原的崇山峻岭中展开气势恢宏的攻坚战：他们开山铺路架桥，用汗水、毅力和智慧战天斗地，在 90 年代社会主义市场经济的大潮中，铸成了"为造福人民，勇于攻难克险，甘愿吃苦奉献"的"南昆精神"。

蔡庆华，这位有着强烈责任感、使命感的铁道专家，在被宣布担任铁道部副部长的当天下午，就奔赴铁路建设工地。他走遍南昆铁路，深入现场，住进工棚，与干部职工一起研究解决施工中的难题。仅 1997 年，南昆铁路全线开通运营前夕，他就四下南昆线，确保向西南人民交出一条高质量的现代化铁路。

深明大义的西南人民，以朴实的行动，表达对南昆铁路的渴望，铁路用地 4 万多亩，滇、黔、桂三省区群众没有出现一起扯皮事件。为了给铁路让道，他们离开世代居住的土地，砍掉正进入丰产期的果树。三省区各级政府更是全力以赴，筑路大军需要什么就支援什么。

正是有这样的党，这样的政府，这样的干部，这样的人民，这样的铁路建设大军，仅仅六载岁月，一条腾飞的钢铁大动脉昂首而出，穿越云贵。

这条现代化的大通道，必将带来西南地区的大流通、大发展。

我们已经听到，西南经济大潮的涌动声。

（黄四川主编《1997 中国铁路改革与发展重要文稿》，

中国铁道出版社，1998，第 625~629 页。）

建设青藏铁路　造福西藏人民

傅志寰

（2001 年 2 月 22 日）

最近，党中央、国务院作出了建设青藏铁路的重大决策，这不仅是西藏人民的殷切企盼，也是全国各族人民和几代铁路建设者的共同愿望。按照党中央、国务院的要求，铁路广大干部职工认真做好前期准备，全力以赴建设好这条造福西藏人民、有利国泰民安的幸福路、团结路。

修建青藏铁路是加快西部大开发、促进西藏经济社会发展的迫切需要

西藏自治区地处祖国西南边陲的青藏高原，面积 120 多万平方公里，平均海拔 4000 米以上，是目前我国惟一不通铁路的省级行政区，交通运输设施的落后，制约了这一地区经济社会的发展。

西藏地区自然资源丰富，有得天独厚的自然风光和人文景观。随着国民经济的持续发展，"九五"期间，西藏 GDP 年均增长 11%，同期进藏客货运量持续增长，且增长率均大于 GDP 的增长。经济发展对交通运输的需求越来越迫切。

目前，进出藏主要依靠公路和航空运输，已有的青藏、川藏、滇藏、新藏公路，对加强西藏地区与祖国内地的联系，促进西藏经济社会发展，发挥了重要作用。但由于特殊自然环境的限制，目前四条公路只有青藏公路能保持常年畅通，承担了进出藏客货运输的 80% 左右。随着西部大开发战略的实施，西藏以公路为主体的格尔木至拉萨主通道已不能满足经济发展的需要，建设铁路运输通道势在必行。

青藏铁路从青海的格尔木到西藏拉萨，全长 1110 公里。铁路建成后，

在货运方面，将为西藏交通增加经济、快速、运能大、全天候的运输通道；在客运方面，将适应旅游业快速增长的需要，为广大游客提供更加方便、安全、舒适、价廉的运输方式，大大提高这一地区的客货综合运输能力。

总之，青藏铁路的修建，将进一步改善青藏高原的交通条件和投资环境，促进西藏资源开发和经济的快速发展，对加强内地与西藏的联系，促进藏族与各民族的经济、文化交流，增进民族团结，造福沿线人民将发挥重要的作用。

（傅志寰主编《中国铁路改革发展探索与实践》
中国铁道出版社，2004，第 432~437 页。）

团结拼搏，务实创新，夺取青藏铁路建设全面攻坚胜利

——在青藏铁路建设领导小组第五次会议上的工作汇报

孙永福

（2002 年 12 月 11 日）

青藏铁路开工建设一年多来，在党中央、国务院的亲切关怀下，在国家有关部门和青、藏两省区的大力支持下，经全体建设者团结奋战，顽强拼搏，工程进展顺利，发展态势喜人。现将青藏铁路建设 2002 年工作总结、2003 年工作安排汇报如下：

一 2002 年工作总结

青藏铁路建设去年实现良好开局后，今年建设队伍挺进海拔 4500~5000 米的昆仑山至唐古拉山段，迎战多年冻土，展开高原攻坚。各参建单位和全体建设者以邓小平理论为指导，努力实践"三个代表"重要思想，认真贯彻青藏铁路建设领导小组和铁道部的部署要求，精心组织，有序推进，依靠科技，攻坚克难，建设任务超额完成，冻土工程有所突破，铺轨架梁初步经受考验，质量环保再创佳绩，全面实现今年攻坚目标。

年度计划超额完成。今年完成投资 53.2 亿元，比年初计划多完成 3.2 亿元。完成路基土石方 2348 万方、桥梁 51825 延米、涵洞 10786 横延米、隧道 4412 成洞米，新建正线铺轨 121 公里，站线铺轨 8 公里，架设桥梁 349 孔，铺道碴 13 万方。实物工作量和形象进度实现计划目标。

勘测设计全面推进。唐古拉山以北站前工程及安多冻土试验段设计图纸全部按时交付。唐古拉山以南初步设计年内完成并组织审查。越岭地段

正在展开施工图设计。全线站后初步设计加紧进行。优化设计力度加大，成效显著。

重点工程如期突破。全线头号重点控制工程昆仑山隧道于 9 月 26 日胜利贯通，年底可基本完成。世界海拔最高隧道风火山隧道于 10 月 19 日胜利贯通。雪水河、三岔河特大桥保证了铺轨按期通过。长江源、清水河特大桥分别于 9 月 25 日和 10 月 29 日完成主体工程。望昆至楚玛尔河段路基工程基本完成，楚玛尔河至布强格段线下主体工程已完成设计量的 80% 以上。西藏境内羊八井隧道群实现进度要求。

铺轨架梁进展顺利。今年 6 月 29 日正式铺轨，以平均日铺轨 1 公里、架梁两孔的速度推进，并创造了日铺轨 6.6 公里的高原铺轨新纪录。11 月 1 日铺轨到达海拔 4484 米的望昆站，提前实现预定目标。高原铺架设备和作业初步经受考验，为向更高海拔挺进积累了一定经验。

冻土攻关成果可喜。对 5 个冻土试验段工程进行连续观测和分析研究，获取了大量数据，取得了重要阶段性研究成果，及时指导了设计、施工。初步表明，冻土工程设计指导思想正确，采取的工程措施和施工工艺切实可行。

站后技术研究加快。高原机车研制取得进展。通号、电力等站后设备进行了无载动态模拟试验。提出了机车中修、客车段修、工务维修和运输管理体制等初步方案。着手编制临管行车组织基本框架。

质量环保全面创优。连续多年冻土区工程严格按照技术规范和设计施工，工程质量达到较高水平，创出一批优质样板工程。路基填料良好，密实度达到设计要求；桥梁桩基经第三方检测全部合格，一类桩达 95%，梁、墩台内实外美；隧道经探地雷达检测，衬砌质量良好。环境保护工作更加规范严格。有关保护自然环境、野生动物、冻土植被和防治水土流失、地质灾害等措施，在设计和施工中得到认真落实。国家有关部门在开展执法察和环保检查中，对青藏铁路建设质量、环保给予充分肯定

卫生保障成效显著。三级医疗保障体系进一步健全和完善，共设立工程局医院 12 个、施工队卫生所 63 个。接诊 90000 多人次，收治住院患者 4800 多人次，抢救各类危重病人 408 例。未发生高原病死亡事故和各种疫情。

中央领导同志十分关心青藏铁路建设。江泽民同志、朱镕基同志多次听取青藏铁路建设情况汇报，并作重要指示。5月27日胡锦涛同志亲临青藏铁路建设工地视察，检查了南山口铺架基地和轨排作业，看望了建设者，并发表了重要讲话。9月2日，吴邦国同志检查了三岔河特大桥和小南川铺轨现场，亲切慰问了广大建设者，并为青藏铁路公司成立授牌。6月15日，迟浩田同志到铺架基地视察时，对建设者"奋战高原，吃苦奉献"的精神给予高度赞扬。曾培炎同志不仅亲自主持召开青藏铁路建设领导小组会议，而且经常了解情况，提出明确要求，6月29日又参加了青藏铁路铺轨典礼，并检查了海拔4600米以上的昆仑山隧道和冻土路基试验工程。不久前，中央领导同志在看了铁道部报送的青铁路建设情况汇报和录像后，对青藏铁路建设取得的成绩给予鼓励。所有这些，极大地鼓舞了全体建设队伍，有力地推进了青藏铁路建设。

国家有关部委和地方政府积极支持青藏铁路建设。国家计委及时协调解决建设中的重大问题。财政部优先保证建设资金。国土资源部及时审批建设用地。国家环保总局、水利部及时批复《环境影响报告书》和《水土保持方案》。卫生部高度重视卫生保障工作和鼠疫防治工作。中国科学院、中国地震局、国家林业局等部门积极参加科研攻关，给予指导帮助。交通部、国家电力公司帮助解决公路运输、电力供应问题。民政部及时协调解决开心岭以南至唐古拉山管辖权争议问题。解放军兰州军区派出高原病专家赴现场指导高原病救治工作。青、藏两省区把青藏铁路建设当作特事来办，全力配合，大开绿灯，在征地拆迁、地材开采、劳力供应、生活保障等方面提供优惠政策，领导同志深入施工现场，慰问参建职工，创造了良好的建设环境。中央新闻媒体采取多种形式，加大青藏铁路建设宣传报道力度，收到很好效果。

铁道部党组始终把青藏铁路建设列为首要任务，坚决贯彻落实中央领导同志的指示精神和青藏铁路建设领导小组的部署要求，切实加强组织指挥。铁道部领导同志深入施工一线，慰问建设队伍，检查工程进展情况，同专家、工程技术人员和管理人员研究建设重大问题，优化设计，加强管理。部机关各有关部门，围绕今年攻坚目标，切实加强协调服务，在建设组织、资金保证、财务审计、执法监察、科技攻关、劳动保护、卫生保

障、劳动竞赛、慰问职工、舆论宣传等方面做了大量工作，保证了青藏铁路建设快速有序向前推进

回顾攻坚之年的工作，重点抓了以下几个方面：

（一）务实创新，强化建设管理

规范建设项目法人负责制。青藏铁路公司经过一年多认真筹备，由国务院批准成立后于 9 月 3 日正式挂牌，标志着公益性铁路建设项目在制度创新、管理创新上迈出了实质性的一步。铁道部理顺管理关系，将总指挥部作为青藏铁路公司的派出机构，代表项目法人对投资、质量和工期控制全面负责。充实青藏铁路公司力量，由公司领导班子主要成员担任青藏铁路建设总指挥部领导职务，坚持靠前指挥，使青藏铁路建设管理进一步加强。

严格依法建设。按照法定程序，认真组织开展了工程施工、工程监理、物资采购招标 8 次。依法办理用地、采石、环保等各项审批手续。总指挥部加强了制度建设，制定、修订了 22 项管理办法。切实加强合同管理，对违规分包工程现象和合同管理中存在的问题进行了认真查处。经国家计委、建设部、监察部、水利部、交通部、信息产业部、民航总局及铁道部八部委联合检查，认为青藏铁路在执行法定建设程序方面规范，项目立项、可研、开工报告均按规定报批，环评大纲、环境影响报告书及水土保持方案齐全，已开工地段建设手续完备；招标投标严谨规范；建设管理切实有力，工期、质量、投资得到了有效控制。

加强队伍管理。针对铁道部与施工企业脱钩的新情况，积极探索项目队伍管理新路子。除严格按照合同管理外，总指挥部与施工企业加强联系，两大总公司现场负责人参加总指挥部党工委，切实加强了民工管理，将民工队伍纳入职工队伍统一管理，对民工做到与职工一视同仁，采取有效措施确保民工工资发放到位，注意搞好民工的医疗和生活保障。中铁五局每年对下山民工进行体检，有病民工及时治愈。中铁十二局对表现优秀的民工进行了表彰，中铁四局评出的"十佳个人"中有 6 名是民工。各单位把民工中的党员编入党的基层组织，使他们能够正常参加组织活动。

科学组织指挥。本着抓早、抓细、抓实的原则，春节前完成了第二批土建工程施工招标；节后抓紧开展业务技术培训，周密安排年度建设计

划，合理调整全线施工组织设计，提前采购物资设备。利用冬休时间，从人力、物力、技术等各个方面做好充分准备，为队伍上场后迅速展开施工创造了条件。4月份续建标段迅速恢复施工，新开工标段做到了队伍上场快，施工准备快，展开施工快。加强工程调度指挥，定期召开工程分析会，及时协调建设中的问题，抓住施工黄金季节，掀起施工高潮。7月份后施工生产直线上升，连续4个月实现高产稳产。

（二）集中力量，搞好勘测设计

铁一院集中优势力量，展开全线地质勘探、测量和设计工作。按时完成了望昆至唐古拉山段和安多冻土试验段的补充定测，以及126公里优化线路和唐古拉山越岭地段137公里永久便道的定测工作，对受地震影响的望昆至五道梁段130公里范围内的控制桩、水准点进行了复测。与有关方面一起，对各标段取弃土场、施工便道进行了现场踏勘、定点，及时完成了技术交底工作。设人员加班加点，连续奋战，保证了图纸供应，满足了施工需要。

大力推行动态设计，不断提高设计质量。望昆至布强格段430公里施工图完成后，根据部领导的要求，部机关有关部门及建设、设计、监理、施工单位多次联合检查，现场研究完善设计问题。铁一院领导多次组织总体、各专业人员现场核对设计图纸。成立了四个由各专册负责人和设计人员组成的现场配合施工队，变更设计124项。将5段地质条件复杂的高含冰量冻土地段路基改为桥梁，累计达2577米，28座冻土涵洞改为桥梁，新增桥涵9座、骨架护坡27公里。结合冻土试验段工程的初步阶段成果，适当增加了片石护道、土工格栅的使用范围，对高含冰量的低路堤和路堑地段增设了使用热棒技术补强措施。通过工程实践，进一步增强了对冻土复杂性、特殊性的认识。冻土工程设计逐步实现了由被动保温向主动降温的转变，由静态设计向动态设计的转变，由单冻土工程措施向多种措施综合运用的转变。

（三）团结协作，狠抓科技攻关

各单位始终把冻土工程科技攻关作为攻坚战的首要任务，加大工作力度，取得了可喜成绩。在总指挥部统一组织下，各冻土试验工程都成立了由设计、施工、科研三方组成的协调小组，密切配合，扎实推进。重点对冻土路基主动降温、路堑边坡防护、隧道保温防水、钻孔灌注桩基、涵洞地基处理和环境保护等关键技术进行试验研究。中科院寒旱所、中铁西北院、铁一院等单位科研人员以高度负责的精神和科学严谨的态度，进行数据观测和分析研究，取得重要阶段性成果。经过一个完整的冻融循环检验后初步可以看出，冻土上限普遍呈上升趋势，片石通风路基、片石护道对提高冻土路基稳定性有明显效果，通风管路基、铺设保温板和热棒等工程措施也都有一定效果，桥梁桩基和隧道施工各个环节所采取的措施和形成的工艺流程可有效保护冻土，减少或防止病害发生。

总指挥部制定了多年冻土区各类工程施工细则和质量检验标准。路基工程大面积推广了片石通风结构，片石通风路基初步设计 60 公里，施工图设计时增加到 113 公里。本着一次根治不留隐患的原则，在一些路基困难地段采用了以桥代路方案。对地震带路基、桥梁工程设计结构抗震性能进行重新论证、检算。在全线推广低温早强耐久性混凝土，以提高混凝土结构在高寒条件下的强度和耐久性。

组织有关单位研究"现浇混凝土水泥水化热对冻土的影响"、"桩基回冻时间和回冻过程承载力形成规律"、"片石通风路基片石粒径范围"以及"混凝土入模温度"等课题。在多年冻土隧道开挖、支护、衬砌、通风成套技术，隧道仰拱作业桥研制及应用技术，冻土路堑爆破开挖和换填保温层施工技术，倾填片石通风路堤和片石保温护道施工方法及工艺，冻土区桥梁桩基施工旋挖钻机应用技术等方面取得了一系列重要成果，填补了多项空白，部分成果和参数已被纳入青藏铁路有关技术标准和设计图中，用于指导设计施工。

（四）严字当头，确保工程质量

牢固树立"百年大计，质量第一"的观念，始终坚持"高起点、高标准、高质量"的要求，初步形成了"建设单位统一管理、施工单位严格自控、监理单位认真核查、设计单位优化配合、使用单位提前介入、政府监督全面到位"的管理模式，使工程质量始终处于受控状态。

严格质量内部自控。施工单位建立健全了现场质量内控责任体系，坚持样板引路，依靠科技创优。在路基工程中精心选取填料，严格控制含水量，按设计和施工工艺科学施工；混凝土工程采用集中拌和、罐车运输、泵车入模，广泛采用专为青藏铁路制的低温早强耐久混凝土外加剂；桥梁广泛采用旋挖钻机干法成孔施工工艺，墩台采用喷洒混凝土养生液、用塑料薄膜和养护罩包裹等办法养生；冻土区隧道施工注重控制洞内温度，严格控制超欠挖，按设计及早加强初期支护和仰拱施工，做好防水、保温层，使工程质量得到了保证。

严格质量监督管理。完善多年冻土区勘测、设计暂行规定，补充制定了《青藏铁路多年高原冻土区施工暂行规定》、青藏铁路多年高原冻土区路基、桥涵、隧道工程施工技术细则及其相应的质量检验评定标准。推行了责任监理工程师制度和专职巡视监理工程师制度，对工程的关键部位和关键工序试行了旁站监理，由施工单位签认，总指挥部定期检查。总指挥部今年组织了 9 次较大规模的质量、环保工作检查，不定期抽查 10 多次。对达不到质量要求的，立即责成施工单位返工处理或进行质量补强。在全路首次引入线下工程质量评估制度，委托铁科院在铺轨前对线下工程质量进行全面评估，评估通过后进行铺架作业。青藏铁路工程质量监督站切实履行政府监督职能，对参建单位资质和质量行为实施全面监督，对重点工程和竣工项目进行抽查。部机关有关部门认真开展执法监察，对存在的质量问题及时提出了整改要求。

（五）狠抓落实，搞好环境保护

认真编制《环境影响报告书》。在对保护区生态环境及野生动植物保护、生物多样性、水土保持、冻土环境、水环境及施工期的污染进行全面调研的基础上，编制了《唐古拉山以北段环境影响报告书》（含水土保持方案），2 月份由铁道部进行了预审，5 月份经国家环保总局和水利部批复，在设计、施工中贯彻落实。

建立健全环保责任体系。青、藏两省区环保部门与总指挥部和各施工单位签订环保责任书，建立了环保约束机制。在铁路建设史上首次引入环保监理制度，并委托青海省环境检测中心对施工期长江源水质变化情况进行检测。青藏铁路质量监督站在青、藏两省区聘请专业工程师担任环保监督员，对所有参建单位的环保工作进行监督。对参建人员进行了全面深入的环保教育，印发了管理人员、施工人员环保手册，使全员环保意识明显增强，形成自觉保护环境的良好风尚。

认真落实环保措施。设计单位将环保要求贯彻到各个专业，贯穿于设计的全过程，确保各类环保措施在设计中得到充分体现。总指挥部制定了《青藏铁路施工期环境保护措施》，在全线强制推行。严格审查工程施工组织中的环保措施，对今年新开工 14 个标段的大小临工程全部进行了现场核对、优化和审批，共计优化施工场地和营地 159 处，普遍利用了现有公路道班、青藏公路施工废弃场地。经优化设计，75 处取土场选在无植被或植被相对较少的地带，比初步设计中的取土场数量大为减少；优化设置的207 条便道均设在植被稀少和多冰少冰地带，施工便道及营地便道尽可能相互结合，从而减少了便道数量。各施工单位制定了具体的施工过程环保细则，落实了保护野生动物和禁止采集珍稀植物的措施，最大限度地减少了对高原生态环境的影响。在藏羚羊等野生动物迁徙季节，施工单位果断停工让道，受到社会各界赞扬。国家环保总局、水利部、国土资源部、国家林业局及铁道部五部局联合检查组，8 月份对青藏铁路环境保护和水土保持工作进行了专项检查，一致认为，参建单位高度重视环境保护和水土保持工作，采取切实可行措施，有效地保护了沿线脆弱的生态环境和自然环境。

（六）加大力度，搞好生活卫生保障

进一步完善卫生保障。针对今年施工地段海拔高、人员多、战线长的新情况，各参建单位加大卫生保障投入，健全保障体系，完善医疗条件。年初，铁道部和青海省联合召开了青藏铁路卫生保障工作会议，总结经验，部署工作。各单位认真制定生活卫生保障方案和措施，全线共上场医务人员 350 人，配置先进适用的常规医疗设备 958 台（件），建造制氧站10 个，购置医用高压氧舱 17 台。严格执行《青藏铁路卫生保障若干规定》和具体措施，坚持预防为主，加强巡诊，对高原反应严重的职工和民工及时治疗，千方百计保障参建人员的身体健康和生命安全。建筑总公司与中国医学科学院等单位联合开展了高原性危害防治研究。

搞好鼠防及卫生防病工作。卫生部、铁道部联合召开了四省区参加的"青藏铁路鼠疫防治工作现场会"，制订了《青藏铁路鼠防工作实施意见》。总指挥部举办了鼠防人员培训班，组织了全线鼠防知识测试。各施工单位成立了鼠防领导小组，建立了可疑病人观察室和隔离室，发放了《卫生防病知识健康教育手册》和《鼠防宣传挂图》，采取多种措施进行防鼠，开工以来未发生鼠疫疫情。中铁三局、五局、二十局被青海省授予爱国卫生先进单位。

切实做好劳动保护和生活供应工作。在营地建设上，尽量修建砖房、保温活动房或使用加厚棉帐篷，普遍采用水暖、电暖器及热风机供暖。施工人员配发必备的劳保用品和抗缺氧、抗疲劳药物。加强高原隧道施工防护措施，解决了隧道施工、机械操作过程中的吸氧问题。中铁二十局和北京科技大学联合研制的高原制氧站，使风火山隧道实现弥漫式供氧，大大改善了施工环境。严格控制劳动强度和劳动时间，实行轮班作业，使参建人员保持了良好的健康状况和精神状态。各施工单位均在格尔木或拉萨设立了生活供应基地或办事处，配备了生活冷藏车，累计供应各类食品和生活物资 8950 吨，保证了现场人员每天能够吃上肉、蛋、新鲜蔬菜和水果。各参建单位饮用水源均经过化验。中铁十二局与天津军事医学科学院利用膜渗透技术对河水进行净化，保证了施工人员的生活用水。

（七）建路育人，发挥政治优势

加强党建和思想政治工作。各参建单位把党建工作和思想政治工作纳入施工管理和领导班子责任目标，同部署、同落实、同考核。经铁道部政治部批准，总指挥部设立了党工委，加强了对全线党建和思想政治工作的指导。各级党组织开展深入细致、扎实有效的思想政治教育，大力开展"雪域高原党旗红"、"我为党旗添光彩"和青年突击队活动，有效地增强了党团员和建设者的"三感"意识，起到表率作用，较好地发挥了政治优势。

广泛深入开展劳动竞赛。根据中华全国总工会、中华全国铁路总工会的部署，在全线组织开展了以"六比六看"为主要内容的建功立业劳动竞赛活动。中国铁路文工团赴现场进行慰问演出。大大激发了广大参建员工的积极性，涌现出一大批奋战在高原、奉献在高原、立功在高原的先进集体和个人，有力地促进了青藏铁路建设。青藏铁路公司表彰了先进集体 20个、先进个人 108 人并从中推荐了 5 个火车头奖杯、22 个火车头奖章人选。

大力开展路地共建活动。各参建单位与当地政府签订"共建公约"或"共建协议"，把形式多样、内容丰富的共建活动渗透到铁路和地方的工作之中。全线使用民工 11000 人，其中青海省民工 7277 人、西藏自治区民工 753 人。各单位积极为当地人民群众办好事、干实事，帮助地方修路、修桥、修水渠，捐资助学，临时设施尽量考虑完工后留给当地群众使用。青藏公司、总指挥部和工总、建总指挥部工作人员为贫困学生捐款。中铁二局集团投资 50 万元在西藏堆龙德庆县乃琼镇建起了一座教学楼，"六一" 儿童节职工又捐款 4 万多元。各参建单位还为沿线群众送医送药 11000 多人次，救治地方伤病员 132 人。铁一院对初测和定测阶段车站和桥隧工程命名进行了全面核查，广泛征求了专家学者和地方政府、人民群众的意见，对部分工程命名进行了更改，力求准确达意。沿线地方政府和人民群众广泛开展支铁活动，主动帮助铁路建设队伍解决生活上的困难，密切了路地关系，增进了民族团结。

在充分肯定青藏铁路建设攻坚之年取得成绩的同时，必须看到，我们工作中还存在不足之处和薄弱环节。对冻土的认识需要进一步深化，冻土工程措施需要进一步检验，仍有许多难题需要下大力去研究、攻克。有的单位"质量第一"的观念树得不牢，存在重主体轻附属的现象。有的单位安全工作抓得不力，公路交通事故较多。有的单位合同管理不规范，个别单位发生了民工打架斗殴事件。这些问题必须引起高度重视，切实加以解决。

二 2003 年工作安排

2003 年，是青藏铁路建设全面攻坚之年，也是实现青藏铁路建设总目标的关键之年。明年建设队伍挺进全线海拔最高地段唐古拉山垭口，全面展开冻土工程施工，进行站后工程设备现场试验，任务艰巨，困难很多，面临新的严峻挑战：

自然环境更加恶劣。施工队伍奋战在 4500 米至 5000 米以上高海拔地段，含氧更少，气温更低，气候变幻无常，大风雪、雷电天气多。特别是唐古拉山 137 公里越岭地段，最高海拔 5072 米，远离公路，湿地遍布，荒无人烟，是全线气候最恶劣、环境最艰苦的地段，给施工带来极大困难。

工程地质更加复杂。正在建设的望昆至布强格段冻土工程要继续进行观测补强。唐古拉山越岭地段冻土地质更加复杂，斜坡湿地，热融湖塘，高地温、高含冰量冻土地段较长，地下水发育，冻胀、融沉作用强烈，安多以南有岛状冻土及深季节性冻土等不良地质现象，设计、施工面临许多新的难题。对高原，高寒环境下的站后工程缺乏经验，必须抓紧进行系统研究，开展工程试验。

后勤保障更加困难。建设队伍在全线展开，工程物资和生活物资需求量增大，运距增长，公路运输紧张状况将更加突出。在高海拔地段的施工单位，高原病和急性创伤的发病率将会上升。鼠疫防治工作线长点多，难度更大。

建设任务更加繁重。线下工程全面展开，站后房建、电力、通号、给排水工程也将平行作业，整体推进。铺轨架梁作业量大，海拔高，运距长，任务十分艰巨。建设管理跨度大，对各级指挥和管理人员的能力和水平将是新的考验。

明年工作总的要求是：认真贯彻党的十六大精神，高举邓小平理论伟大旗帜，努力实践"三个代表"重要思想，坚持以人为本，加大管理力度，攻克冻土难题，顺利推进铺架，加快站后工程，搞好环境保护，确保质量安全，夺取青藏铁路建设攻坚新胜利。

任务目标是：冻土工程基本突破，站后设备加快配套，铺轨通过风火山，质量环保创双优。

2003年青藏铁路建设的投资安排和主要工程任务是：

全年拟安排投资56亿元。计划完成路基土石方3074万方，桥梁19700延长米，涵洞20251横延米，隧道2554延长米，正线铺轨190公里，站线铺轨11公里，架梁634孔。唐古拉山以北线下工程基本完工，唐古拉山以南完成50%以上；铺轨力争到达二道沟（江克栋）；格望段站后工程基本配套，望昆至布强格段房建工程主体完成，电力工程贯通至沱沱河。

重点工程是：唐古拉山越岭地段冻土及饱和湿地路基、休玛（雪查玛）至安多多年冻土沼泽湿地路基、安多至联通河地震液化层及沼泽湿地路基、羊八井隧道、拉萨河特大桥、当曲特大桥。控制工程为铺轨架梁作业。

（一）优化全线设计，确保设计质量

组织勘测设计力量，尽快完成站前、站后工程补充定测，确保施工图纸供应。唐古拉山以北继续进行现场优化设计，采取补强措施。唐古拉山垭口至那曲段以桥代路控制工点 5 月份交付施工设计图，工程措施一次到位。唐古拉山以南经初步设计审查后，3 月底开始陆续供图，对岛状冻土和深季节冻土要采取动态设计，结合安多试验段科研成果，不断完善工程措施。站后工程设计工作抓紧进行，格尔木至望昆段站后施工图 4 月份交付。站房设计要充分体现民族风情，与雪域高原环境相协调。

（二）科学组织部署，精心安排施工

统筹安排线下工程施工、铺轨架梁、科研攻关等工作，组织好站后工程施工招标、拉萨车站站房设计招标。抓紧格望段上碴整道。望昆至布强格狠抓线下工程，精心组织铺架。抓好越岭地段及安多以南重点工程。不冻泉开站后，设物资储运站，可减少物资公路运输 150 多公里，要很好组织实施。抓住有效施工期，提高施工效率，确保完成年度投资计划和实物工作量。

（三）依靠科技创新，攻克技术难题

在已取得一个冻融循环初步成果的基础上，完成第二个冻土冻融循环的试验研究，取得较完整的成果。建立冻土工程长期观测系统，为今后运营维修养护提供依据。认真开展安多冻土工程试验研究，努力攻克在斜湿地、岛状冻土和深季节性冻土地区修建铁路的技术难题。抓紧开展站后通信信号、给排水、电力工程技术难题科研攻关。尽快确定设备选型，加快高原客车研制工作，内燃机车在海拔 4500 米以上地段进行试验。

（四）狠抓质量环保，提高建设水平

继续推行并完善设计咨询、质量评估、桩基第三方检测、责任监理工程师和专职巡视监理工程师制度，加强工程试验，严格过程控制。积极采用"四新"成果，依靠科技保证工程质量。严格按冻土工程施工暂规和工艺施工，尤其要重视把好路基填料关、做好施工中的防排水工程、落实桥涵基础和路堑开挖的冻土保护措施。施工单位对已完工程都要严格自检。继续坚持铺轨前严格检查线下工程质量的制度，凡不符合质量要求的，必须整治达标。要高度重视已完工程观测和缺陷处理，不断总结经验教训，确保工程坚固可靠，经得起历史检验。

严格落实环保措施。及早报批唐古拉山以南《环境影响报告书》（含水土保持方案），将生态环境功能保护、植被保护、水土保持、野生动物保护等各项环保措施进行细化，狠抓落实。尤其要搞好湿地和植被的保护。新进场的施工单位，都要与省区政府环保部门签订环保责任书，主动接受地方政府的监督。

（五）坚持以人为本，高度重视安全

切实搞好高海拔地段特别是唐古拉山越岭地段无人区生活卫生保障。针对战线拉长、环境复杂的新情况，健全三级医疗保障体系，完善卫生保障措施，配齐医务人员和设备，加强劳动卫生保护，确保参建人员身体健康和生命安全。把预防鼠疫作为明年卫生保障的重点工作来抓，确保青藏铁路建设中不出现疫情。

切实加强安全生产工作。坚持预防为主的方针，落实安全生产责任制，大力开展安全检查，对铺轨架梁、公路运输、施工用电、隧道施工、高空作业以及高压氧舱、制氧机等压力容器管理等各个环节，采取得力的安全保障措施，加强重点部位的施工安全防范和监控，使安全生产始终处于可控状态，严防各类事故的发生。做好汛期防洪以及高原防雷工作。进一步加强保密和安全保卫工作，严防敌对势力和坏人破坏。

（六）规范建设管理，搞好协调服务

加强青藏铁路公司组织制度、作风建设，制定规章制度，强化对工程建设的全方位、全过程管理，使建设项目法人负责制真正落到实处。加强建设资金管理。严格执行国家和铁道部的有关法律法规、制度，严肃财经纪律，加强审计监督，做到专款专用，确保青藏铁路建设顺利进行。规范工程合同管理，以合同为准绳规范参建单位的履约行为，杜绝工程违规转包、分包。积极探索适合青藏铁路建设特点的队伍管理新模式。加大建设协调力度，依法及时办理各种建设手续，切实加强信息工作，确保建设信息及时准确。大力开展质量、安全、环保、卫生保障检查，加强执法监察，保证青藏铁路依法建设、规范运作。

（七）加强政治工作，提供思想保证

组织全体干部职工认真学习党的十六大文件，用十六大精神指导青藏铁路建设各项工作。坚持党政工团齐抓共管，充分发挥党组织的战斗堡垒、共产党员的先锋模范和"青年突击队"的生力军作用。继续广泛深入

地开展建功立业劳动竞赛，增强队伍的凝聚力和战斗力。各级领导干部身体力行"三个代表"重要思想，转变工作作风，改进工作方法，深入一线，靠前指挥，及时协调解决实际困难和问题，抓大事，办实事，促落实，带领全体建设者顽强拼搏，吃苦奉献，夺取全面攻坚新胜利。

（解高潮主编《2002 中国铁路改革与发展重要文稿》，
中国铁道出版社，2003，第 316~330 页。）

在青藏铁路建设情况汇报会上的讲话

曾培炎

（2003 年 12 月 4 日）

刚才，永福同志汇报了今年青藏铁路的建设情况，对 2004 年的工作作了初步安排，对建设中存在的问题也作了汇报。各个部门和青、藏两省区提出了很好的建议。

建设青藏铁路是党中央、国务院在新世纪之初作出的一项重大战略决策，体现了"三个代表"的重要思想，体现了党的十六大、十六届三中全会精神。可以说，今年很好地完成了原定的计划任务，整个工程进度比较乐观。今年，青藏铁路建设一手抓抗击"非典"，一手抓"三大难题"攻关，突破重点工程，完成的比较漂亮。年度计划超额完成，"三大难题"攻关取得重要成果，重点工程进展顺利，最艰苦的唐古拉山越岭地段施工形成高潮，铺轨架梁成绩显著，工程质量是好的。为"高起点、高标准、高质量"建设世界一流高原铁路打下了坚实基础。成绩取得是党中央、国务院正确决策的结果，是国家各部门和青、藏两省区共同努力取得的结果，更是广大建设者奋力拼搏取得的成果。青藏铁路的全体建设者，以"三个代表"重要思想为指导，认真贯彻落实党中央、国务院的重要战略决策，面对极为恶劣的自然环境和世界级的工程难题，依靠科技，勇于创新，努力拼搏，在攻克"三大难题"的建设实践中不断创造奇迹，以实际行动实践了"三个代表"重要思想，充分展示了中国铁路建设者的时代风貌和坚忍不拔的精神。

2004 年是青藏铁路建设的整体推进年，也是实现青藏铁路建设六年总目标的关键之年。工期紧、任务重，面临许多新的考验和挑战。希望有关单位和有关部门在今年工作的基础上，认清形势，明确目标，坚持标准，严格要求，确保明年各项任务优质高效地向前推进。

对明年的工作，再提几点要求：

一 进一步增强建设世界一流高原铁路的
光荣感、责任感和使命感

党的十六大提出全面建设小康社会的宏伟目标，党的十六届三中全会提出完善社会主义市场经济体制和树立科学的发展观，对促进区域经济全面协调发展，提出了非常明确的要求。刚刚闭幕的中央经济工作会议，对明年的经济工作作了全面部署。应该说青藏铁路建设是我们明年经济工作，特别是西部大开发中的一项非常重要的任务。建设好青藏铁路，对实现全面建设小康社会，推进社会主义现代化建设具有重大的现实意义和深远的历史意义。这项工作功在当代、利在千秋。有关部门和青、藏两省区一定要充分认识肩负的历史责任，从实践"三个代表"重要思想的高度，从推进西部大开发、实现区域经济协调发展的高度，建设好青藏铁路，确保明年青藏铁路建设整体推进。明年在建设中间还会遇到一些新的情况和新的问题，所以我们要不断地改进工作作风和工作方法，继续加强工程管理，优质高效地完成好明年工作任务。

二 依靠科技进步，攻克"三大难题"，
整体推进青藏铁路建设

要尊重科学，尊重客观规律，尊重自然规律，在今年"三大难题"攻关取得重大成果的基础上，统筹安排，科学组织，解决好多年陈土、高寒缺氧、环境保护这"三大难题"。

一是深化和巩固"三大难题"攻关成果。在人烟稀少的世界屋脊上建设青藏铁路，要做到质量第一，保证铁路运行安全。今年在冻土工程施工中已经获得了不少经验，但也出现了一些问题，出现这些问题很正常，我们要用科学的态度和实事求是的态度处理好这些问题。在原来的片石路基上增设护坡的做法，可以在今年工作的基础上进一步实践。关于环保工

作，我们在这两年来的建设中十分重视环境保护，特别是对整个生态和藏羚羊等野生动物的保护，比较好地体现了人与自然和谐。我们要贯彻党的十六届三中全会的要求，要从更高的角度来认识，确保我们修建的青藏铁路在环境保护问题上能够向世界交待，也能向全国人民交待。路要修进去，高原的生态环境也要保护好。再一个就是高原建设问题，这也是坚持以人为本的问题。现在做到了高原病"零"死亡，要保持这么一个纪录，我们还要坚持。明年过了以后，往下去总体情况可能会比较好。明年在唐古拉山铺轨，线下还在施工，是比较关键的一年。我看要预防在先，发现问题要及时采取措施。

二是统筹安排好各项工程进度。要针对明年的重点工程和明年工程建设中遇到的新情况，科学编制全年和分月建设计划，确保各项工程协调配合，整体推进，确保各项任务全面优质地完成。确保明年年底全线线下工程基本完成，到后年年底全线完成铺轨，2006 年进一步完善站前和站后工程，开展试运营。

三是切实加强青藏铁路建设中的安全工作。青藏铁路建设安全既包括施工中的生产安全，也包括采取措施，防止破坏。希望青藏铁路参建单位、铁道部和地方有关领导能够把安全保卫工作作为一项重要任务来抓，保持高度的警惕性。在施工安全方面要规范建设管理，严防各类事故发生。

四是做好参建队伍的思想政治工作。在世界屋脊、雪域高原上建设青藏铁路，工作条件极为艰苦，干部职工出现一些思想问题和波动可以理解。你们要结合实际，切实加强政治思想工作，保持整个建设队伍的稳定。要解决好参建人员在生活、建设中遇到的一些问题。要和青、藏两省区密切配合，搞好队伍管理，特别是民工的管理，探索思想工作与施工建设有机结合的新路子。还要认真学习党的十六大和十六届三中全会的精神，并落实到整个工程建设中去。通过这条铁路建设锤炼我们这支队伍，培养一种精神，对今后铁路职工队伍建设和铁路建设都具有重大意义。

三 密切配合，努力形成社会各界全力支持青藏铁路建设的良好局面

总的来讲，过去这几年，国家各部门和青、藏两省区密切配合，做了

大量工作，遇到问题能够互相协商，保证了青藏铁路建设的顺利推进。这个局面要继续保持下去。国家各部门和青、藏两省区明年还要更好地支持青藏铁路建设。高原病防治、青藏铁路和青藏公路的环保、重点工程的守护、高原施工医疗、鼠疫防治等问题都与国家各部门和青、藏两省区有关。冻土攻关还需要进一步深入，这与中国科学院有关。这些问题要通过协商，更好地得以解决。青藏办要发挥积极作用，全力做好各项工作。

在汇报和讨论中涉及的几个具体问题要认真落实。关于高原病防治问题。请卫生部和中国科学院继续做工作。特别是高原作业人员进场的健康指标以及检查过程发现的一些问题怎么判断，要进行研究。关于重点工程建设守护问题，铁道部要尽快研究确定需要守护的重点工程部位，商公安部和武警总部进一步研究，给予大力支持，这个问题将来还与地方有关。关于野生动物通道设置问题。国家环保总局和林业局要加强对动物习性、动物通道设置条件的研究，提出要求，进一步完善设计和施工。关于冻土科研问题。中科院要与铁道部配合，对现有的施工情况做深入观察，对明年施工提出指导性意见。关于青藏公路改造问题。对目前超概算情况和环保遗留问题，国家发改委和交通部要认真研究，妥善解决，以便本次青藏公路改造工程告一个段落。部分路段的修复和整个青藏公路的进一步完善，待 2005 年或 2006 年青藏铁路建设繁忙的公路运输任务完成后，再作研究。

同志们，青藏铁路建设体现了中央提出的"五个坚持"、"五个统筹"精神，是一项重要的战略性工程。希望大家继续协调配合，锐意进取，为更好完成明年建设任务作出贡献，使这条铁路到 2007 年向全国人民交上一份满意的答卷。

（解高潮主编《2003 中国铁路跨越式发展重要文稿》，

中国铁道出版社，2004，第 15~19 页。）

全面攻坚，争创优质，努力建设
一流高原铁路

—— 在青藏铁路建设工作会议上的讲话

孙永福

（2003 年 4 月 9 日）

　　这次会议是在青藏铁路建设展开全面攻坚的关键时刻召开的一次重要会议。会议的主题非常明确，就是要认真贯彻党的十六大、十届人大一次会议和青藏铁路建设领导小组第五次会议精神，分析建设形势，部署今年工作，动员全体建设者进一步增强光荣感、责任感、使命感，迎难而上，奋勇争先，夺取攻坚全胜。在最近召开的铁道部青藏铁路建设领导小组第五次会议上，原铁道部领导强调指出，青藏铁路建设在设计、施工和管理上要与时俱进，把思想统一到贯彻党的十六大精神、建设世界一流高原铁路上来。这对我们打好全面攻坚战，夺取青藏铁路建设的新胜利具有重要指导意义。关于今年的工作任务，卢春房同志的工作报告讲得很全面，青海省、西藏自治区负责同志也发表了很好的意见，希望各单位认真贯彻落实。

　　青藏铁路自开工建设以来，在党中央、国务院的亲切关怀下，在青藏铁路建设领导小组的正确领导下，国家有关部门和青、藏省区大力支持，铁道部精心组织，全体建设者团结奋战，顽强拼搏，工程进展顺利，发展态势喜人。去年是青藏铁路建设不平凡的一年。各参建单位和全体建设者牢记党和人民的重托，认真实践"三个代表"重要思想，攻坚克难，争创一流，投资计划超额完成，冻土工程有所突破，铺轨架梁顺利推进，质量环保再创佳绩，卫生保障成效显著，各项工作都取得了可喜成绩，全面实现了建设目标。喜讯传到中南海，江泽民主席于 2002 年 12 月 19 日欣然命笔,作了"建设青藏铁路,造福各族人民"的重要题词。极大地鼓舞了全体建设者,有力地推动了青藏铁路建设。去年12月11日,曾培炎同志在北京主持召开了青藏铁路建设领导小组第五次会议,对2002年取得的成绩给予了高度评价,对2003年工作提出了明确要求。

为确保今年全面攻坚战顺利展开,铁道部和有关单位利用冬休期做了大量准备工作:一是认真总结建设工作。铁道都对去年青藏铁路建设工作进行了全面系统总结,肯定成绩,查找问题,提出今年工作思路,部署建设任务。向国务院和青藏铁路建设领导小组作了专题汇报。二是审查和优化设计。铁道部去年底对唐古拉山以南站前工程和全线站后工程初步设计进行了审查,研究了唐古拉山以北冻土工程设计补强问题;今年春节之后,铁道部在兰州召开了设计科研工作座谈会,就提高设计质量问题进行了研讨。三是审查工程试验研究成果。有关部门组织对冻土试验研究初步成果进行了鉴定,提出了具体建议。部青藏铁路建设科技领导小组研究部署了站后工程试验。四是研究改善建设人员待遇措施。为贯彻落实中央领导同志关于搞好劳动卫生保障和提高参建人员待遇的指示精神,铁道部在深入调研、反复论证的基础上,经部长办公会议研究决定适当增加高原生活费补贴、高原施工休假期间工资补贴、高原生活物资运输补贴、医疗设备补助费以及高原补助等费用,现正在抓紧落实。五是积极做好协调工作。经与国家有关部门协商,国家计委已对青藏铁路格拉段供电工程可行性研究报告作了批复,为抓紧组织实施沿线110kv线路及变电站工程创造了条件。对工程质量、环境保护和卫生保障等工作进行了专题研讨。对唐古拉山至拉萨段环境影响报告书和水土保持方案组织了预审。六是加强宣传工作。去年12月20日国务院新闻办举行了青藏铁路建设记者招待会。铁道部和中央电视台成功举办了《高原彩虹》电视专题晚会。部青藏铁路建设宣传领导小组认真研究制定了今年的宣传和思想政治工作计划。今年1月6日铁道部在北京召开了建功立业表彰大会暨先进事迹报告会,曾培炎同志亲切接见了劳模代表。按照全国总工会的安排,青藏铁路先进事迹报告团五月中旬还要到全国各地进行巡回报告。

各参建单位认真贯彻落实青藏铁路建设领导小组第五次会议精神和铁道部的安排部署,扎扎实实做好建设准备工作。青藏铁路公司和总指挥部在搞好冬休期间值班的同时，周密安排年度建设计划，研究调整全线施工组织设计，修订建设管理规章制度，组织人员赴中国长江三峡工程开发总公司学习先进管理经验，开展理论培训和业务技术研讨。铁一院统筹安排，加强力量，春节期间坚守岗位，冒着严寒深入现场调查冻胀病害情况，设计进展加快，工程措施进一步优化。铁五局为确保昆仑山隧道按期铺轨通过，克服高寒缺氧、气候恶劣等重重困难，坚持冬季施工，两百多名参建职工春节期间奋战在施工一线。铁一局针对铺架任务重的情况，二月中旬就组织铺架人员上场，展开铺架作业。各施工单位积极安排人员体检、疗养。中国铁道建筑总公司组织铁十七、十八局研讨唐古拉山越岭地段施工方案。新开工单位研讨抓紧选调人员，调配机械设备，做好上场准备。各方面共同努力，为打好今年全面攻坚战创造了有利条件。在这里，我代表青藏铁路建设领导小组，代表铁道部，向青藏铁路公司、总指挥部及设计、科研、施工、监理单位和全体参建人员表示亲切问候并致崇高敬意！

今年是青藏铁路建设的第三个年头，也是青藏铁路建设全面攻坚之年。我们要全力以赴打好这一仗，为实现青藏铁路建设六年总目标，为建设世界一流高原铁路奠定坚实基础。青藏铁路建设作为西部大开发的标志性工程，党中央、国务院十分重视，中央领导同志经常了解情况，作出指示，使我们倍受鼓舞。国家在资金、物资等方面全力保证，有关部门密切配合，青藏两省区政府和沿线各族人民群众把青藏铁路建设当作自己的事情来办，新闻媒体对青藏铁路建设加大正面宣传报道力度，营造了良好环境。经过头两年的实践，在攻克高寒缺复、生态脆弱，多年冻土三大难题上进行了有益探索，积累了宝贵经验。这些都是我们打好今年全面攻坚战的有力保证。但是，我们应该清醒地看到，今年攻坚战难题很多，特别是要力争在最困难的冻土工程上有所突破，困难很大，任务非常艰巨。从工程任务看，今年安排投资56亿元，唐古拉山以北线下工程要全部完成，唐古拉山以南线下工程要完成50%以上，是六年总工期中投资最多、完成工作量最多的一年。铺轨计划完成194公里，铺轨通过风火山，比去年要多完成83公里，在海拔升高、运距加大，风雪天气多、气温低、风沙大的情况下，铺轨效率受到很大影响，是全线控制工期的重要一环；线下工程全面展开，站后工程也将由北向南推进，施工组织和管理工作难度更大。从技术要求看，今年冻土工程全面展开，望昆至布强格段冻土工程要采取补强措施，唐古拉山越岭地段冻土地质更加复杂，安多以南岛状冻土及深季节冻土要进行工程试验研究。站后工程也要开展工程试验。解决冻土工程问题的要求高、难度大。从后勤保障看，队伍挺进全线海拔最高地段，含氧更少，气温更低，在鼠疫高发区卫生保障工作更加艰巨。全线展开施工后，人员增加，工程物资和生活物资需求量增大，运距增长，公路运输紧张状况将更加突出。我们必须对面临的形势和任务有一个清醒的认识，要充分利用有利条件，善于化解不利因素，勇于战胜一切困难，夺取全面攻坚胜利。

今年工作的重点是站前工程，站前工程的重点是冻土工程，而冻土工程关键是质量。可以说，质量是我们一切工作的出发点和落脚点。今年要在青藏铁路建设全线开展"质量年"活动，动员全体参建人员为确保质量、争创一流献计献策。总的要求是：坚持以质量为中心，强化试验研究，攻克冻土难题，顺利推进铺架，规范建设管理，狠抓环保安全，全面争创一流。

在这里，我着重就确保工程质量，建设世界一流高原铁路讲几点意见。

一　要用十六大精神统一思想，增强质量意识

党的十六大提出了全面建设小康社会、加快推进社会主义现代化、开创中国特色社会主义事业新局面的宏伟目标。十届人大一次会议为实现这一宏伟目标，作出了全面部署，把推进西部大开发，促进区域经济协调发展作为经济建设的重要任务摆在十分突出的位置。这为青藏铁路建设指明了正确方向，注入了强大动力。

在青藏铁路建设中贯彻落实党的十六大精神和十届人大一次会议精神，就是要把全面建设小康社会的宏伟目标，与我们的实际工作有机地结合起来，就是要努力建设一流高原铁路。这是时代的要求，是人民的重托，是党中央、国务院的殷切期望。以江泽民同志为核心的党的第三代领

导集体明确要求建设世界一流高原铁路。胡锦涛同志在视察青藏铁路建设工地时强调，要牢固树立"百年大计，质量第一"的观念，精心设计，精心施工，精心组织，加强管理，严格监督，确保这项举世瞩目的工程经得起历史检验。吴邦国同志多次指示我们，要高标准、严要求，把确保工程质量放在首位，建设牢固的路基、桥隧工程，经受住运营考验。宁可慢一点，也要好一点。要达到国际上最先进的水平。这对我们是极大的鼓励和有力的鞭策。对照党的十六大精神，对照中央领导同志的要求，检查我们的思想和工作，确实还有很大的差距。有些同志对青藏铁路建设的重要意义和所处的特殊环境认识不足，对青藏铁路建设领导小组提出的"高起点、高标准、高质量"的要求理解不深，认为青藏铁路运量不大，只要满足运量要求就行；有的同志对冻土工程的特殊性、复杂性、艰巨性缺乏认识，仍然按照一般的铁路施工，存在盲目乐观情绪，导致了一些质量问题的发生；有些同志认为青藏线的施工环境极其艰苦，能修通就不错了，质量上过得去就行了，只考虑快干快完，没有突出冻土工程的施工工艺要求，没有真正把工程质量摆在第一位。这些思想与全面建设小康社会的要求是格格不入的。只有正视这些差距，才能提高工程创优的自觉性。

确保青藏铁路工程质量，建设世界一流高原铁路，是我们的奋斗目标。这不仅是一个重要的经济问题，而且是一个严肃的政治问题。青藏铁路不仅要修通，而且一定要确保质量，这事关党和国家的形象，事关中国铁路的形象。建设青藏铁路是党中央、国务院作出的战略决策，是全面建设小康社会的重要举措，是征服自然、造福人民的伟大壮举。全体建设者肩负着光荣而神圣的历史使命，正在创造着人类铁路建设史上的奇迹。我们一定要敢于挑战，勇于创新，攀登高峰，破解世界工程技术难题，把青藏铁路建成世界一流高原铁路，为国争光。我们一定要将青藏铁路建设成经济、快速、大能力、全天候的运输通道，为西部大开发、为全面建设小康社会做出应有的贡献。青藏铁路建设投资全部由国家安排。如果质量出现问题，留下隐患，将对不起国家和人民，也对不起广大建设者付出的艰辛劳动。温家宝同志曾经指出，质量好的重大工程是一座纪念碑，无言地记录着建设者的赤诚、努力和奉献。造成重大损失的劣质工程，危害国家和人民，其责任者将成为千古罪人。我们一定要坚定信心，用建设世界一流高原铁路的实际行动，在铁路建设史上书写辉煌篇章，树立光辉形象。因此，我们一定要从讲政治的高度，充分认识确保青藏铁路建设质量的重要性，牢固树立质量第一的思想，始终把工程质量摆在首位。正确处理工期与质量、投资与质量的关系。工期必须服从质量，不得盲目抢工期；投资必须服从质量，该花的钱一定要保证，不该花的钱要坚决控制。千方百计把工程质量搞好，确保工程坚固可幕，经得起运营考验，经得起历史检验。

二 要优化全线设计，提高设计质量

设计是工程的灵魂。建设一流工程，必须有一流设计。铁一院广大勘测设计人员积极投入青藏铁路建设，加快勘测设计，为确保工程顺利进展做出了重要贡献。在提高勘测设计质量方面采取了一系列有力措施，收到了良好效果：认真贯彻实施多年冻土区工程勘察、设计暂行规定，用正确的设计原则指导全线勘测设计；精心选线，尽量绕避特殊不良地质地段；加强地质钻探，比较准确地掌握了冻土分布和地温分区；组成现场配合施工队，加强设计回访，不断优化设计；深化对冻土特性的认识，强化工程措施，冻土工程设计逐步实现了由被动保温向主动降温转变，由静态设计向动态设计转变，由单一工程措施向多种措施综合运用转变。总的来看，青藏铁路勘测设计起点较高，经不断改进和完善，质量是比较好的。但是，也应该看到，设计管理还有不少薄弱环节，设计质量还需要进一步提高。应该认真检查一下，我们的工程设计能否达到稳固、安全、可靠的要求。有的同志认为只要符合勘察设计暂规就行，只对本本负责，殊不知"暂规"是要在实践中不断进行补充、修改、完善的。有的同志深入现场调查不够，设计文件同实际情况不完全相符。有些地段工程措施没有到位，暴露出一些质量问题，如对冻土路基阴阳坡问题，大家都知道会引起不均匀沉陷变形，但没有及时采取强有力的工程措施。

今年设计任务仍然很重。要认真查找设计质量存在的问题，全力以赴提高设计质量。要更新设计观念，用建设世界一流高原铁路这把尺子进行衡量。如果不与时俱进，不从实际出发，我们的设计质量就不能达到世界一流。铁一院领导要亲自抓设计质量工作，健全勘测设计质量保证体系，层层落实质量责任。加强设计文件的总体性，搞好各专业的配合和协调，落实设计文件校对、复核、审查制度，减少设计中的常见病、多发病，杜绝勘测设计重大失误。要组织各个专业设计人员深入现场核对设计文件，反复进行设计回访，特别是寒季和暖季要搞好调查研究，及时发现和解决问题。6月份前要集中精力做好站前工程，特别是冻土地段的设计优化工作。唐古拉山以北地段要重点对冻土进行现场复核，做好设计补强工作。路基要预留沉落量并适当加宽，阳面片石护坡和护道要及早做，排水系统设计要进一步完善。唐古拉山越岭地段以及安多以南地段要组织全面复核，有的路基或涵洞需要改桥，要尽快变更设计。如果知错不改，那是对人民不负责的表现。唐古拉山以南地段的设计文件一定要认真审查修改，达到优质要求。青藏总指要坚决把关，设计文件达不到质量要求的决不能开工。站后工程设计要采用先进、成熟的技术设备，实现高可靠、少维修的目标。对于未来气温升高、地震影响的问题要在设计中予以充分考虑。所有的工程都要解决混凝土耐久性问题。铁科院在格尔木成立了试验中心，要努力探索现场快速试验的办法，充分发挥试验结果对现场施工的指导作用。

三　要狠抓试验研究，攻克冻土难关

要把青藏铁路建成世界一流的高原铁路，关键是要攻克冻土技术难关。在青藏高原多年冻土区修建铁路是前无古人的探索性工程。我们坚持科研试验先行，组织多方面力量开展联合攻关。通过一个冻融循环的实践初步可以看出，所依据的设计理论是正确的，采取的工程措施是基本可行的，为攻克冻土技术难题进行了有益探索，积累了一定经验。但是，冻土问题确实非常复杂，已经取得的试验研究成果还需要经过更长时间检验，对冻土特性的研究需要不断深化。因此，对冻土技术难题的探索不能满足于现状，不能停留在现有的水平，而要花更大的力气去研究。毛泽东同志在《实践论》中谆谆告诫我们，"通过实践而发现真理，又通过实践而证实真理和发展真理。从感性认识而能动地发展到理性认识，又从理性认识而能动地指导革命实践，改造主观世界和客观世界。实践、认识、再实践、再认识，这种形式循环往复以致无穷，而实践和认识之每一循环的内容，都比较地进到了高一级的程度。这就是辩证唯物论的全部认识论，这就是辩证唯物论的知行统一观。"我们必须通过实践——认识——再实践——再认识的循环往复过程，深刻认识高原冻土铁路建设规律。

对唐古拉山以北冻土试验段，要在已经取得一个冻融循环试验研究成果的基础上，抓好第二个冻融循环的试验研究，继续做好隧道、桥梁、路基试验工程的观测分析，同时要重视理论研究，指导设计、施工。要认真开展安多冻土工程试验研究。唐古拉山以南降水量相对较大，有岛状冻土和深季节冻土，不少地方是沼泽化湿地、斜坡湿地等，决不可掉以轻心，要齐心协力攻关。站后试验工程要精心组织实施，尽早取得成果，完善全线站后设计。

科研攻关必须要有创新意识，要有主动精神，要有扎实工作。担负科研攻关任务的单位，不能只限于埋设测试元件、观测和分析资料，而是要立足于建设优质工程。对工程措施取得的实际效果要作出科学分析，从理论上深刻阐明冻土工程机理。从目前冻土路基观测提供的数据来看，最有把握的是桥梁，片石通风路基也是一个有效措施。冻土隧道主要是下功夫解决防水、保温问题，已建成的隧道尚未经过暖季的考验，还要继续加强观测。对路基开裂现象要认真分析原因，研究制定切实可行的对策措施。还要积极探索新措施，如遮阳板、遮阳棚等。科研人员要深入现场深化研究，创新理论，拿出世界一流的研究成果。

四　要严格施工管理，确保施工质量

各单位加强施工过程中的质量控制，使工程质量处于受控状态，创出了一批优质样板工程，已完工程质量是好的，得到了国家有关部门的肯定，但也存在不容忽视的质量问题。有的单位主要负责人到现场较少，发现问题不及时，采取措施不得力。有的单位管理不严，制度不落实，不少措施不符合冻土施工要求，自检流于形式。有的冻土路基出现沉陷、开裂等现象，施工单位也有责任。以路基为例，有的填料含水量偏高、倾填片石粒径超标、桥台后及涵背两侧填土压实度不够、涵洞基坑开挖后暴露时间长影响工程质量等。有些路段未按要求先修防排水设施就开挖路堑或填筑路堤，带来很多问题。混凝土工程也存在一些质量问题：同一桥墩基础，不同标高的混凝土强度相差几倍；有的砂石料含泥量高，风化严重，有的砂石料碱活性超标；有的混凝土保温保湿不好，造成混凝土出现裂纹，等等。施工单位必须认真整改这些问题，做到领会设计意图不蛮干，狠抓工艺流程不放松，严格施工组织不动摇，科学合理地控制施工节奏，保证工程质量创优。

要强化质量内部控制。关键要在"严"字上狠下功夫，确保各项施工规范和工程措施落到实处。各施工单位第一管理者要亲自抓质量保证，舍得在工程质量上花力气、下功夫、真投入，坚决纠正重主体工程轻附属工程，只抓重点工程忽视一般工程的错误倾向。要继续狠抓制度措施的落实，确保按设计文件和施工规范组织施工，完善检测手段，配齐试验设备，配强试验人员，搞好质量自检自控，严格工序质量控制，把好每一道工序、每一个单项工程的质量关。要按照质量保证体系程序文件和作业指导书的规定，开展标准化作业，认真开展自检工作，把自检合格率作为强制性标准来执行，消灭质量隐患。要加强对结构物变形的观测，保护好试验测试元件。

要依靠科技提高工程质量。唐古拉山越岭地段、安多地区岛状冻土和深季节冻土是今年施工的重点和难点工程，要积极开展 QC 小组活动，组织好科技攻关。要积极推广采用新技术、新工艺、新设备、新材料，使路基、桥梁桩基和隧道施工各个环节所采取的措施和形成的工艺流程有效保护冻土，防止病害发生。要坚持样板引路，试验先行，确保冻土工程措施一次到位。今年新上场的单位都要先做样板工程，取得经验后再全面展开。

要大力克服质量通病。路基要特别重视低洼有水、细颗粒填料、阴阳坡等容易产生冻融变形的地方，应采取补强措施，防止路基病害。要充分考虑未来环境的变化影响引起路基可能加大变形这一因素。要加强观测研究，分析路基沉陷和开裂的成因及危害性，提出相应的对策措施，控制路基变形。要在混凝土耐久性和内实外光方面狠下功夫。要精益求精，强化措施，认真解决混凝土出现的气泡问题。隧道要高度重视防水保温处理，严格工艺措施，确保质量。涵洞出现的问题较多，要认真研究对策，确有必要的地段要以桥梁代替。施工中要注意工序衔接，涵洞基础开挖之后应尽快把基础做好，避免基坑暴露时间过长对冻土保护不利。

五　要强化工程监理，搞好质量控制

强化工程监理是确保工程质量的重要一环。广大监理人员认真负责，辛勤工作，实行责任监理工程师制、专职巡视监理工程师制和施工关键部位或关键工序旁站监理制，适合青藏铁路工程特点，对控制质量发挥了重要作用。监理工作存在的主要问题是：有的监理单位未严格履行合同，监理人员到位率较低，造成个别工点质量失控；有的监理单位监理日志未反映质量控制过程、现场记录表格不全、测试内容不全、检测工具不全，对质量标准含混不清；有的监理人员对质量问题处理不严、不敢动真格，等等。这种状况必须迅速改变。

要进一步完善监理制度，改进和强化监理工作。要坚持持证上岗。定期向建设单位和质量监督站报告工作，遇有重大问题应及时报告。坚持关键部位和关键工序旁站监理制，要特别加强桥涵桩基和隧道防水保温层施工等隐蔽工程的旁站监理，实行监理工程师签证制度。要加大监理单位和监理人员的责任，对出现质量问题的工程或不符合施工规范和验标的质量行为，要果断地责成施工单位限期整改。监理单位要切实加强队伍自身建设，优化人员结构，提高监理人员的素质，造就一支思想作风过硬、业务技术精湛、切实履行职责的监理队伍，真正为建设世界一流高原铁路把好质量关。

六　要规范建设管理，提高建设水平

青藏铁路公司和青藏总指要把工程质量管理作为首要任务来抓，全力以赴，自始至终，狠抓落实。总指挥部制定了《青藏铁路建设优质样板工程评选办法》、《青藏铁路施工、监理单位质量信誉评价管理办法》等，使质量管理工作规范化、制度化。要进一步强化合同管理，坚决杜绝违规分包工程和转包工程现象，保证工程建设规范运作，为控制工程质量创造良好环境。要进一步优化施工组织，加强调度指挥，确保工程有序展开。对设计单位交付的施工图要逐段进行复核、优化。施工过程中要突出重点，狠抓难点，严格冻土施工管理，逐个歼灭冻土工程质量难点。要坚持高标准、严要求，强调冻土工程施工中的工艺流程，搞好工序衔接，路基工程施工中一定要先行修筑排水工程，再进行主体工程施工。要针对有效施工期短的特点，坚持每月进行一次质量检查，及时发现问题、解决问题，确保不留隐患。要深入开展工程创优活动，组织质量评比和工程观摩，树立典型，交流经验。要加大奖励力度，促进全线工程质量不断提高。对发生重大质量安全事故的单位，要给予降低资质等级、在一定时限内不得参与路内工程投标的处罚。对质量安全管理不力、信誉不高的单位，要进行通报批评。

要切实做好环保工作。搞好环境保护，是建设世界一流高原铁路题中应有之义。各单位要开展环保法制教育，普及环保知识，组织学习《西藏的生态建设与环境保护》白皮书，增强全员环保意识。特别是今年新上场的施工队伍要安排足够的时间进行环保教育。总指挥部、施工单位与西藏自治区环保部门签订了环保责任书，要认真履行环保职责，主动接受环保部门的监督。要进一步加强和完善环保监理工作，规范施工行为，严格控制施工影响范围，确保环保工程质量。要认真执行环境影响报告书及水土保持方案，严格落实各项环保措施。唐古拉山以北地段取弃土场、砂石料场完工后要尽快完成支挡防护、场地平整和表土恢复工作；环保工程设施要与铁路工程同步建成；施工队伍离场前要做好营地和废弃便道的恢复工作；及时修建野生动物迁徙通道和家畜通道，保证野生动物迁徙通行和家畜转场。唐古拉山以南段要细化生态环境功能保护、植被保护、水土保持、野生动物保护等项环保措施，狠抓落实。在施工图设计中要具体落实临近自然保护区路段的环境保护方案，结合地形条件搞好野生动物通道设计，通过湿地和湖边路段尽量采用以桥代路方案或增加涵洞。在施工组织设计中应具体施工便道、营地和取弃土场、砂石料场的设计，合理调配土石方，落实水土保持措施；尽量减少对草场的占用和破坏，严禁在邻近线路的湖畔、山坡采砂取石，营地和便道控制在自然保护区的实验区内。新开工标段要抓紧办理有关环保手续。

更高度重视安全生产。安全生产在很大程度上反映了我们的管理工作质量。确保施工安全是我们建设世界一流高原铁路的重要内容。最近，国务院办公厅、铁道部分别就安全生产工作发出了《关于进一步加强安全生产的紧急通知》，要认真贯彻执行。各级领导同志一定要充分认识安全生产的极端重要性和当前安全生产形势的严峻性，认真执行《安全生产法》，切实加强安全管理，坚持预防为主方针，落实安全生产责任制，使安全生产始终处于可控状态。要针对铺轨架梁、公路运输、施工用电、隧道施工、高空作业以及高压氧舱、制氧机等压力容器管理等各个环节上存在的问题，采取得力的安全保障措施。要特别加强重点部位的施工安全防范和监控，彻底排除各类事故隐患。今年铺架安全要作为重中之重的工作来抓，高原气候变化无常，雨雪天气多、风力大，对铺架安全构成很大威胁，要制订切实可行的安全保障措施，千方百计确保铺架安全。要高度重视交通安全，坚决把交通事故降下来。运输车辆不得超载，职工作业不得超劳、超时。要落实人员密集处所消防安全责任制，对驻地、工地、油管、电路、火工品存放点等易燃易爆部位经常检查，严防火灾事故发生。要以高度的责任心保护好光缆、油管等设施，决不允许再发生挖断光缆和油管的事故。

要搞好生活卫生保障。要千方百计搞好职工生活，营房设施要做到抗震、防寒。要组织生活物资配送供应，在当地政府指定的部门采购肉食，饮用水要经过净化达标，确保饮食安全。针对战线拉长、环境复杂的新情况，健全三级医疗保障体系，完善卫生保障措施，加强劳动卫生保护。把预防"非典"、预防鼠疫作为今年卫生保障的重点任务，确保青藏铁路建设中不出现疫情。总指挥部要加强对全线卫生保障工作的检查和指导，注意队伍体检等资料积累，加强高原卫生科研工作，组织开展经验交流活动，提高生活卫生保障水平。特别要搞好唐古拉山越岭地段无人区生活卫生保障，确保参建人员身体健康和生命安全。

要严格控制投资。要本着对国家和人民高度负责的精神，搞好投资控制。强化工程措施的投资必须保证，非建设性用款和管理费必须严格控制。认真执行国家和铁道部的有关法规和制度，严肃财经纪律，加强审计监督，做到专款专用，杜绝截留、挪用建设资金。要认真研究实行项目法人负责制条件下加强资金管理的新方法、新措施，保证建设资金安全、高效运转。今年要继续开展执法监察，对资金使用和管理要进行重点检查。

七　要发挥政治优势，搞好队伍管理

建设世界一流高原铁路，必须用强有力的政治工作做保证。要进一步完善青藏铁路建设政治工作体系，充分发挥政治工作优势，努力开创政治工作新局面。要通过多种形式的思想教育和宣传动员工作，使各参建单位和全体建设者对打好今年全面攻坚战的重要意义和要求有深刻的认识，对建设一流高原铁路的目标和任务有充分的了解。要进一步增强全体建设者的"三感"意识，大力弘扬新时期火车头精神和"开路先锋"精神，广泛开展"我为党旗添光彩"、"雪域高原党旗红"、"创党员先锋岗、建红旗责任区"和青年突击队活动，深入开展建功立业劳动竞赛活动，激励广大干部职工"吃苦在高原、奉献在高原、立功在高原"，为建设一流高原铁路营造良好氛围。

今年施工高峰人数将达到 3 万人。只有搞好队伍管理，才能使质量、环保、安全等措施落到实处，才能为建设世界一流高原铁路打下坚实的基础。目前在队伍管理上，还存在一些问题，亟待加强和改进。有的单位教育不到位，制度不健全，管理不严格，职工纪律松懈，施工、环保知识匮乏，法制观念不强，打架斗殴、违反环境保护规定、不按施工规范作业的现象时有发生，甚至违章作业，发生交通事故、挖断光缆和输油管道的严重事件。这些问题必须引起高度重视，采取有效措施加以解决。要进一步探索队伍管理新模式，充分运用行政、法律、经济手段和多种形式的思想教育强化管理，不断提高管理水平。要切实加强民工管理。民工是社会主义劳动者的重要组成部分，为我国社会主义现代化建设做出了贡献。在新形势下做好民工管理工作，对于解决大量农村剩余劳动力就业，增加农民收入，解决"三农"问题，全面实现建设小康社会目标具有积极意义。党中央、国务院十分重视做好民工管理工作。温家宝总理、曾培炎副总理就加强民工管理工作多次作出重要指示，我们一定要认真贯彻落实。要坚决杜绝以包代管或包而不管等问题，把民工纳入职工队伍统一管理，切实搞好民工的劳动保护、医疗保障、安全生产，改善食宿条件，确保民工工资及时足额发放到位。根据中央领导同志指示精神，铁道部作出了改善职工、民工待遇的决定，各单位要认真落实，真正把这件好事办好。

各级领导干部要以高度负责的精神，狠抓各项工作的落实。要按照胡锦涛总书记的要求，时刻牢记"两个务必"，继续保持谦虚、谨慎、不骄、不躁的作风，继续保持艰苦奋斗的作风，不断增强忧患意识和责任意识，切实转变工作作风，不断改进工作方法，把主要精力用在抓大事、抓关键、抓落实上。深入一线，靠前指挥，及时协调解决工作中遇到的实际困难和问题，关心爱护人，团结激励人，掌握职工的思想动态，消除畏难情绪和麻痹思想，千方百计调动、保护广大建设者的积极性、主动性和创造性，用奋发有为、开拓进取的良好精神状态和模范行动，带领全体干部职工顽强奋战，攻坚克难，坚决打好今年的全面攻坚战。

同志们，青藏铁路建设全面攻坚战已经打响了！各参建单位一定要高举邓小平理论伟大旗帜，努力实践"三个代表"重要思想，认真贯彻党的十六大精神和十届人大一次会议精神，精心组织，有序推进，团结奋战，创优争先，夺取全面攻坚胜利，为建设世界一流高原铁路做出新贡献，创造新辉煌！

（解高潮主编《2003 中国铁路跨越式发展重要文稿》，

中国铁道出版社，2004，第 187~202 页。）

紧急行动 全力预防非典 顽强奋战 猛攻三大难题

——在青藏铁路指挥长会议上的讲话

孙永福

（2003 年 5 月 6 日）

在青藏铁路建设工作会议召开不到一个月的时间，又把同志们召集起来，主要有两件大事要和大家一起研究：一是贯彻落实国务院领导的重要指示精神，努力攻克"三大难题"；二是采取切实有力措施，坚决打胜预防"非典"这场硬仗。

今年是青藏铁路建设全面攻坚年，也是实现青藏铁路建设总目标的关键年，任务十分艰巨。中共中央政治局委员、国务院副总理曾培炎同志 4 月 21 日在新华社国内动态清样（第 1037 期）上批示，"今年是青藏铁路建设的关键年，施工中'三大'世界性难题都须在今年予以突破。在工作中要加强指导，对出现的新情况、新问题要及时研究解决，为全面建成青藏铁路打下扎实基础。"

当前，全国人民在党中央、国务院领导下，万众一心，抗击"非典"。青藏高原虽然远离疫区，目前尚未发现"非典"疫情，但决不可掉以轻心。一定要按照党中央、国务院的统一部署迅速行动起来，全力以赴做好预防"非典"工作，确保全体建设者身体健康和生命安全，确保青藏铁路建设顺利进行。

下面，我着重就攻克"三大"难题和防治"非典"工作讲几点意见。

一 依靠科技创新，攻克冻土难题

建设世界一流高原铁路，是党中央、国务院对我们的明确要求和殷切希望，也是我们的奋斗目标和行动准则。实现这一目标，首要关键是攻克冻土技术难关。核心是满足铁路运营对高原多年冻土地区路基、桥涵、隧道等建筑物稳定性的要求。为攻克这一工程难题，我们坚持科研试验先行，组织多方面力量开展联合攻关。进行了有益探索，积累了宝贵经验。在前一段攻克冻土难题的实践中，总指挥部、铁一院和各科研、施工单位做了大量工作。大力开展区域冻土地质勘察工作，为设计施工提供了基础资料；科研试验取得的初步成果，为指导设计施工提供了重要依据；冻土设计原则和指导思想随着实践的深入不断完善，对冻土的认识也比以往任何时候都更加深刻。但青藏高原多年冻土的特殊性、复杂性和艰巨性不是在短时期内就能认识清楚的，其变化规律也不是通过几次科学试验就能全部认清的，已经取得的试验研究成果还需要经过更长时间检验，对冻土特性的研究需要不断深化。去年我们认为比较有效的工程措施，现在看来也存在一些问题。有些地段路基出现较大的沉降变形，出现纵向、横向裂缝；有的涵洞出现错台、移位等等。发生这些问题，既有设计措施不力的原因，也不能排除一些施工单位没有严格按工艺要求进行规范施工。这给我们一个重要警示，说明我们对高原冻土的特性和变化规律还没有真正掌握，必须下大气力努力攻克这道难关。

攻克多年冻土工程难题的总体目标是：确保冻土地段路基、桥涵、隧道工程坚固稳定，行车速度达到 100 公里/小时，运输安全、舒适、可靠（世界上一些国家在冻土地带修建的铁路，病害线路占全长的 30% ~ 40%以上，行车速度 60 ~ 70 公里/小时）。今年冻土地段已全面展开施工，必须全力攻克冻土工程难题。今年具体目标是：冻土试验工程全部完成，科研取得新成果。确保桥梁、隧道工程稳定无病害，路基总沉降量和不均匀沉降量得到有效控制，工程质量全面创优。布强格以北多年冻土区完善设计措施，补强工程年内基本完成。布强格以南冻土地段，要借鉴唐北设计施工的经验教训，工程措施一次到位，在施工图设计中不留隐患。

工程质量工作的重点，是要紧紧抓住布强格以北段补强工程设计施工及桥涵缺口填筑，布强格至安多段沼泽化湿地、斜坡湿地多年冻土路基施工，安多至那曲段沼泽化湿地、深季节冻土路基基底处理，全线耐久混凝土施工等重要路段和重要环节，争创优质工程，为夺取全面攻坚战胜利奠定坚实基础。

1. 要努力提高设计质量

设计是工程的灵魂。建设世界一流高原铁路必须要有一流的设计。铁一院要对多年冻土区工程设计思想和设计原则进行反思和改进，充分运用冻土科研成果，确保工程措施的可靠性，力争把病害消除在设计阶段。

从目前已经完工地段路基变形监测数据和已经发生的涵洞病害可以看出，布强格以北一些地段设计的工程措施不够有力，需要进行补强。铁一院要集中精力抓好这项工作，组织各个专业设计人员深入现场对冻土地段进行设计回访，深入调查研究，认真解决问题。要重新审视设计思想和设计依据。以往我们对冻土地段的设计，主要采取保护冻土冻结状态完整的原则、控制融化速率的原则和破坏冻土的原则。经过初步实践，我们看到按照控制冻土融化速率原则设计的路基，发生了较大的沉降变形和裂缝，难以满足高标准要求。因此，只能采取保护冻土冻结状态的原则！对没有把握保护冻结状态的地段，就要采取以桥代路方式通过。以往冻土地区路基设计主要考虑该工点的地温、含冰量、岩土性质三大因素（分成四个不同地温区和低、高含冰量），现在看来仅考虑这三个因素是不够的。还应考虑该工点所在地区的地形、气候和水文等影响，考虑大气升温和人为活动对冻土的影响。现在是Ⅰ区的地段，若干年后可能变成Ⅱ区。所以，我们在处理具体工点设计措施时，必须要有宏观意识，动态意识。要重点对冻土工程进行现场复核，对已经发现的工程病害（主要是指变形和变形裂缝），应该尽快采取必要措施，需要加强的一定要加强。特别是清水河、楚玛尔河、北麓河高平原和鸟丽、沱沱河盆地等一些变形裂缝发育地段，没有把握的要及早采取以桥代路通过。靠河流弯道部分为确保冻土不受水流侧向热浸蚀而影响路基稳定，必须采取切实可靠的措施加以解决。对布强格至安多冻土地段要组织全面复核。保证工程措施一次到位，不留隐患。

2. 要狠抓冻土科研攻关

依靠科技是我们建设青藏铁路建设方针的重要内容。组织开展冻土科研工作，是"高起点、高质量、高标准"建设世界一流高原铁路的重大举措，各参建单位必须高度重视，切实抓好。去年底，我们对冻土工程试验段初步科研成果进行了鉴定总结。当时结论是，试验的各种措施对冻土都是有效的，可以使冻土路基人为上限大幅度上升，路基稳定性有效加强。而今年初的观测资料表明，有些路基沉降量较大，阴阳坡面的差异沉降突现。这就不得不深思，对去年底的那个结论如何评价，我们是否过于乐观了？

今年要继续加强布强格以北冻土试验研究工作，积极开展安多冻土试验段研究。要抓好冻土科研现场测试工作，确保测试资料的准确可靠。测试资料是评价冻土可靠性的依据，千万不可粗心大意。青藏总指和各有关部门要加强对测试工作的检查力度，完善测试资料的检查和把关，针对测试中存在的问题进行一次全面检查和复核，及时查找问题，加以纠正和改进。当前急需对路基变形较大的几个地点进行钻探取样，核实观测资料和实物试验资料，以便作出科学的判断。要加强阶段性科研成果的转化工作，以科研成果指导施工，规范施工管理。担负科研攻关的单位要深入现场，扎实工作，不断创新，拿出一流研究成果。研究单位不能只观测数据，就事论事，而要围绕路基稳固、可靠，列车能够运行100公里/小时的奋斗目标，认真研究路基总沉降量应控制在多大范围之内，路基阴阳坡的不均匀沉降限值应当是多少。总指和设计单位要精心组织协调，科研单位要切实加强力量，施工单位要密切配合，确保试验研究顺利进行。

要做好对新立项冻土课题的研究工作。针对冻土试验工程中出现的新问题，有关部门在今年安排了"多年冻土路基的调查监测与整治措施研究"、"多年冻土区铁路轨道平顺性监测及养护维修技术研究"、"多年冻土路基人为上限特点及对工程稳定性影响"等课题，对于依靠科技攻克高原冻土难题，建设世界一流高原铁路有着重要意义。希望各有关方面加强管理，创造有利条件，进行联合攻关，确保课题研究快出成果，早见成效。

3. 要加强施工工艺创新

鉴于冻土有其特殊的规律性，因此施工工艺必须有所创新，使之符合冻土特性的要求。有的施工单位通过工程实践总结出了一些冻土工程的施工工艺，青藏总指要抓紧组织评审，尽快推广。

开工以来，各施工单位都成立了质量管理机构，建立了质量管理制度，制定了质量创优规划。总的来看，施工质量始终处于受控状态。但是，从质量监督站工作报告反映的问题和现场的实际情况可以看出，不少单位落实不够，存在很多薄弱环节。突出的是思想认识不到位，工程措施不落实。一是在路基工程中，一些单位把冻土工程当成普通工程干，没有冻土概念，没有体现冻土工程的特殊工艺要求。有的单位没做防排水工程就进行路堤填筑和路堑开挖，有的路段填料不合格，含腐植土、冻土块、大块石或含水量超标。有的填土高度、碾压设备等不符合要求。倾填片石也有粒径超标和含风化石等现象。二是在桥隧工程中，有的骨料级配不合理，添加剂投量不准确，混凝土产生离析现象，灌注混凝土温度控制不够，混凝土表面气泡较多。隧道光爆效果欠佳，防水板搭接不好。三是在铺架工程中，主要是道砟质量存在问题较多。各单位要大力推广新技术、新工艺、新设备、新材料，积极开展 QC 小组活动，创造性地编制适于高原冻土的新工法。要严格施工管理，接到设计文件，要消化，要核对，先优化后施工，先试验后铺开，开展标准化作业。要完善检测手段，配齐试验设备，配强试验人员，搞好质量自检自控，严格工序质量控制，把好每一道工序、每一个单项工程的质量关，认真落实冻土工程措施要求，施工质量达到一流标准。

4. 要强化工程质量监控

青藏铁路公司和青藏总指要认真落实《青藏铁路建设优质样板工程评选办法》、《青藏铁路施工、监理单位质量信誉评价管理办法》，规范建设管理，提高建设水平。为加大规范建设管理的工作力度，今年青藏总指要从施工图现场优化核对、施工过程质量控制、现场实物工程质量和内业资料等四个方面，分别对施工和监理单位进行信誉评价。要深入开展工程创优活动，组织质量评比和工程观摩，树立典型，交流经验。

要完善监理制度，强化监理工作。总指监理部要针对有效施工期短的特点，狠抓各项质量监督制度的落实，坚持每月进行一次质量检查，根据平时抽查、项目监理站的情况反映、第三方检测结果以及收集到的质量信息，实行跟踪检查，及时发现问题、解决问题，确保不留隐患。监理单位要严格控制工序质量，上道工序不合格不准转入下道工序施工，把住工序质量关，尤其是隐蔽工程更要严格控制。要坚持关键部位和关键工序旁站监理制，特别要加强桥涵桩基和隧道防水保温层施工等隐蔽工程的旁站监理，实行监理工程师签证制度。要高度重视耐久混凝土质量监督，对出现质量问题的工程或不符合施工规范和验标的质量行为，要果断地责成施工单位限期整改。

二 增强环保意识，保护生态环境

青藏高原特殊的地理环境和气候条件，使得青藏高原生态环境系统非常脆弱。搞好沿线生态环境保护，是青藏铁路建设的重要内容，是建设世界一流高原铁路题中应有之义，也是国内外关注的热点问题。党中央、国务院领导对青藏铁路建设的环境保护工作多次作出重要指示，要求我们十分爱惜青海、西藏的生态环境，十分爱护青海、西藏的一草一木，精心保护我们祖国的每一寸绿地。青藏铁路开工建设两年来，我们按照环境保护法、水土保持法、野生动物保护法等法律法规及全国生态环境建设《规划》和《纲要》的要求，做了大量工作，形成了全员、全过程重现环保工作的良好氛围，使青藏铁路环境保护工作受到青藏两省区各族人民一致好评，得到国家有关部门的充分肯定。但我们也要清醒地看到，青藏铁路环境保护工作还有很大差距，要做的工作很多。我们必须冷静地认真检查工作中存在的不足，制定更加完善的措施和制度，在攻克高原环保难题方面取得突破，把青藏铁路的环保工作做得更好。

青藏铁路建设环境保护工作的总体目标是：全面贯彻落实环境保护的有关法律法规，坚持"预防为主，保护优先"原则，做到环保设施与主体工程同时设计、同时施工、同时投产使用，确保江河源水质不受污染，多年冻土环境、野生动物生存环境得到保护，防止草地、湿地退化，铁路两侧景观不受破坏，努力建设具有高原特色的生态环保型铁路。今年具体目标是：格尔木至望昆段已完成铺轨路段，环保验收一次达标。望（昆）唐（古拉山）段，临时用地控制在批准范围之内，工程完工后的取（弃）土场、砂石料场和废弃营地全部恢复，野生动物通道功能良好。唐古拉山以南段，临时工程设置进行现场优化，严格控制施工活动范围以及湿地、高原草甸和草原区段破土面积，全面落实环保、水保措施。沱沱河、安多、当雄植草试验基本获得成功。

1. 要加大环境保护宣传教育力度

各单位要开展环保法制教育，普及环保知识，组织学习《西藏的生态建设与环境保护》白皮书，增强全员环保意识。特别是今年新上场的施工队伍要安排足够的时间进行环保教育，进行全员环保知识培训，在沿线设置环保知识宣传牌，分发《青藏铁路建设施工期环境保护管理办法》，使所有上场人员了解环境保护的重要意义、目标任务、规章制度和措施要求。

2. 要下功夫搞好环保设计

要组织设计人员认真检查环保设计中存在的差距和问题，提高对环保设计重要性的认识。对于自己不熟悉的专业，要虚心学习，走出去听取有关方面的意见，同时要提高环保技术水平，做到不遗漏项目，不降低标准，不脱离实际。要始终把沿线自然保护区和长江源生态功能区环境、高原高寒植被和湿地环境、野生动物生活环境、高原冻土环境和沿线自然景观，控制和减轻工程产生的水土流失，防范和避免引发环境地质灾害等作为环境保护设计工作的重点，采取切实可行措施，经得起历史检验。

3. 要在施工过程中全面落实环保措施

在唐古拉山以北路段剩余路基工程施工中，要严格管理施工现场，控制施工影响范围；做好可可西里及长江源保护区和沿线野生动物的保护工作；取（弃）土场、砂石料场完工后要尽快完成支挡防护、场地平整和表土恢复工作；污染治理工程要与站后工程同步施工建成。施工队伍离场前要做好营地和废弃便道的恢复工作；格望段要做成环境保护样板，完善验收标准。

在唐古拉山以南工程施工中，要做好高原草场和湿地环境的保护，重点保护线路临近色林错保护区错那湖的自然环境；施工准备阶段要严格划定施工便道，尽量减少对草场的占用和破坏，妥善选择砂石料场和取（弃）土场，严禁在错那湖畔、山坡采砂取石，营地和便道不得进入错那湖保护区的缓冲区；临时用地施工前要保留表土和地表植被。对附属工程的环保工作也要给予高度重视。

修筑路基的同时，要尽快修建野生动物迁徙通道和农牧区家畜通道，保证野生动物迁徙畅通和家畜转场顺利。

施工营地要妥善处理生活污水，禁止使用含磷洗涤剂；对生活垃圾实行分类收集，对于可降解垃圾做好填埋处理，对于不可降解垃圾应集中运送到高原下城市垃圾场或利用大型取土坑卫生填埋处置。

4. 要加大环境保护监管力度

要认真做好取（弃）土场、砂石料场、营地、便道的优化设计和审批工作。沿线各参建单位要设置宣传标志、标识，并公布环保举报电话。要与地方政府密切配合，定期召开由建设、施工、环保监理，可可西里国家级自然保护区、三江源自然保护区、纳木错自然保护区及环保行政管理监察办公室等单位参加的环保协调会，及时协调、解决施工中的环境保护问题。环保监理要对全线环保工作定期进行检查，及时编写监理月报和季报。要将环境保护工作纳入优质样板工程的评定范围，实行环保一票否决制度。要加大环境保护工作的奖罚力度。对严格执行环保管理规定，切实落实各项环保措施，取得良好环保效果的施工、监理单位，总指要按《青藏铁路建设建功立业劳动竞赛办法》的规定进行加分和奖励；对施工中不重视环保工作的单位，总指要给予处罚。

三　坚持以人为本，搞好卫生保障

青藏铁路穿越青藏高原腹地，环境异常艰苦。沿线气压低，严重缺氧，高寒、干燥、强紫外线辐射，不少地段可饮用水缺乏或水源污染，又处于鼠疫自然疫源地，对建设队伍的健康构成极大威胁。中央领导同志十分关心青藏铁路参建人员的身体健康。铁道部把卫生保障工作摆在重要议事日程，确定了"以人为本，卫生保障先行"的原则。各单位领导高度重视，从讲政治的高度，从实践"三个代表"重要思想的高度，充分认识搞好卫生保障工作的重要意义，采取了一系列切实有力的措施，收到了明显效果，有效保障了参建人员的健康和生命安全。开工两年来，全线未发生一例高原病死亡事故，未发生鼠疫现象，对确保青藏铁路建设的顺利进行和建设队伍的稳定起到了至关重要的作用。

切实搞好高原卫生保障，确保参建人员身体健康和生命安全，对保证青藏铁路建设顺利进行具有决定性意义。卫生保障工作的总体目标是：坚持以人为本、卫生保障先行，建立三级医疗保障体系，加强劳动保护，确保建设队伍不发生高原病死亡事故和鼠疫、"非典"等疫情，努力防范高原职业病的发生。今年具体目标是：建立符合青藏铁路实际情况的预防疫情、疾病机制，重点做好"三防"工作（即高原病预防、鼠疫预防和"非典"预防），实现"三无"目标（即无高原病死亡事故，无鼠疫、无"非典"疫情）。

在预防高原病发生方面要坚持已被实践证明是有效的做法，一是要对全体人员进行体检，坚持阶梯式适应原则，坚持进行工前、工中、工后体检，及时发现身体不合格人员，并安排下山治疗。二是要控制劳动时间和作业强度，坚持巡诊和夜间查铺登记制度，随时掌握参建人员身体健康状况，并对参建人员身体健康状况进行分析，对高原病要做到早发现、早治疗、早后送。三是一旦发现高原病患者，要及时给予有效医治，千方百计确保患者生命安全。四是要为参建人员及时供给氧气，发放抗缺氧、抗疲劳药物，改善职工和民工生活，保证职工、民工吃好、睡好，增强参建人员身体抵抗能力。为把预防高原病工作做得更好，各单位要不断总结提高，大力提倡创新，做好职工健康状况分析，开展高原疾病和高原劳动保护科研攻关，创造高原卫生保障的一流成绩和宝贵经验。

在预防人间鼠疫方面要做的主要工作：一是要对新上场职工、民工加强宣传教育，利用板报、广播、旱獭实物标本等多种形式广泛宣传鼠疫疫情对人体的危害性，做到人人皆知。二是要教育广大参建人员执行"三报"（报告病死鼠、獭，报告疑似病人，报告不明原因的高热病人、急死病人）和"三不"（不私自捕猎疫源动物，不剥食疫源动物，不私自携带疫源动物及其产品出疫源区）制度。三是要对广大参建人员进行鼠防知识培训，做好防鼠灭鼠工作，确保施工人员安全。四是要建好鼠防隔离区，配备足够的防鼠药物和防鼠设备，配备专（兼）职鼠防人员，掌握专业鼠防知识。五是要紧紧依靠青藏两省区政府。主动汇报工作，接受检查监督，积极配合和支持当地政府防疫和鼠防专职人员在疫区开展工作。

四 齐心协力做好预防"非典"工作

部党组对青藏铁路建设预防"非典"工作高度重视，立即进行了部署。在青藏总指的领导下，各单位迅速行动，开展宣传教育，层层落实责任，制定措施预案，全线防"非典"工作已经展开。

目前，非典型肺炎疫情在全国许多省市区蔓延，形势严峻。虽然青藏铁路沿线尚未发现"非典"疫情，但由于青藏铁路、公路、输油管线施工交叉进行，旅游人员往来频繁，交叉接触机会多，如果控防工作稍有不慎，就会在很大程度上存在发生"非典"的危险；青藏高原自然环境恶劣，远离城市大医院，一旦发生"非典"，很难控制疫情蔓延和对患者的及时救治。因此，青藏铁路建设预防"非典"工作任务非常艰巨。各参建单位千万不能掉以轻心，要把预防"非典"作为当前的一项重要政治任务来抓，加强领导，完善机制，预防为主，措施到位，上下一心，众志成城，把疫情防堵在青藏铁路以外，坚决打胜预防"非典"这场硬仗。

一是要切实加强领导。青藏总指和各参建单位指挥长要亲自抓、负总责。要建立逐级负责制，每一个项目、每一个工点都要明确责任人。要建立覆盖全线、快捷准确的信息网络，及时报告疫情控制情况，杜绝漏报、瞒报、迟报、误报。领导同志要坚守岗位，认真负责，凡擅离职守、工作不实、措施不力的，要追究责任，严肃处理。

二是要深入宣传教育。对全体参建人员进行预防"非典"的普及教育，既要消除恐惧心理，又要防止麻痹思想，形成人人参与预防的态势。对医务人员进行专业培训，熟悉预防"非典"的基本知识和应急措施，加强自我保护，确保医务人员不受感染。

三是要切断疫情传播途径。目前，施工队伍已上足，各单位必须严加控制，不得再上队伍。个别急需的工程技术人员，必须在到达格尔木或拉萨经留观后再上工地。近期暂停职工亲属探亲。同时，要在当地政府统一领导下，在格尔木和拉萨搞好交通检疫，严防"非典"输入。

四是要改善职工、民工生活。搞好施工现场和营地卫生，加强宿舍、食堂等重点部位的消毒工作，每天定时给职工和民工量体温。改善居住条件，房内人员不能过多，注意通风、保暖。改善职工和民工伙食，由铁道部和施工单位发放补贴，提高伙食标准，增强参建队伍体质。

五是要进一步完善应急处理预案。要从实际出发，制定切实可行的应对疫情措施。重要的是建立起预防突发疫情的工作机制，一旦发现疫情能快速反应，正确处置。

攻克"三大难题"和预防"非典"是摆在我们面前的十分重要而艰巨的任务。建设一流高原铁路，就是要在青藏铁路建设中体现出一流的工程质量、一流的环境保护和一流的卫生保障。这不仅是一个重要的经济问题，而且是一个严肃的政治问题，事关党和国家的形象，事关中国铁路的形象。我们一定要认清肩负的光荣使命，进一步把思想统一到建设世界一流高原铁路的奋斗目标上来，任何时候都不能有丝毫动摇。总指挥部要对青藏铁路建设负总责，要统筹安排，突出重点，严格管理，狠抓落实。各参建单位要树立大局意识和"一盘棋"思想，必须服从青藏总指的统一领导和统一部署，绝不允许出现各自为政、管理失控的局面。各级领导要在这个关键时刻起到表率带头作用。要切实转变工作作风，坚守岗位，深入基层，深入一线，把主要精力放在攻克"三大难题"和预防"非典"上。对由于作风不实、责任心不强、工作措施不力而造成贻误工期和工作损失的单位和个人，要进行严肃处理。各参建单位要把打好两个战役与广泛、持久地开展建功立业劳动竞赛有机结合起来，大力弘扬新时期火车头精神和"开路先锋"精神，充分发挥党组织的政治核心作用、党支部的战斗堡垒作用和党、团员的先锋模范作用，调动、保护广大建设者在打好两个战役中涌现出来的积极性、主动性和创造性，激励全体参建人员奋战高原，奉献高原，立功高原。

同志们，青藏铁路建设已进入全面攻坚阶段。我们一定要更加紧密地团结在以胡锦涛为总书记的党中央周围，高举邓小平理论伟大旗帜，全面贯彻党的十六大精神，实践"三个代表"，牢记"两个务必"，科学部署，精心组织，齐心协力，顽强奋战，夺取攻克"三大难题"和预防"非典"的双胜利。

（解高潮主编《2003 中国铁路跨越式发展重要文稿》，
中国铁道出版社，2004，第 203～215 页。）

青藏铁路　前赴后继创奇迹

今年 7 月 1 日，青藏铁路 6 周岁了。6 年来，青藏铁路累计运送旅客 5000 多万人次、货物 2 亿多吨，为青藏两省区经济发展保持 10% 以上的年均增速提供了有力保障。虽曾经历"三上两下"命运，但几代中国人砥砺前行，这条路终于傲立于世界屋脊，它的建成通车也成为这 10 年中最让国人难忘的事件之一。

修建于平均海拔 4438.4 米的两千里大动脉，仅耗资 330.9 亿元，不足 2900 万元的单位造价，比当时一些地区四车道高速公路还低。更令人欣慰的是，开通 6 年来，沿线 550 多公里冻土线路质量整体稳定，列车运行时速高达 100 公里，不仅保持了零事故的业绩，还创造了高原冻土铁路时速的世界纪录！

"设计修建青藏铁路，每一分钱都花得很谨慎，每一寸路都修得很精细。"中国铁建铁路第一勘察设计院前总工程师、进藏铁路方案规划和重大技术问题的决策者冉理说，"我们不仅要对自己负责，对社会负责，更要珍惜几代人对青藏铁路付出的心血，珍惜等了半个世纪才迎来的历史机遇。"

60 年来"三次上马"，凝聚几代人艰苦卓绝的努力，一次穿越无人区的探路，让整个工程节约 7.2 亿元。

青藏铁路是新中国成立以来筹备时间最久的一条铁路。冉理回忆，从首次勘察到最终通车，历经了整整 60 年的洗礼，遭遇了三次上马、两次下马的坎坷。

1955 年 10 月，西北设计分局（铁一院前身）的曹汝桢等 3 人，跟随"青藏公路第一功臣"慕生忠将军，乘坐一辆破旧的美式吉普颠簸进藏，揭开了修建铁路的勘察序幕。然而由于国民经济陷入困境，项目不得不于

1961年搁浅。1974年，青藏高原再次迎来科研勘测大军。然而当时的中国，财力尚不充裕，高原医疗保障严重短缺，1978年8月第二次勘测会战奉命全面停止。消息传来，几年来靠黄豆和干菜补充营养、目送战友长眠于高原的铁道兵们泪流满面。那时定测桩已从格尔木打到了那曲，离拉萨不足400公里。

"每省一毛钱，每优化一寸线路，都是设计者前期的大量投入。"冉理回忆，2000年第三次勘测会战启动。当时，铁路翻越唐古拉山垭口有两个方案：老方案与青藏公路并行，需翻越海拔5231米的垭口，但无需探路；新方案要穿越一段137公里的无人区，但海拔可降至5072米，还缩短线路11.2公里。为节约筑路成本，也让旅客乘车时少受罪，铁一院的20多名青壮年冒着生命危险，毅然背着干粮、仪器和帐篷出发了。3天后，当他们面目全非地走出无人区时，并没有想到，就是这一"闯"最终让整个工程节约了7.2亿元。

一条"天路"的铺就，设计者和建设者们都为此付出了太多。冉理至今记得在开工前一个月的一天凌晨，铁一院兰州分院年仅28岁的助理工程师魏军昌因严重的高原反应导致急性肺水肿、脑水肿抢救无效而离世。当时他的妻子正怀有8个月的身孕。离家时，妻子曾问他，生孩子时你能不能回来。小魏抱歉地摇头，妻子又嘱咐他在青藏线寻思着给孩子取个名。谁知这一去竟是永别。

一条高原路，三代铁路人，俯仰天地，无愧于心。冉理常常想起，来自老牌冻土铁路强国俄罗斯的一位专家的感慨："我们也想有这样伟大的工程去创新技术、验证理论，可惜没有你们这一代中国人真是生逢其时。中国的综合国力强大了，给了你们难得的机遇去施展抱负与才华。历史会记住你们。"

虑到50甚至100年间的气候变化与地壳变化，6年间已经受住十几次地震考验，能够有效抵御全球气温升高带来的不利影响。

2005年10月公布的珠穆朗玛峰最新高度为8844.43米，比1975年测量值少了3.7米。全球气候变暖必将导致冻土层退化、变软，通过550公里连续多年冻土区的青藏铁路能经受住考验吗？2010年4月青海玉树发生强烈地震，最高震级7.1级，西藏昌都、那曲均有震感。运营近4年的青藏铁路再一次经受住了考验吗？

答案是肯定的。

"青藏铁路 6 年间已经受住了十几次地震的考验，并且完全能够有效抵御全球气温升高带来的不利影响。"冉理介绍，青藏铁路被誉为世界一流的冻土铁路，就是因为降住了"多年冻土"这只世界公认的"拦路虎"！

本世纪初，全世界有冻土铁路 2 万公里，但由于冻土工程技术不完善，运营效果普遍不理想。冻土就像是冰棍，温度稍高就会变得稀软一团。如果处理不当，铁路就有高病害率，车辆通过时路基会突然下沉，必须限速或停运。俄罗斯后贝加尔铁路的病害率高达 40.5%，加拿大冻土铁路的运行时速仅 50 公里，俄罗斯新贝阿铁路的部分路段则长期限速在 15 公里。

"青藏高原被称作地球第三极，是全球气候变暖的先兆区和放大区，又是我国大陆现今地壳运动最强烈地区，要让青藏铁路成为百年工程、一流工程，需要对冻土进行更精准的分析。"冉理说。

据冉理回忆，从上世纪 90 年代末起，铁一院选取了清水河高温细颗粒冻土地段等 6 个最具代表性的工程试验段，展开新一轮勘察。"勘察结果显示，青藏高原多年冻土已处于退化期，设计方案必须考虑到 50 甚至 100 年间的气候变化与地壳变化。"冉理回忆，尽管结论推翻了上世纪 70 年代在风火山试验场得出的"高原冻土处于发育期"的结论，初期也引发了一些专家的质疑，但最终在学界赢得了共识。

新世纪，新研究，新飞跃。我国高原冻土工程技术实现了"三大转变"：充分考虑未来安全和综合因素，对冻土环境的分析，由静态模式向动态模式转变；对冻土的处理措施，由被动保温模式向主动降温模式转变；对冻土工程的处理，从单一防治向多管齐下转变。这些都得到世界冻土工程界的认可。

如今，青藏铁路通车已 6 年，采用的片石通风路基、热棒技术、通风管路基、片碎石护坡等措施，均能起到"恒温"作用。而在受全球变暖影响的"高危"地段，则采取了造价更高的"以桥代路"的措施，桥桩穿越冻土层而直接打在坚实的底层，最大限度避免冻土的影响。美国冻土专家马克斯曾感叹："青藏铁路证明，中国在冻土筑路技术上，真正走在了世界前头。"

筹备期就引入动植物专家,曾耗资 6 亿元进行高寒植被恢复再造实验,全线草皮移植 80 万平方米,回铺利用 45 万平方米。

"冻土国家实验室试钻的一个十几厘米直径的小洞,十多年后已被风霜侵蚀成一个几平方米的裸砂大坑。"这是青藏铁路规划调研时,高原植被专家反复强调的一个例子,冉理至今都记忆深刻。

青藏铁路全长 1139 公里,以路基宽 8 米计算,如果不加以植被保护,恐怕到今天,青藏铁路虽能平稳运行,但高原上也会撕开一道面积以亿平方米计算的"荒漠疤痕"。

"青藏高原的脆弱生态环境不允许我们犯任何错误。"冉理介绍,青藏铁路筹备期就引入了动植物专家,对环保工作全部、超前考虑,提前部署。"一项建设工程怎么建,还要求教动植物专家,这在国内土木工程领域是前所未有的。"无论是勘测队伍,还是建设队伍,进入青藏铁路建设现场后得到的"一号文件",不是机构设置,也不是生产组织,而是勘测、施工过程中的生态环境保护。每动一锹土都要符合环保规定,甚至连施工便道都严格划定,违者重罚。

"中铁 21 局曾经有一名司机不小心在便道外轧出一道车辙印,其所在项目部被罚 2 万元,司机和部门领导也各被罚 2000 元。"冉理说。

不少人知道青藏铁路特别设置了 33 处野生动物通道,成为我国第一个为野生动物迁徙设置专门通道的建设工程。然而,很多人不知道,青藏铁路还曾耗资 6 亿元进行高寒植被恢复再造实验。施工前,工人先把地面植被划成一个个小块,然后连同熟土剥下,异地移植养护。

施工完毕后,这一块块草皮再被重新铺到施工场地的地表或路基边坡上。据统计,全线草皮移植 80 万平方米,回铺利用 45 万平方米,相当于工人在施工同时,还修建了 175 个绿茵足球场。

"建设者不是高原破坏者,更像是一位位谨慎的美容师。"冉理说,尽管青藏铁路获得国家科技进步特等奖实至名归,但是,也要承认,每代人都有认识的局限性,"地球文明已存在上亿年,而人类文明仅有几千年。无论是对高原生态的理解,还是对冻土工程技术的完善,还需要中国新一代科研人员去继续探索。"

今年 8 月底，61 岁的冉理再上西藏，为了勘察青藏铁路的延长线——拉萨到林芝铁路。"就目前的筹备看，'十二五'期间，拉林铁路肯定能开工。青藏铁路将从拉萨分别延伸到林芝与日喀则，构成西藏铁路的 Y 形主骨架。这两条铁路的建设仍面临各种挑战，我们期待新一代续写雪域天路的新神话。"

（《人民日报》2012 年 9 月 21 日第 1 版　记者陆娅楠）

川藏铁路拉林段有望年内开工建设

川藏铁路总长约 1900 公里，预计投资约 1300 亿元，年货运量达 1000 万吨

日前，记者从自治区领导与铁道部专家组座谈会上获悉，川藏铁路拉萨至林芝段可望年内开工建设。

记者了解到，此次会议确定川藏铁路拉萨至林芝段项目建设力争年内开工建设。川藏铁路总长约 1900 公里，预计投资约 1300 亿元，建设周期 6 年，设计时速为 200 公里，年货运量达 1000 万吨。据介绍，川藏铁路线路为成都——雅安——康定——昌都——林芝——山南——拉萨。其中，拉林铁路属于川藏铁路的一部分，全长 435 公里，拉林段线路确定为拉萨市的堆龙德庆、协荣隧道、贡嘎、扎囊、乃东、桑日、加查、朗县、米林、林芝。林芝至昌都段为 527 公里，经康定、雅安至成都，川藏铁路整个建设周期为 6 年。届时，拉萨到山南不足 1 个小时，到林芝只需 2 个多小时。

建设拉萨至林芝铁路是增强民族团结、维护国家安全的需要，是加快当地经济发展、提高当地群众生活水平的需要，是构建川（滇）全线建设、完善路网布局的需要，是我区各族人民热切盼望的一件大事，对完善我国西部铁路网和西藏综合运输体系，强化网络交通，调整区域能源结构，改善生产、生活方式，保护生态环境，加快经济建设，实现区域可持续发展，维护稳定和巩固边防具有十分重要的意义。

自治区党委常委、自治区常务副主席秦宜智说，川藏铁路是中央为确保西藏跨越式发展和长治久安的需要确定的"十二五"重点项目。中央第五次西藏工作座谈会确定了西藏"十二五"乃至"十三五"时期铁路事业发展的宏伟蓝图，《国务院关于支持西藏经济社会"十二五"项目规划方案》中已将拉萨至林芝铁路列入"十二五"建设规划中。

自治区党委、政府高度重视川藏铁路拉萨至林芝段铁路建设工作。2011年12月7日，自治区党委书记陈全国，自治区党委副书记、自治区主席白玛赤林专程赴京与铁道部领导会谈，就拉萨至林芝段铁路建设等问题达成一致共识。今年全国两会期间，自治区主要领导和铁道部部长盛光祖就拉萨至林芝段铁路项目建设等问题做了进一步沟通，为川藏铁路拉萨至林芝段项目建设明确了方向。此次中央决定提前开工建设川藏铁路拉萨至林芝段，充分体现了党中央、国务院及铁道部等国家部委对西藏各族人民的亲切关怀与厚爱。

据了解，目前，由中铁二院承担的川藏铁路拉萨至林芝段预可行性研究已经多年现场踏勘并反复论证，形成了较为充分的研究论证报告。为加快拉林铁路建设，自治区各级政府成立了支铁领导小组，在拉林铁路建设宣传、征地拆迁、施工协调、后勤保障等方面予以全方位、多方面支持。在铁道部等国家部委的大力帮助下，下一步，自治区将尽早启动川藏铁路康定至林芝段、滇藏铁路香格里拉至波密段等项目的前期工作。

铁道部计划司副司长严贺祥告诉记者，自青藏铁路2006年7月1日通车后，铁道部专家组历经几年时间，目前已敲定成都——雅安——康定——昌都——林芝——山南——拉萨的川藏铁路线路方案，勘查中，专家组成员翻越无数座深山和横断山脉，结合各地情况，沿途考察了经济社会发展情况。勘查中，沿线的藏族群众自发为专家组成员送来热乎乎的酥油茶，主动介绍当地的实际情况，使勘查工作人员深切地感受到西藏各族人民群众对修建川藏铁路的迫切愿望与希冀，深切地感受到川藏铁路带来的经济价值会远远超过青藏铁路。尽管勘查工作耗时长、非常艰辛、非常困难，但西藏各族人民热情深深打动了铁路勘查工作人员，进一步鼓舞了他们的勇气与斗志，使专家组终于成功完成了川藏铁路勘查任务。川藏铁路含 6 公里长的隧道达 12 座，经过专家组多次对沙害、雪害、塌方、滑石等问题的研讨、论证，川藏铁路建设的技术难题已攻克。但外部电网用电量及资金需求量极大，需要独立的外部电网，约需人民币 1300 亿元。拉林铁路的修建将完善和优化西藏铁路网的布局和规划，使西藏的交通迈上一个新的台阶，为西藏东部地区的经济发展注入新的活力。

[《西藏日报》（汉）2012 年 4 月 21 日

第 1 版 记者田志林]

川藏铁路成都至雅安段 8 月开工

截至目前，我省铁路运营和在建里程达 5755 公里，到"十三五"初期，运营和在建里程将达到近 7000 公里。

成绵乐客专年内将开通

记者从 5 月 30 日在成都举行的全省铁路建设推进工作会议了解到，国家已将川藏铁路成都（朝阳湖）至雅安段和成昆铁路扩能改造峨眉至米易段纳入今年开工计划，两个项目预计将分别在 8 月和 12 月开工。

国家同时将川藏铁路雅安至康定（新都桥）段、隆黄铁路叙永至毕节段、川南城际铁路 3 个项目纳入加快前期工作计划安排，力争明年开工建设。去年以来，我省新开工西成客专、成贵铁路、成昆扩能改造成都至峨眉段和米易至攀枝花段等 6 个项目，全省在建铁路项目已达 16 个，在建项目省内里程达 2215 公里，投资近 2700 亿元，投资规模及在建项目数均居全国前列。

按照建设工期计划，我省今年将有成绵乐客专、成都至都江堰彭州支线、兰渝铁路南充至广安支线等项目开通。明年将有成渝客专、巴达铁路等项目开通。

此外，西成客专、成蒲铁路、成昆铁路扩能改造成都至峨眉段、成兰铁路、成贵铁路乐山至贵阳段、成昆铁路扩能改造米易至攀枝花段等项目将分别在 2016~2019 年陆续建成。

截至目前，我省铁路运营和在建里程达 5755 公里，到"十三五"初期，运营和在建里程将达到近 7000 公里。

（《四川日报》2014 年 5 月 31 日第 1 版　记者李欣忆）

拉萨至日喀则铁路今天开通

两地旅行时间缩短至 3 小时

记者 14 日从铁路部门获悉：西藏拉萨至日喀则铁路将于 8 月 15 日开通运营，首趟客车于 8 月 16 日 9 时从拉萨站发出。

作为延伸的"天路"，拉日铁路的开通运营，将完善西藏铁路网结构，改变西藏西南部地区单一依靠公路运输的局面。拉萨到日喀则的旅行时间将由现在公路运输约 6 小时缩短为铁路运输 2 小时 59 分钟。

据青藏铁路公司透露，拉日铁路火车票票价目前仍待定。

拉日铁路全长 251 公里，地处青藏高原西南部、西藏自治区境内，东起青藏铁路终点拉萨站，向南沿拉萨河而下，途经堆龙德庆县、曲水县，折向西溯雅鲁藏布江而上，穿越近 90 公里的雅鲁藏布江峡谷区，经尼木、仁布县后抵达藏西南重镇日喀则，全线设拉萨南、曲水、日喀则等 14 个车站。最高运营时速 120 公里，年货运量 830 万吨以上。

拉日铁路东连青藏铁路与规划中的拉萨至林芝铁路，西接规划中的铁路聂拉木亚东口岸线，是西藏铁路网承东启西的一条重要干线。拉日铁路的开通运营，将对推动西藏经济社会发展，促进国土资源开发，改善沿线各族人民出行条件，增进民族团结具有重要意义。

（《人民日报》2014 年 8 月 15 日第 13 版　记者陆娅楠）

前8月拉林铁路完成投资43亿余元

近日，记者从自治区铁路办获悉，截至今年8月底，拉林铁路全线共完成投资43.66亿元，占年度投资计划60亿元的72.76%。

据介绍，拉林铁路控制性工程桑日至加查段桑珠岭隧道、巴玉隧道、巴玉雅鲁藏布江大桥于2014年12月19日开工建设，全线于2015年6月29日开工建设。

拉林铁路开工建设以来，路地双方积极弘扬"老西藏精神"、"两路"精神和青藏铁路建设精神，借鉴青藏铁路、拉日铁路建设中的好做法，广大参建人员精诚合作，加快推进项目建设，总体进展良好。

拉林铁路全长430公里，新建线路长402公里，单线Ⅰ级国铁，设计时速160公里/小时，规划货运能力1000万吨；全线新建贡嘎、扎囊、泽当、桑日、加查、朗县、米林、朝阳、林芝9个车站及护路联防配套设施，建设工期7年（2014~2021年）。

[《西藏日报》（汉）2016年9月19日第1版　记者李影]

全力破解川藏铁路建设难题

全线运营长度 1838 公里，它的修建难度超过青藏铁路
——全力破解川藏铁路建设难题

2016 年，川藏铁路最艰险的康定（新都桥）至林芝段预可行性研究工作已经展开，与之前开工的拉萨至林芝段和成都至雅安段相比，其难度更上了一个层级。

10 月 14 日，一场针对川藏铁路建设的学术交流会在成都举行，现场座无虚席，会议大厅被挤得满满当当，许多旁听者站着倾听 8 位两院院士的主题发言。

这个中国科协 2016 年度批准资助的高端专题学术交流项目由中国铁道学会等单位主办，中国铁道学会理事长、中国工程院院士孙永福在发言中希望有志于川藏铁路建设的科研单位和科技工作者提前进行科技储备，汇聚全社会的科研力量和优质资源，一起协同创新，将川藏铁路建设成世界一流高海拔山区铁路。

群山阻隔，一路难通，横断山区成为通向"世界屋脊"的一道坎

川藏铁路起于四川省成都市，经雅安、康定，在岗托跨金沙江后进入西藏自治区，经昌都、林芝、山南至终点拉萨市，全线运营长度 1838 公里，它的修建难度超过青藏铁路。

为什么这么难？我们不得不从四川西部、西藏东部的横断山区说起。

还记得那艰险的川藏公路吗？它横穿横断山区，是揭示这一地区地质地貌特点最典型的路。这里是中国最大的峡谷区，山与河是南北向的，路却是东西向的，每一次相遇，都是一次历险。

中国中铁二院工程集团有限公司副总工程师、川藏铁路设计负责人林世金介绍说："川藏铁路同样要面对横断山区这道坎，大渡河等6条大江从北向南并行奔流，把这里切成一道道深深的大峡谷，山岭和谷地的高差超过2500米。"

在横断山区修路，爬上去、降下来是一个必然的节奏，从海拔512米的成都到海拔3650米的拉萨，1838公里的川藏铁路台阶式八起八伏，累计爬升高度超过1.4万米。

面对中国最难山区的铁路，中铁二院总经理朱颖认为，山区铁路选线技术已经从地形地质选线发展到减灾选线阶段，川藏铁路遵循了复杂艰险山区铁路减灾选线的理论和技术。

"在怒江附近大型滑坡地带和鲜水河地震断裂带，我们设计选线时都进行了绕避，另外精心设计了全面的防灾预警监测系统，特别是与中国地震局合作的地震监测预警系统，提高环境风险防范的能力。"林世金说。

"四大挑战"考验工程建设，勘察设计先行者已经迈出了坚实的第一步

2006年7月1日，青藏铁路开通运营，这条天路，攻克了高寒缺氧、多年冻土、生态脆弱三大世界性难题。

如今，川藏铁路面临四大世界级挑战：显著的地形高差、强烈的板块活动、频发的山地灾害、脆弱的生态环境。

长期以来，中铁二院作为川藏铁路勘察设计的先行者，几代人发扬"四不怕"精神，编制了川藏铁路不同区段、不同时期、不同阶段的勘察设计文件和研究报告，启动50余项科研项目，为川藏铁路做好了充分的技术储备。

目前，中铁二院已经基本探明了川藏铁路建设廊道的地质构造和地形、地貌特征，以及重大地质灾害分布情况；探索了卫星光学影像、无人

机测绘技术等现代勘察技术在复杂艰险山区铁路建设中的应用；研究了地震、岩爆、风积沙、泥石路、峡谷风、季节性冻土等特殊地质条件对路基、桥梁、隧道建设的影响；开展了高海拔地区植被复植试验，这些研究成果有效支撑了川藏铁路勘察设计工作的顺利开展，并成功应用于在建工程。

在主题报告中，中国科协副主席、中国铁路总公司总工程师、中国工程院院士何华武特别强调了川藏铁路要深入研究地质灾害对设计选线的影响。他说，线路途经多个差异巨大的地貌单元，以及高地震烈度区、山地灾害频发区等灾害集中区。选线选址需同时解决地形、地质、气候等综合性问题。

开放共享，协同创新，让智慧之光
照亮艰难险阻的天路

这次会议是专门针对如何战胜川藏铁路建设面临的挑战而召开的首次大型学术会议，汇聚了各方聪明才智。大会特邀 14 位专家从不同进度、不同层面围绕川藏铁路建设作主题学术报告，王梦恕、郑皆连、赖远明、杜彦良、崔鹏院士从各自的研究领域分别做了题为《重大工程项目的理念和方法》《川藏铁路适应性桥梁的研究》《寒区道路和隧道热力学特性分析方法》《重大工程服役状态与安全监测》《川藏铁路地质灾害防范》的专题报告。朱颖介绍了复杂艰险山区铁路减灾选线理论与技术；中铁二院副总经理、兼总工程师许佑顶提出了川藏铁路特殊环境地质问题的认识与思考。

与会的专家学者们认为，川藏铁路科技创新应以开放共享的视野，交叉学科之间互相渗透、补充，共同攀登这座科技领域的"珠穆朗玛峰"。中国铁道学会副理事长兼秘书长马福海在总结讲话中表示：中国铁道学会将充分发挥"开放型、枢纽型、平台型"群团组织优势，将会议形成的专家意见和交流成果向中国铁路总公司有关领导及相关管理部门报告，凝聚全路科技工作者智慧，为川藏铁路建设助力！

在大会的总结发言中，中国中铁股份有限公司副总裁、总工程师刘辉对本次学术会议给予极高的评价，他认为，这既是一次川藏铁路及相关复杂艰险山区铁路建设与研究的技术总结与交流会，又是一次谋划长远、共谋创新的动员会，还是一次迫切需要的高水平、内容丰富的学术会。

川藏铁路修建之路是漫长的，未来面对的困难更多，更意想不到，但科学的火把已经点燃，让我们手执它坚定地走下去，让智慧之光照亮前路，再写一段天路传奇。

（《人民铁道》2016 年 10 月 21 日，第 B03 版　记者姜峰）

川藏铁路拉林段第一隧贯通

全线通车后坐动车从重庆到拉萨只需十余小时

4月7日，川藏铁路重要组成部分——拉林铁路（拉萨至林芝）第一座隧道嘎拉山隧道正式贯通。预计今年下半年，拉林铁路将正式铺轨，2021年全线通车。

平均海拔 3600 米

"拉林铁路重难点工程和工期控制性工程——嘎拉山隧道，是川藏、滇藏铁路的重要组成部分。"负责建设的驻渝央企——中铁十一局五公司负责人介绍，隧道全长 4373 米，最大埋深 674 米，平均海拔在 3600 米，施工条件复杂困难。

据介绍，该隧道穿越风积砂层、危岩落石、断层破碎段，所经之处围岩变化频繁、突水涌水严重。针对隧道穿越风积砂层，施工单位积极组织开展技术攻关和专题研究，在全国创新使用水平与竖直高压旋喷桩的施工工艺，有效规避了风积砂自稳性差，隧道开挖极易冒顶坍塌的风险，还节约了成本。

从重庆坐动车到拉萨仅十余小时

拉萨和林芝是重庆市民去西藏旅游重要目的地。目前，重庆市民坐火车的话，走青藏线要 40 多个小时。而在建的川藏铁路，则是重庆市民坐火车到拉萨最近的线路。

川藏铁路被称作"最难建的铁路",从上世纪 50 年代开始勘察,2014 年才开建,线路台阶式八起八伏,累计爬升高度超过 1400 米。

川藏铁路起于四川成都,经蒲江、雅安、康定、理塘、白玉、江达、昌都、八宿县邦达镇、林芝、山南,最终到达西藏拉萨,全长 1600 多公里。重庆市民坐动车到拉萨也只需十多个小时,与青藏铁路相比,大大节约了时间。

构建西藏连接川渝经济圈的快捷通道

据介绍,川藏铁路包括三大路段:成康铁路(成都至康定又包括成雅铁路和雅康铁路)、康林铁路(康定-林芝)、拉林铁路。其中成雅铁路预计 2018 年建成。康林铁路计划 2018 年底动工、2026 年全线通车。

拉林铁路全线基本沿雅鲁藏布江修建,正线全长 403 公里,行车时速 160 公里,全线 90% 以上路段位于海拔 3000 米以上的高原。该线路跨越冈底斯山与念青唐古拉山、喜马拉雅山之间的藏南谷地,16 次跨越雅鲁藏布江。

拉林铁路建成通车后,将会成为继青藏铁路外,西藏又一个对外运输通道的重要路段。它将构建起西藏连接川渝经济圈和长江经济带的大能力快捷通道,对带动沿线经济发展、促进沿线互联互通等具有十分重大的现实意义和深远的历史意义。

(《重庆日报》2018 年 4 月 8 日第 6 版

记者杨永芹、侯利、安永军)

中央财经工作会议 2500 亿元全面
启动川藏铁路规划建设

2018 年 10 月 10 日，中央财经委员会第三次会议召开，研究川藏铁路规划建设等问题。会议指出，要加强项目前期工作，加强建设运营资金保障，高起点高标准高质量推进工程规划建设。

规划建设川藏铁路，是促进民族团结、维护国家统一、巩固边疆稳定的需要，是促进西藏经济社会发展的需要，是贯彻落实党中央治藏方略的重大举措。川藏铁路总长约 1700km，80% 以上将以隧道和桥梁的方式建设，累计爬升高度达 16000 多米，投资约 2500 亿元。

川藏铁路是继青藏铁路之后，第 2 条进藏"天路"。起于四川省成都市，经雅安、甘孜，昌都、林芝等地，最终抵达西藏自治区首府拉萨市，全线运营长度约 1900km，建筑长度约 1800km。据了解，川藏铁路建成后，成都至拉萨的运行时间有望缩短至 13h。目前两地间运行时间在 48h 左右。川藏铁路成雅段位于全线东端，长约 41km，从成蒲铁路朝阳湖站接出，新建名山、雅安 2 个车站，设计时速 160km。该段建成后，将结束雅安没有铁路的现状。2018 年 8 月，川藏铁路成雅段完成铺轨，预计于 11 月底建成通车。

作为川藏铁路的一部分，成蒲铁路全长约 99km，设计时速 200km，在朝阳湖站与川藏铁路连通。目前，线下、线上工程已全部完工，铁路正加紧开展静态验收工作，预计 2018 年 11 月具备开通条件。成蒲铁路开通后，可与成都地铁 4 号线换乘，将构建一个半小时交通圈，每天开行列车不少于 30 对，高峰期 20min/班，结束邛崃、温江、崇州、大邑、蒲江 5 个区县不通火车的历史。

全线目前分为 3 个路段进行推进。第 1 段是成都至雅安段，设计时速

200km，目前已经基本完工；第 2 段是拉萨至林芝段，目前重大节点工程已经取得突破性进展，9 月开始铺轨，8 月 29 日，拉林铁路接触网第 1 杆在林芝至岗嘎区间成功组立，标志着拉林铁路站后四电工程正式开工；第 3 段也就是最困难的雅安至林芝段。关于这一段，川藏铁路的勘察设计单位早在 2016 年就完成了川藏铁路康定（新都桥）至林芝段的预可研。

川藏铁路建设难度极大，8 月 23 日在成都召开的"复杂艰险山区高速铁路修建关键技术"学术研讨会上，中国工程院副院长、中国科协副主席何华武介绍，为克服地形高差，绕避不良地质，川藏铁路出现了众多埋深大于 1000m、长度超过 20km 的超深埋超长隧道。根据目前的方案，还未开工建设的川藏铁路康定到林芝段是全线最难的建设段，隧线占比高达 84%，隧道总长 843km，超过北京到郑州的高铁总里程。目前我国铁路最长隧道为 32km，而这一建设段长度达 30km 以上的特长隧道就有 6 座。

不仅仅是隧道，川藏铁路是公认"最具挑战的铁路工程"，在建设、选址、环保、桥隧等方面都面临巨大挑战。

设计单位前期勘察设计采用了"空、天、地"一体综合勘察，以"减灾选线"理念确定线路走向。在穿越复杂艰险山区铁路建设领域形成的高墩大跨桥梁、复杂环境隧道、路基变形控制及灾害防治、牵引供电系统和监测预警等科研成果，也将运用于川藏铁路。

从四川盆地到青藏高原，川藏铁路依次经过四川盆地、川西高山峡谷区、川西高山原区、藏东南横断山区、藏南谷底区等 5 个地貌单元。线路经过区域山高谷深，地形条件极其复杂。

修建川藏铁路首先需要克服的是巨大的高差。用设计者的话来说，"八起八伏，80% 以上将以隧道和桥梁的方式建设，累计爬升高度达 1.6 万多米，相当于征服了 2 座珠穆朗玛峰的高度"。

除了高差，川藏铁路的特长隧道群也是一大难题。川藏铁路全线隧道总长达 1400km，占线路总长的 80% 以上，其中雅安至新都桥段 200 多千米线路，隧道总长加一起就有 200km。二郎山隧道采用双线隧道还是双洞隧道仍在研究，工可倾向采用双洞单线隧道。

根据最新消息，川藏线泸定—康定段郭达山隧道长度缩短至 15km，而康定—林芝段可能出现的典型长大隧道有：康定—新都桥段折多山隧道

（38.3km）；理塘—巴塘段海子山隧道（37km）；八宿—波密段伯舒拉岭隧道（53km）；然乌—通麦段易贡隧道（54km）。这 4 条隧道长度均超越国内在建的第一长隧——高黎贡山隧道（34km），且都是单线隧道，都将采用 TBM 进行掘进。折多山隧道将采用 4 台 TBM 掘进机。

（2018 年 10 月 10 日，隧道网，https：//www.tunnelling.cn/
PNews/News Detail.aspx？news Id＝306992018-10-16）

· 滇藏铁路篇 ·

丽江至香格里拉铁路，我国第二条
进藏铁路开建

项目总投资 92 亿元，于 2015 年建成通车

献上圣洁的哈达，跳起欢乐的锅庄，唱出心中最美的歌。昨日的迪庆高原成了欢乐的海洋，来自藏、傈僳、纳西、白、彝等少数民族群众集聚在香格里拉建塘镇货运站站址，庆贺我国第二条进藏铁路——新建丽江至香格里拉铁路建设动员大会召开。从此，一条惠及 23870 平方公里的 29 个乡镇、37.3 万人，其中少数民族人数占 83.56% 的钢铁大道将从这里延伸，连接上正在修建中的大丽铁路，进入西藏自治区。

省委常委、常务副省长罗正富，铁道部原总工程师王麟书，省老领导、省铁路建设督导组组长梁公卿等出席动员大会。

罗正富在动员大会上讲话时指出，丽香铁路穿越的地区既是我省旅游、生物、矿产、水电资源最为丰富、最为独特的区域，也是我国藏族、纳西族、彝族、傈僳族、普米族、白族等少数民族聚居地。丽香铁路的建设，对于改善滇西北地区交通运输状况，优化区域间资源配置，推动旅游、水电、矿产等资源的深度开发，维护藏区稳定，促进滇西北地区经济社会又好又快发展具有十分重要的意义。省直有关部门、沿线地方各级政府要按照"部省合作"的要求，进一步增强主动服务意识，加强协调配合，为丽香铁路建设创造良好的环境；铁路建设、设计、施工和监理单位

要精心组织、科学管理、安全施工，高标准、高质量地推进丽香铁路建设，努力把丽香铁路建成精品工程，向铁道部和省委、省政府及全省各族人民交上一份满意的答卷。

罗正富强调，加快云南铁路建设，是省委、省政府深入贯彻落实科学发展观，应对国际金融危机、扩大内需、拉动当前经济增长及促进全省长远发展的重要举措。全省各级、各部门一定要按照省委、省政府的决策部署，紧紧围绕"八入滇、四出境"的铁路建设总体规划目标，抓住中央扩大内需，高度重视铁路建设的重大机遇。

以丽香铁路建设动员大会为新的契机，立足当前，着眼长远，团结拼搏，乘势而上，进一步掀起我省铁路建设新高潮，力争昆明枢纽扩能工程、昆玉铁路扩能工程、滇池东南环线、广大铁路扩能改造工程、云桂铁路、沪昆客运专线等项目年内开工建设，确保今年铁路建设投资完成80亿元、力争完成100亿元的目标，以更大的气魄，更加坚定的决心，加快推进"八入滇、四出境"铁路建设进程，以优异的成绩迎接新中国建国60周年。

新建设的丽香铁路南起在建的大丽铁路丽江站，向北跨越金沙江，经小中甸至香格里拉，是我国中长期铁路网规划中"西部铁路网"及滇藏铁路的重要组成部分。正线全长约139公里，铁路等级Ⅰ级，正线数目为单线，速度目标值为120公里/小时，最小曲线半径为1200米，到发线有效长度为650米，由电力机车牵引。规划输送能力为客车11对/日，货运253万吨/年。项目总投资92亿元，项目资本金为46亿元，占总投资的50%，其中，铁道部安排铁路建设基金32.2亿元，占资本金的70%，云南省基本建设预算内投资安排13.8亿元，占资本金的30%。其余46亿元利用银行贷款解决。建设工期为6年，将于2015年建成。

（《云南日报》2009年6月11日第1版

记者李犁、李银发、崔仁璘）

泛亚铁路西线广通至大理铁路
扩能改造工程开工

11月29日，广通至大理铁路扩能改造工程正式开工，标志着泛亚铁路西线的重要组成部分——广通至大理铁路二线正式开工建设。

广通至大理铁路扩能改造工程为国家 I 级双线铁路，途经楚雄市和大理市，设计时速 200 公里，线路全长 174.45 公里，全线设 8 个车站，新建桥梁 78 座、隧道 42 座。桥隧总长达 109.88 公里，约占全线总长的 63%。工程概算投资总额为 139.36 亿元，工程预计于 2017 年 5 月完工。

广通至大理铁路扩能改造工程有利于泛亚铁路网的建设和完善，对完善西部地区铁路网、解决当前枢纽瓶颈问题、加强滇西地区铁路网的对外运输能力、构筑滇西地区与内地交流的主通道、改善综合交通运输体系具有重要意义。

按照《中长期铁路网规划》，泛亚铁路分东、中、西三条线路。目前，途经云南省境内昆明市、玉溪市、红河哈尼族彝族自治州的东线玉溪至蒙自铁路已开通试营运，蒙自至河口铁路正在建设之中。中线玉溪至磨憨铁路各项准备工作正在积极有序推进，西线的重要组成部分大理至瑞丽铁路大理至保山段正在加紧建设中。

（《人民铁道》2012 年 12 月 4 日第 A01 版

记者陆华、张雪松、梁席铭）

丽江至香格里拉铁路开建

昨日，国家中长期铁路网规划中"西部铁路网"及滇藏铁路的重要组成部分——丽江至香格里拉铁路在丽江举行开工仪式。

开工仪式前，省长李纪恒听取了昆明铁路局滇西铁路建设指挥部有关丽香铁路建设情况的汇报。他说，这条铁路是我们国家进藏区的第二条铁路，也是一条把党中央、国务院的关怀温暖送到边疆少数民族群众心坎上的"天路"，地方政府和建设施工单位一定要用心、用情、用力地开展工作，优质高效地建好这条铁路，造福边疆各族人民。

副省长丁绍祥在开工仪式上代表省政府致词。他说，丽香铁路承载着云南人很多梦想，希望沿线各级政府积极做好拆迁等工作，把美好期盼变成支持建设的实际行动；希望施工单位安全施工，确保工程安全高效顺利完成；希望建设指挥部做好廉政监察等工作，确保建成优质路、廉政路，给沿途的人民群众带来安康、幸福。

李纪恒宣布丽江至香格里拉铁路建设正式开工。省政府铁路和高速公路建设工作督导组组长梁公卿出席开工仪式。省政府秘书长卯稳国主持开工仪式。

丽江至香格里拉铁路，南起大丽铁路丽江车站，向北跨越金沙江，经小中甸至香格里拉，线路建筑长度 139.66 千米，工程投资 103.72 亿元，建设总工期为 6 年。这条铁路的建设，对于改善滇西北地区交通运输状况，优化区域间资源配置，推动旅游、水电、矿产等资源深度开发，维护藏区和谐稳定，促进滇西北地区经济社会持续健康发展具有十分重要的意义。更为重要的是，这条铁路还将往西北方向延伸，与从拉萨方向过来的铁路交汇连通成为滇藏铁路。这条铁路贯通后，从昆明至香格里拉可以实现夕发朝至。

(《云南日报》2014 年 7 月 23 日第 1 版　记者谭晶纯)

滇藏铁路加快推进前期工作

近日，记者从自治区铁路办获悉，滇藏铁路已纳入国家《中长期铁路网规划》中，今年年初，昌都市政府和云南迪庆州政府共同委托中铁二院开展了规划研究，并提交了《新建滇藏铁路香格里拉至邦达段预可行性研究报告》，6月底委托了中咨公司咨询论证。

据介绍，规划新建的滇藏铁路德钦至邦达段，线路自云南省香格里拉经由云南省德钦入藏，经昌都市芒康县，然后转向北沿玉曲而上，经左贡县向北到达邦达镇，接入规划建设的川藏铁路。规划滇藏铁路为Ⅰ级单线，电力牵引，线路全长约415公里，其中西藏境内约265公里。项目估算总投资436亿元，西藏境内路段预计投资278亿元。目前，自治区铁路办正按照自治区的统一部署，加快推进该项目的各项前期工作，争取尽快具备建设条件，力争在"十四五"期间开工建设。

[《西藏日报》（汉）2016年9月24日第001版　记者李影]

沪昆高铁新晃西至贵阳北段开通运营

7月1日铁路新图实施后，将开行贵阳至北京、上海、福州、济南等城市的 G 字头动车组列车 25 对

今日 11 时 50 分，G3002 次动车组列车从贵阳北站始发，从高楼林立的贵阳市"飞"出，跨桥穿隧，15 时 08 分抵达长沙南站。这标志着上海至昆明高速铁路新晃西至贵阳北段正式开通运营。

沪昆高铁新晃西至贵阳北段全长 286 公里，全线设铜仁南、三穗、凯里南、贵定北、贵阳东、贵阳北 6 个车站，初期运营时速 300 公里。

沪昆高铁新晃西至贵阳北段于 2010 年开工建设，2015 年 4 月开始联调联试；开通运营初期，将安排开行沪昆高铁贵阳北至长沙南本线 G 字头动车组列车 6 对；7 月 1 日铁路新图实施后，将安排开行北京、上海、南京、福州、济南、郑州、武汉等城市到贵阳的 G 字头动车组列车 25 对。

登上 G3002 次动车组列车前，很多旅客是第一次见到 CRH380A 型高速动车组列车，兴奋得拿出手机连连拍照。

"快看，这就是传说中的'子弹头'！""这车好漂亮啊！"

贵阳旅客张文华说，她是这段高铁开通运营最直接的受益者，丈夫在上海打工，儿子在长沙上大学。"这下再也不觉得儿子和丈夫离我远了。"张女士的喜悦之情溢于言表。

列车开出后，一路向东。"很激动，因为高铁列车开到了我们苗寨。"

7号车厢里，来自榕江县苗寨的杨艺洁身着苗族传统服饰，开心地与大家交流着第一次坐动车组列车的感受，"以后可以经常乘高铁列车到苗寨外面的世界看看了，我也希望大家都可以通过高铁来我们寨子，看看我们的苗家文化……"

车厢里，身着苗族传统服饰的乘务员唱起了民歌，旅客们谈论着高铁带来的美好生活，幸福洋溢在大家脸上。沿途秀美壮丽的喀斯特地貌犹如一幅幅风景画，与车厢里的热闹景象相映成趣。

5号车厢，旅行社职员许志立正盘算着把贵州的旅游产品带到湖南乃至更远的地方。在他看来，贵州凉爽的天气和美丽的自然风光对湖南、上海等地的旅客应该很有吸引力："以前外地旅客乘坐火车到贵阳时间长，坐飞机费用比较高，所以贵州的旅游产品一直不温不火。现在有了高铁，我们拓展'疆土'的机会来了！"

15时08分，伴随着一路的欢歌笑语，列车平稳停靠在长沙南站。

对于贵州人民来说，这一刻他们有理由尽情欢呼——高铁路网的四通八达，让来自全国各地的旅客终能享受阔步"黔"行的畅快，也为贵州带来了无限商机和发展空间。

沪昆高铁新晃西至贵阳北段是国家《中长期铁路网规划》"四纵四横"客运专线主骨架中沪昆高铁的重要组成部分。这一铁路开通运营后，不仅将与成贵、渝黔、贵广等铁路共同构成西南地区铁路网主骨架，并通过京广高铁连接全国快速客运网，进一步完善我国中西部铁路网结构，而且将串起以贵阳为中心的城市经济圈和以昆明为中心的滇中城市群，大大缩短沿线城市之间的时空距离，方便沿线群众出行，对促进区域经济社会协调发展，加快推进新型城镇化进程具有重要意义。

（《人民铁道》2015年6月19日第A01版　记者傅洛炜）

南昆客专沪昆高铁云南段今年
计划投资近百亿元

记者从 1 月 7 日召开的 2016 年云桂铁路公司建设工作会议上获悉，今年南昆客专云南段、沪昆高铁云南段正线建设投资目标为 91 亿元，其中南昆客专云南段 69 亿元、沪昆高铁云南段 22 亿元。

2015 年，南昆客专云南段正线全年完成投资 67 亿元，沪昆高铁云南段正线全年完成投资 25.4 亿元。在参建单位的共同努力下，各项工作总体实现预期目标。

截至目前，南昆客专云南段区间路基、桥梁已全部完工，隧道贯通 83 座、开挖 301.2 公里，未贯通隧道 7 座、共计 4.45 公里，无砟轨道完成 171 单线公里，站房工程桩基施工完成 90%，四电工程房屋施工按计划进度有序推进，接触网杆已完成总量的 24%。沪昆高铁云南段区间路基、桥梁、隧道工程已全部完工，无砟轨道完成 200 单线公里，站房工程桩基施工完成 2/3，四电工程 14 处牵变所、分区所和 AT 所已完成 12 处主体房屋，进入设备安装阶段；接触网杆已完成总量的 87%，项目于 2015 年 12 月 25 日进入铺轨阶段。

（《人民铁道》2016 年 1 月 15 日 A01 版

记者郭薇娜、杨紫轩）

沪昆高铁实现全线轨通

沪昆高铁实现全线轨通
线路全长 2266 公里，途经上海、杭州、南昌、
长沙、贵阳、昆明 6 座省会城市及直辖市

6月16日，随着中国中铁五局集团的牵引机车将最后一段500米长钢轨顺利地铺设在沪昆高铁贵阳枢纽工程段圣泉特大桥上，历时8年分段建设、分段开通运营的沪昆高铁实现全线轨通，为全线开通运营奠定了坚实的基础。

作为沪昆高铁长沙至昆明段重要组成部分，沪昆高铁贵州段东起贵州省铜仁市玉屏县，向西经凯里、贵阳、安顺等地区，从盘县进入云南，全长559.5公里，是世界上跨度最大、地质结构最复杂的高速铁路。其中，沪昆高铁新晃西至贵阳北段已于2015年6月18日开通运营。目前，在建的贵州西段全线共设贵安站、平坝南站、安顺西站、关岭站、普安站和盘县站6个站。

自去年10月以来，担负长轨铺设任务的建设者们克服贵州地形复杂、雨多雾浓、桥隧密集、线路长坡道大等诸多困难，用单套铺轨设备、采取东西方向和左右两线交替灵活的施工方式，以单班日铺6公里的施工进度循环稳步向前推进。今年6月16日，沪昆高铁引入贵阳枢纽工程段48.6公里铺轨任务完成，胜利实现了沪昆高铁全线轨通工期目标。

沪昆高铁是我国《中长期铁路网规划》中规划的快速客运通道之一，由沪杭客运专线、杭长客运专线以及长昆客运专线组成，途经上海、杭

州、南昌、长沙、贵阳、昆明 6 座省会城市及直辖市，线路全长 2266 公里，设计时速 350 公里，是中国东西向线路里程最长、经过省份最多的高速铁路。开通运营后，从上海到昆明列车运行时间将由原来的 20 多个小时缩短到 8 小时左右。

（《人民铁道》2016 年 6 月 22 日第 A01 版

记者唐克军、袁蓉生、蒋方槐）

成贵高铁开工，全省铁路建设
大会战正式启动

成都至贵阳高速铁路开工建设，至此，计划今年开工建设的成都至贵阳铁路、铜仁至玉屏铁路、小碧经清镇至白云铁路、贵安站已实现全部动工。"三线一站"的开工建设，标志着全省铁路建设大会战正式启动。

未来5年时间，我省将按照西南地区重要陆路交通枢纽的定位，建成通江达海出省铁路大通道，形成现代化铁路网络，为贵州与全国同步全面建成小康社会提供能力强大的铁路交通运输保障。

今年开工的"三线一站"中，成贵铁路是我国西北、西南至华南的区际快速铁路新通道，全长515公里，总投资646亿元，设计时速250公里，其中贵州境内177公里，计划2018年建成，届时贵阳至成都铁路旅行时间将由现在的12小时左右缩短至3小时，贵阳的枢纽地位将得到进一步强化；铜玉铁路是实现武陵山连片特困地区与省会贵阳快速连接的高速铁路，全长约48公里，总投资47亿元，计划工期3.5年；小碧经清镇至白云铁路是贵阳铁路枢纽的重要组成部分，全长72公里，总投资71亿元，计划工期3年；贵安站位于贵安新区湖马片区核心地带，是集交通、商贸、办公、酒店等多种功能于一体的综合交通枢纽站，按4台8线规划设计，站房面积约2万平方米，总投资约5.3亿元。对带动贵安新区经济社会发展具有重要意义。

贵州铁路建设大会战期间，将完成铁路建设投资1800亿元以上，新增铁路营业里程2200公里以上。到2015年，全省铁路营业里程达到3000公里以上，其中高速铁路700公里以上。到2017年，形成"1横2纵3射线"铁路网络，到 2020 年全省铁路营业里程确保达到 4200 公里、力争达到 5000 公里以上，其中高速铁路接近 2000 公里。

通过大会战建设，贵州将实现快速融入全国主要经济区 2 至 7 小时经济圈，实现贵阳至昆明、重庆 2 小时内到达，至长沙、成都、南宁 3 小时内到达，至广州、武汉 4 小时内到达，至北京、上海 7 小时内到达；实现贵阳至黔中城市群其他中心城市 1 小时、至其他市州中心城市 2 小时经济圈的目标。

（《贵州日报》2013 年 12 月 27 日第 1 版　记者王璐瑶）

我省第一条城际快铁

——贵开快铁开通运营

贵阳迈入城市快速铁路公共交通新时代
开阳融入贵阳半小时经济圈

5月1日上午8：30分，我省第一条城际快速铁路——贵开铁路开通运营，600多名乘客兴奋地踏上我省第一列省内动车"和谐号"从贵阳驶向开阳，标志着贵阳正式迈入城市快速铁路公共交通新时代，开阳县真正融入贵阳"半小时"经济圈，大贵阳同城化和贵阳市域半小时经济圈正在实现。

贵阳至开阳快速铁路是贵阳市域快速铁路网重要组成部分，是贵州省首条开通的市域城际快铁，自2010年8月16日正式启动建设，全长62.63公里，设计时速为160公里每小时，项目总投资53.26亿元。贵开快铁开行贵阳至开阳一站直达及站停客车，由贵阳始发经百宜站、洛湾三江站、南江站抵达开阳，贵阳北站到开阳站单日开行两趟动车，全程一等座票价24元，二等座票价20元。

据悉，贵阳市域快铁网全部建成开通后，将同贵广、渝黔、成贵、长昆等快速铁路有效连接，形成以贵阳为中心，北连成渝经济圈、南连珠三角、北部湾及东南亚、西连东盟地区、东连长三角地区的"米"字形快速铁路网。通过市域快铁与其他铁路干线的有效接驳，将实现贵阳铁路交通"内循环"与"外循环"的衔接，奠定支撑贵阳长远发展的铁路交通格局。随着省内更多快速铁路和贵阳轨道交通渐次建成通车，群众在吃、住、行、游、购、娱等方便将会享受到更多便利、更多选择。

快铁通车后大大拉近了贵阳城区和开阳县的距离，将帮助开阳县真正融入贵阳"半小时"经济圈，对促进人流、物流、资金流、项目流、信息流加快向开阳聚集，铺垫了开阳产业发展的"高速跑道"，推动贵阳城乡一体化具有里程碑式的意义。

（《贵州日报》2015 年 5 月 2 日第 1 版　记者涂林念、陈曦）

贵阳至周边省会城市及全国主要城市实现高铁联通

贵州全面进入全国高速铁路网

1月26日，记者从贵州省铁路建设办公室获悉，渝贵铁路的开通运营，标志着贵阳至周边省会城市及全国主要城市实现高铁联通，贵州全面进入全国高速铁路网。

渝贵铁路北端通过重庆枢纽与兰渝、襄渝、渝利、成渝等铁路接轨，南端通过贵阳枢纽与贵广、沪昆、湘黔等铁路相接，形成高标准、大能力、快速度的"出海"大通道。

高速铁路网越织越密，贵州与全国各地联系更加紧密。具体高铁径路为：南向，贵阳—桂林—广州—深圳、贵阳—桂林—南宁—北海；东向，贵阳—长沙—北京、上海、南昌、杭州、福州、武汉、合肥、南京、济南、郑州、天津、石家庄等地；西向，贵阳—昆明；北向，贵阳—重庆—成都—西安、兰州等地。

"东枕衡湘、西襟滇诏、南屏粤峤、北带巴夔"（注：出自贵阳甲秀楼楹联）——贵州地处中国西南地区，自古以来交通区位优越，是西南地区重要陆路交通枢纽，是国家实施"一带一路"、长江经济带等重大发展战略的重要通道，在我国对外对内开放和区域经济社会发展中具有沟通南北、承东启西的重要地位。

依据国务院2016年7月批准的《中长期铁路网规划》，国家规划的"八纵八横"高速铁路网中的包头—海口、兰州—广州、上海—昆明主通道在贵阳形成交汇。全省铁路网规划至 2030 年规模约 7500 公里，其中高速铁路约 2500 公里。铁路网规划布局形态为"三横四纵五射"，规划目标为：实现贵阳至周边省会城市及全国主要经济区 2 至 7 小时铁路到达，实现"市市通高铁"，贵阳至省内其他市（州）中心城市 1 至 2 小时到达。规划铁路出省通道共 27 个。

根据贵州省政府 2017 年 1 月批复的《贵州省综合交通运输"十三五"发展规划》，"十三五"期间，将陆续建成沪昆、渝贵、成贵、铜玉、安六、贵阳铁路枢纽环线等铁路项目，新开工贵南、盘兴、铜吉等铁路项目，预计完成铁路建设投资 1200 亿元。至 2020 年底，全省铁路里程达到 4000 公里以上，其中，高速铁路超过 1500 公里；形成贵阳至周边省会城市及珠三角、长三角、京津冀、北部湾、滇中等地区重要城市高速铁路联通，基本实现市市通高速铁路，铁路出省通道达到 16 个。

截至"十三五"规划前两年，贵州已完成铁路投资 518 亿元。在"十二五"期建成贵广、沪昆高速铁路贵阳至长沙段等铁路的基础上，相继建成了沪昆高速铁路贵阳至昆明段、渝贵等铁路。全省铁路里程已达到 3550 公里，其中，高速铁路 1214 公里（在全国排第 15 位、西部地区排第 3 位）。

贵州地区开行的动车组约 120 对，铁路出省通道达到 14 个；在建铁路项目有 10 个、约 1070 公里，其中，高速铁路约 870 公里。

今后 3 年，我省预计每年建成一条铁路项目以上，2018 年建成铜仁至玉屏铁路，2019 年建成成都至贵阳、安顺至六盘水、贵阳铁路枢纽小碧至白云联络线等铁路，2020 年建成瓮安至马场坪、叙永至毕节、渝怀铁路增二线等铁路。

（《贵州日报》2018 年 1 月 27 日第 2 版　记者刘小明）

成贵铁路桥梁全部合龙

近日，成贵铁路控制性工程——鸭池河特大桥混凝土主梁成功合龙，标志着成贵铁路全线476座桥梁全部合龙，实现全线桥梁贯通。这是8月2日记者从中国铁路成都局集团公司获悉的。

鸭池河特大桥位于贵州省黔西县境内，横跨乌江天堑，全长971米、主跨436米，是世界上最大跨径中承式钢混结合提篮拱桥，由于跨度大受力复杂，安全风险极大。该特大桥于2014年1月开建。施工过程中，许多工序无经验借鉴、无现有工艺参考，建设者进行了多项科技攻关，研发设计了我国同类型最大规模横移式缆索吊机等。

目前，成贵铁路四川段已完成铺轨。全线计划2019年具备开通条件。开通后，四川经贵阳至粤港澳大湾区的时空距离将大幅缩短，也将结束南向出川铁路通道没有动车的历史。

（《四川日报》2018年8月3日第1版　记者王眉灵）

西部首条城际高铁"成绵乐"铁路开工

建成后乐山、眉山、绵阳和德阳都将
纳入成都"1小时经济圈"

四川"成（都）绵（阳）乐（山）"城际高速铁路暨成都铁路东客站枢纽工程 29 日晚开工。这一西部首条城际高速铁路的修建，未来或将深度改变"成渝经济区"哑铃状经济结构中成都一侧的"经济地理"，促进川西平原区域社会、经济更快融合。

此番开工的成绵乐铁路客运专线（双线）北起江油市，途经绵阳、德阳、成都、眉山、峨眉山，南至乐山市，全长 319 公里，投资估算总额 392 亿元，由铁道部和四川省共同出资建设。列车运行时速 250 公里，单向运输能力 8000 万人/年，建设工期 4 年。

原铁道部领导表示："成绵乐铁路客运专线是串联川西平原城市群的一条现代化铁路运输大动脉，对扩大西南地区的对内对外开放，统筹区域发展，具有战略意义"。

此一城际高铁的建设或将给四川带来重要的积极影响——四年之后，以旅游和现代硅工业等产业见长的川南城市乐山、眉山，以及传统科技、重工强市川北绵阳和德阳，都将被吸纳入成都"1 小时经济圈"。

上述 5 市国土总面积 5.82 万平方公里，人口约 2800 万，密布电子信息、科技、重工、农业深加工和旅游等四川经济"拳头"产业，区域经济总量相当于四川全省万亿 GDP 的 51.4%，是为四川乃至中国中西部最具经济活力区域。

　　建成后的成绵乐铁路，其远景是成为未来川渝地区城际铁路的主轴之一。随后，此一线路通过北延西安、南接贵阳、东连重庆，分别形成出川的北、南、东三大出川通道，使成都至北京、广州、上海的时间均被缩短至 8 小时之内。

　　　　　　　　（《第一财经日报》2008 年 12 月 31 日第 A02 版　记者漆小均）

西南铁路的时代新篇

——来自成绵乐铁路客运专线工地的报告

在举世瞩目的武广高速铁路开通运营的同时，中国西部首条铁路客运专线——成绵乐铁路客运专线（以下简称成绵乐客运专线）建设也传来捷报：2009年7月5日工程开工至2009年12月31日，成绵乐客运专线征地拆迁和图纸供应取得重大突破，2009年投资计划已经全面完成。2009年9月10日，全线首个桥墩墩身浇注成功；9月12日，首孔箱梁开始灌注；9月19日，首块无砟轨道板浇注完成。全线已形成以点带面、以面成线的施工高潮。为了保证今年5月成都至都江堰铁路在汶川大地震两周年前通车运营，成绵乐客运专线建设者们正夜以继日，倒排工期建设成都动车运用所。2009年11月30日，成都动车所检修库最后一榀钢梁吊装完毕，成绵乐客运专线建设形成全面会战态势。

截止到2009年12月31日，成绵乐客运专线参建人员已达21490人，到位机械3500多台（套），进场钻机1387台，6个制梁场、3个轨道板场、29个拌和站全部建成投产，累计生产箱梁130片，无砟轨道板2641块。桥梁、隧道、路基工程全面开工，现已完成桥梁承台1201个，墩身472个。当列车在宝成铁路和成昆铁路运行时，你会发现，雁门山区和岷江冲积平原上，好像一夜之间冒出了许多新工地。成绵乐客运专线的一座座桥墩拔地而起，各种钻机一眼望不到头。占地面积超过成都所有铁路车辆段的动车运用所，已经在成都铁路枢纽成都东编组站旧址现出雏形。2010年，成绵乐客运专线建设者将以令人振奋的建设成绩，早日让西南铁路迎来客运专线建设的新时代，掀开了西南交通发展崭新的历史篇章。

高标准
建设无愧历史的"不朽工程"

　　全长 319 公里的成绵乐客运专线，是中国西部首条铁路客运专线。线路从新建的成都东站向北，经广汉、德阳、绵阳止于江油；向南经成都双流国际机场、眉山、峨眉至乐山。成绵乐客运专线纵贯四川盆地，与计划建设的成渝铁路客运专线连成"T"型，连接起川渝主要城市群，构筑起成都至省内主要城市的半小时交通圈和至重庆的 1 小时交通圈。成绵乐客运专线向北延伸至西安，向南延伸到贵阳之后，乘车从成都北上北京，南下广州，旅行时间都将压缩在 8 小时内，为现在的四分之一。届时，成绵乐客运专线将成为成都通往西北、华北、华南地区的主要客运通道，构筑起成都至贵阳、兰州、昆明、西安的 4 小时交通圈和至京津冀、珠江三角洲、长江三角洲的 8 小时交通圈，成为北京至全国主要省会城市 1 小时至8 小时交通圈、全国中心城市与周边城市 1 小时交通圈的铁路客运专线网的重要组成部分。成绵乐客运专线的建设，使四川盆地迎来全新的有轨交通方式。城市间时空距离大大缩短。成绵乐客运专线带来的"同城化"效应，将给城市化程度越来越高的四川民众，带来一种崭新的生活方式。在德阳、绵阳、乐山居家，在成都上班将成为寻常事。成绵乐客运专线的建设对于西南地区的经济社会发展来说，具有里程碑式的重要意义。

　　铁道部和四川省非常重视成绵乐客运专线的建设。2007 年 4 月 6 日，根据部省协议，铁道部和四川省合资的成绵峨城际铁路有限责任公司（已更名为成绵乐铁路客运专线有限公司，以下简称成绵乐公司）正式揭牌。2008 年 1 月 10 日，铁道部和四川省领导分别代表铁道部和四川省人民政府，共同签署《关于加快四川铁路建设的会议纪要》，成绵乐客运专线建设前期工作得以加快推进。纪要签署 4 个月后，四川发生举世震惊的汶川大地震。成绵乐客运专线的建设增添了灾区重建的历史使命。2008 年 7 月2 日，汶川大地震后一个半月，铁道部和四川省主要领导再次在成都会谈，签署《加快推进四川灾后铁路恢复重建部省会谈纪要》，决定加快推进成绵乐客运专线建设。成都铁路局领导多次陪同部省领导到现场考察调研。

成绵乐公司领导多次前往国家发改委和有关部委汇报，向铁道部和四川省汇报，与沿线政府共同解决征地拆迁、资金等难题。

与西南以往的常速铁路建设相比，成绵乐客运专线最大特点是技术的高标准。作为西部首条铁路客运专线，成绵乐客运专线的列车速度比西南的常速铁路列车提高数倍，铁路各个专业的技术标准都提升到一个新高度。就线路来说，成绵乐客运专线轨面高差不能超过3毫米。在山高谷深、地质灾害频繁的西南地区，要达到这样高的标准，无论是客运专线的建设单位还是设计、施工、监理单位，都必须在建设理念、科技创新和管理上实现革命化的转变。如果不这样，就建设不好西南铁路客运专线的"开篇之作"，就不能为后代留下一流水平的"不朽工程"，就不能对人民交出满意的答卷。

正是因为站在全局和历史的高度审视建设使命，成绵乐公司一开始就在成绵乐客运专线全线强制推行标准化建设管理。公司总经理陈凌说："三流企业出产品，二流企业出技术，一流企业出标准。"要在西南地区建设世界一流的客运专线，必须形成既符合中国实际，又达到世界一流水平的建设管理标准。只有毫厘不差地依照标准开展建设，才能将成绵乐客运专线建成"不朽工程"，西南地区的铁路客运专线建设才有一个完美的开篇和范本。笔者见到，成绵乐公司的建设管理标准化体系已经成书，4大本16开的建设管理标准制度，摞起来竟有40厘米高。该体系一规范了建设工地的人员作业、机械操作、警示标志等一切明细标准。成绵乐客运专线开工伊始，就显得与以往的常速铁路建设迥然不同。在成绵乐客运专线工地，处处可以见到这样的标语："让标准成为习惯，让习惯合乎标准"。与建设者交谈，他们则言必称标准，标准化的理念，已经在成绵乐客运专线深入人心。

讲科学
标准化是建设管理的灵魂

作为西部第一条铁路客运专线，成绵乐客运专线建设的高标准，必然要求建设管理的高标准。科学的建设管理，是成绵乐客运专线建设成功的关键。高水平的标准化建设管理，首先要有高标准的理念。成绵乐公司总经理陈凌说："我们要求在施工的所有阶段都要始终坚持高标准的理念，坚决摈弃陈旧的理念。"按照铁道部提出的质量、安全、工期、投资效益、环境保护、技术创新"六位一体"的铁路建设管理要求，成绵乐公司立足"管理制度标准化、人员配备标准化、现场管理标准化、过程控制标准化"四个环节，建立起覆盖全面、贯穿建设全过程的标准化制度和管理体系。

成绵乐客运专线建设管理的标准化制度体系，具有"横向到点，纵向到边"的特点。横向到点，指的是标准化制度形成体系，覆盖工程建设管理的所有面，贯穿工程建设全过程。纵向到边，指的是标准化一要构成具有目标、责任、分工等基本要素；二要随工程进展完善，不因为工序推进产生规范缺位；三要制度本身具有闭合性，管理结果和整治结果具有实效；四要将权利优化在安全、质量管理最需要的部位；五是制度要符合实际，不能与现实脱节甚至背离现实。"

成绵乐公司从成立至今，已经建立起涉及质量、安全等方面的70项标准化管理制度，并统一起各参建单位的施工标准。西南地区以往的铁路，大都是常速铁路。铁路客运专线，许多人没有见过，更没有修过。有了标准化的建设管理体系，建设者就有章法可循。成绵乐公司作为业主和建设单位，以统一的标准化体系全面、全过程规范成绵乐客运专线的建设，算是抓住了建设管理的"龙头"。

在工程质量上，成绵乐客运专线的建设目标，是建成国内一流、追赶世界前沿的精品工程。要达到这个目标，成绵乐公司的全过程质量控制，必须依靠标准化的制度体系。成绵乐客运专线的建设，体现了优化设计源头、建立控制体系、确定岗位职责、坚持动态追踪、实施闭合管理等要素。标准化的建设管理，涉及到严格兑现合同承诺、完善质量保证体系、严格控制物资采购、组织开展技术攻关、强制实施工艺标准、加强施工过程检查、强化工程质量检验、组织观摩弘扬先进、重视社会监理职能等工作内容。全程实施动态闭合管理，是全过程质量控制的核心。陈凌说："我们要求工程零缺陷，但是受限于客观条件，难以做到所有施工过程准确无误。这就要求通过全过程控制，尽快发现隐患，及时整改，确保最终结果达标。"

　　成绵乐客运专线建设初期，成绵乐公司就着力推行动态的闭合管理。在强化施工组织管理方面，公司全线指导性施工组织管理，选取了先进的指标，做到科学合理、工效先进、弹性适度，并加强了对重点工程和控制工程的节点控制。建设期间，成绵乐公司对现场施工组织实施动态管理，满足合理的工期要求，优化生产要素管理。根据合同约定，成绵乐公司配置了满足生产需要的各种要素，奠定了保证进度和质量要求的物质基础。

　　按照标准化管理的要求，成绵乐公司还建立起奖优罚劣的激励考核机制，形成竞争态势，形成并完善了施工进度均衡推进机制。成绵乐客运专线实行标准化的建设管理，均衡生产是十分重要的环节。先松后紧赶工期，往往埋下安全和质量事故的隐患。严格执行阶段投资计划，形成科学的均衡生产长效机制，是成绵乐客运专线工期管理的亮点。

　　通过标准化的建设管理，实现客运专线建设安全生产，是成绵乐公司建设管理的要务。成绵乐客运专线桥隧总长占线路长度的 52.32%。高桥长隧多，是成绵乐客运专线的一大特点。成绵乐公司建设管理的标准化体系中，特别制定了防高空坠落和坠物伤人、防现浇梁支架垮塌、防掉梁、防起重机和架桥机倾覆的明细规定，确定了跨越既有铁路、公路、江河施工和引入枢纽施工的安全控制重点，并将这些关键的安全要点一一标准化。有标准化的施工规范和标准化的管理检查办法，安全工作才有章法可循，才会进入常态而不是"头痛医头、脚痛医脚"，建设管理才能忙而不乱。在成绵乐客运专线工地，安全监控细化为工前检查、定期检查和日常检查。成绵乐公司根据工程情况适时检查，对可能出现的安全隐患严格追堵，及时整治。公司要求，所有检查记录在案，整治明确时限，处理结论真实详尽。"讲科学"就这样通过标准化的管理，在安全生产上一一落到实处。

　　成绵乐公司还将环境保护置于与工程质量、工程安全同等重要的地位。他们明确了环境保护的建设管理目标，努力建设资源节约型、环境友好型的新型客运专线，让成绵乐客运专线穿行在"天府之国"的青山绿水间。成绵乐公司坚持环保工作与主体工程"同时设计、同时施工、同时验收"，尤其注意从设计的源头上不留隐患，建立起环保责任与主体工程责任同步追究的工作机制。陈凌强调说，在环保问题上，没有退路，更无价钱可讲。

科技创新也是成绵乐公司标准化建设管理的重要方面。陈凌说："常速铁路建设向高速铁路建设的转换，本身就是不断探索，弃旧求新的过程。加快科技创新，是缩短差距弥补欠缺，适应建设标准提高的必由之路。"成绵乐公司将科技创新纳入日常管理，制订了建设全过程的科技创新规划，将基础工程耐久性技术、特大型及特殊结构关键技术、工程建设与运营安全技术等重大科技课题纳入规划。陈凌说："加快科技创新力度，本身也是'以主动意识提高工程质量，加快工程进度，保证安全生产，实现环保目标的重要手段。"从这个意义上说，科技创新并不是为了"创新"而创新，而是铁路客运专线建设尤其是在西南山区建设一流铁路客运专线的必然。成绵乐客运专线工程一开工，就以科学精神，将质量、安全、工期、环保、科技创新纳入标准化管理体系，无疑是一个好的开端。

不懈怠
建设者可敬可佩

铁路要靠人来修建，西部首条铁路客运专线的建设，更是需要大量既有高超的技艺、又有甘于奉献精神的建设者。在成绵乐客运专线建设工地，这样可敬可佩的建设者比比皆是。

成绵乐客运专线 112 座大中桥，占正线长度的 46.9%。可以说，线路基本是以桥梁跨越成都平原和川西北的雁门山区。桥梁的施工，尤其是跨越江河、高速公路、既有铁路和城镇的桥梁施工，很大程度上决定了成绵乐客运专线能否如期建成。制梁场的建设，成为成绵乐客运专线桥梁建设的重要环节。在成绵乐客运专线，几乎所有的梁场，都将原来的稻田软土换填成干燥的建筑渣土，确保梁场的基础不发生沉降。尽管增加了很大的工作量，但成绵乐客运专线所有的梁场，从开工建设到生产出第一片箱梁，都只用了短短一两个月时间。中铁二局集团的建设者，只用 43 天时间就完成新津梁场建设并灌注出全线首孔箱梁，创造出中国铁路客运专线制梁场建设的奇迹。

成绵乐客运专线的建设者，总结了东部地区铁路客运专线建设的经验，在建设成绵乐客运专线时，技艺更趋成熟和规范。笔者在成绵乐客运专线德阳梁场见到，这里不仅场地平整，材料码放整齐，标识清楚，箱梁这个庞然大物的生产更是细致如"绣花"：700吨箱梁的制梁台座，预先进行了1000吨的试压，试压合格才拼装模板。以往灌注预制梁，直接在模板内绑扎钢筋。在成绵乐客运专线，钢筋先要在胎膜上绑扎成型，再由起重机分别吊装到箱梁模板内，连接成整体再灌注混凝土。这样工艺虽然复杂了许多，但是在胎膜上绑扎，钢筋根数和间距被限制得死死的，避免了在模板内绑扎钢筋的随意性，钢筋绑扎质量不再因人而异而是实现标准化。加上规范科学的混凝土灌注和预应力张拉，成绵乐客运专线的箱梁质量就比过去上了一个档次。所有这些标准化的操作，无不凝结了建设者的心血。

　　成绵乐客运专线箱梁的生产如同"绣花"一样细心，无砟轨道的轨道板生产也是如同"绣花"。在黄许制板场，从材料码放到加工绑扎钢筋、浇注混凝土、成型出模养护和产品码放，都严格按照标准操作。混凝土产品生产场所的整洁有序，胜过精密机械加工车间。过去人们心目中铁路工务产品"傻大黑粗"的印象，在成绵乐客运专线被彻底颠覆。这里生产的轨道板，简直看不出是混凝土产品，外表就像金属制品一样平整光滑。工艺要求的洒水养护，在这里严格执行为水池内养护。如此标准规范的轨道板，不仅能保证客运专线列车安全运行，还能保证客运专线在设计年限内，满足高速列车运行的高标准要求。

　　不光是箱型梁和轨道板生产高标准，成绵乐客运专线的桥墩建设水平，也在过去西南常速铁路建设的基础上提升到一个新高度。4公里长的新都特大桥，2009年6月23日施工队伍进场，到2009年12月25日，钻孔桩已经完成80%工程量，墩身完成50%。内实外美的桥墩排列成行，为成都平原增添了新的景观。中铁四局集团成绵乐客运专线工程指挥部有关负责人介绍说，在成绵乐客运专线工地，技术资料和管理制度，都使用建设单位统一的版本。夜间施工、桥梁桩基钢筋笼安装、混凝土拌和、水下混凝土灌注、涵洞和墩台混凝土浇注等关键工作，全部有技术人员监控巡查。"要干就要干好，要争就争一流"——中铁四局集团建设者的口号，处处落实在他们的工程上。

成绵乐客运专线在人口稠密的成都平原，不仅跨越城镇、公路、江河、铁路的隧道和车站，还要下穿双流国际机场的跑道，建设环境异常复杂。针对成绵乐客运专线工艺技术新、质量标准高、标准化管理严的特点，承担 6700 多米双流机场明挖隧道、车站工程的中铁二局集团，严格按照"纵向分段，竖向分层"的原则开挖，坚持开挖一层，边坡喷锚支护一次，确保了质量、安全和进度。在成绵乐客运专线工地，他们不仅树立了隧道施工的样板，还赶在双流国际机场第二跑道开工前，高效率地抢出下穿机场跑道的铁路隧道。到 2009 年年底，他们已经完成隧道工程 1723 成洞米，施工产值超年计划 11.8%。

中铁十七局集团在成绵乐客运专线的工地，大多位于江油、绵阳境内的雁门山区，是汶川大地震的重灾区。标段内特大桥、隧道多，跨既有铁路施工复杂。推行标准化管理，确保既有线安全和工程质量，是客运专线建设的关键。他们建立并完善了四个标准化管理文件，编制了《既有线施工卡控要点手册》和《安全质量卡控要点手册》，印制了客运专线和既有线施工应知应会卡片，着重从工序标准和操作技能上培训作业人员。他们对工程进度、安全、质量进行全过程控制，做到按规范操作，按标准验收，以工作质量保工序质量，以工序质量保工程质量。

在成绵乐客运专线建设工地，有支铁路建设的新军，他们是来自中交第二公路工程局有限公司（以下简称中交二公局）的铁路建设者。中交二公局以"进场快，建家快、开工快"在成绵乐客运专线工地闻名。中交二公局严抓进料环节。去年进场以来，他们进行原材料检验 1106 次，做到了层层有人把关，质量有序可控。在成绵乐客运专线建设工地，无论是文明施工还是环境保护等工作，中交二公局都证明了自己是一支能征善战的铁路客运专线建设新军。

因为要配合今年 5 月成都至都江堰铁路的开通运营，建设成都动车运用所的工期相当紧。动车运用所工地所在的原成都东站编组场，咽喉区改造涉及既有铁路运营，安全的压力也最大。动车所所在的成都东站，曾经是成都铁路枢纽的编组站，通车 58 年来，历经 4 次大的站改和数不清的小站改，地下的电缆和光缆纵横交错，连产权单位都无法确定精确的位置。不弄清这些电缆、光缆的准确位置，绝不能贸然动土，否则不小心碰到哪根电缆或者光缆，出了行车事故谁都担待不起。中铁十四局集团为此挖了10条横向探沟，5条纵向探沟，一条条理出地下的电缆和光缆。就这样，看似不可能理清的一团"陈年乱麻"被建设者理清了。短短两个月，西南最大的铁路动车组检修库拔地而起。2010年春节前，成都动车所将完成所有影响开通的站前、站后工程，联调联试的时间不少于半月，确保今年3月1日动车所开通交验。2010年5月，汶川大地震两周年前，成都至都江堰铁路如期开通运营，将不会因为动车所的建设而拖了后腿。

"要干就干好，要争就争第一"，其实也是成绵乐客运专线全体建设者的心声。不光在成绵乐客运专线，成绵乐公司负责建设的成（都）兰（州）铁路、西（安）成（都）铁路客运专线四川段，在建设者不懈的努力下，前期工作取得突破进展。截止到2009年12月31日，成兰铁路完成地质钻探量的37.8%，西成客运专线完成80.8%。成兰铁路通车后，坐火车从成都到九寨沟只要2小时，到兰州只要4小时；西成铁路客运专线通车后，成都到北京只要8小时，西南地区将永远结束蜀道难的历史。肩负着西南人民厚望的成绵乐公司，正满怀信心，迎难而上完成人民和历史赋予的使命。2010年，成绵乐客运专线正线，除成都东编组站至成都东站至成都南站外，将完成所有的线下工程，全年将完成箱梁架设1814孔，占总量的60%。以成绵乐客运专线建设为龙头，成绵乐公司将带动成兰铁路、西成铁路客运专线全面开工。西南铁路的美好蓝图，即将在建设者手中成为现实。

成绵乐公司总经理陈凌说："建设期间的困难肯定会超过预期，我们需要更加充分的准备和锲而不舍的拼搏精神。铁道部、四川省和成都局的坚强领导，为我们克难制胜提供了可靠的保证。只要全体建设者坚持'高标准、讲科学、不懈怠'的信念，就一定能保证广受期待的铁路建设期到必成！"

（《人民铁道》2010年1月10日第A03版　记者甘林）

西南第一高铁诞生记

12 月 20 日 7 时，中国西南地区铁路建设史上一个值得铭记的时刻——成绵乐城际动车首趟列车开行，西南地区由此进入高铁时代。

从 2005 年省内立项到如今正式建成通车，成绵乐城际高铁客运专线建设历经 10 年，这其中经历了哪些艰难曲折？

立项批复峨眉山站最后"挤"进规划

在成都平原经济区，尽管公路铁路纵横通达，却始终没有一条高速铁路。成绵乐城际动车串起一小时经济圈，四川的高铁梦由此梦圆。

回溯成绵乐客专建设历程，要回到 2005 年。时年，成绵乐城际铁路项目在省内立项。

2007 年，原铁道部和四川兴蜀铁路有限责任公司投资组建公司，负责成绵乐客运专线建设。其中，四川兴蜀铁路公司由成都、绵阳、德阳、乐山、眉山五市政府共同投资组建。

2008 年，成绵乐客专得到国家发展改革委的批复，纳入了全国高铁版图。时年 8 月，成绵乐客专项目建议书正式获批；12 月批复可研报告并召开开工动员大会。此后，原铁道部接连批复了成绵乐客专江油至眉山段初步设计、眉山至乐山段初步设计。

值得一提的是，在 2011 年环保部批复修改方案时，"峨眉山站"挤进了最后方案，成为成绵乐客专新增的车站。该站距峨眉天下名山景区步行仅需 15 分钟左右，将为峨眉山的旅游业注入新活力。

规划设计经过上百次修改没有"范本"

成绵乐客专总体设计负责人、中铁二院土建二院副总工程师张志勤记得，2005 年他和设计团队接到规划设计成绵乐客专的任务时，高铁、城际铁路在全国都还处于起步和研究阶段，"没有范本参考"。

大线路和途经城市是早就定好的，但具体站点的设置和一些具体的路线细节却经过了上百次修改。张志勤介绍，例如，现在的站点青莲，是一个位于绵阳和江油之间的小城镇，距李白故居仅 600 米。做规划时有两个方案，一个是沿宝成线走，二是经过青莲。综合考虑后，最终决定在青莲设站，因为对当地的旅游产业有很大促进作用。

还有一个例子是青神站的设置。当地强烈希望线路通过青神，设计团队综合考虑后，分析了从眉山到乐山之间的两条近路，一是沿既有的成昆铁路经夹江到乐山；二是经青神到乐山。由于夹江已有铁路，比较而言青神对铁路的需求更大，设计团队最后决定在距离青神县 3 公里处设立青神站。

这样的例子很多，成绵乐客专最终方案中，许多站点位置路线细节都经过多次优化，才最终呈现出现在的样子。

建设调试"体检医生"来回试跑检测

"5·12"汶川特大地震后开建的成绵乐客专，修建过程极其艰难。其中尤值一提的是被评为成绵乐客专样板工程的鸭子河双线特大桥。

全长 5054 米的鸭子河双线特大桥是成绵乐客专最长的桥梁，也是全线重点控制工程。施工时宝成铁路还在通车，而长达 116 米的连续梁与既有宝成铁路斜交角度仅有 21°。如何保证既有线行车安全？施工团队提出了一个大胆的设想：设计一个行走轨道，对跨线路段实行封闭式施工。为不影响宝成铁路通行，鸭子河特大桥施工时间选在每天凌晨 1 点半到 2 点半，见缝插针作业，终于在鸭子河上架起了"彩虹"。

今年 6 月，成绵乐客专铺轨完毕，迎来通车前的最后一项大考：联调联试。连续几个月，成都铁路局副总工程师张伟民几乎都泡在检测车上，忙的时候每天要坐检测车跑 5 个来回，从江油到峨眉山一趟 312 公里，一天下来就是 1500 多公里。

铁路总公司也派出"体检医生"和 30 多人组成的专家组，全力护航成绵乐客专的联调联试。

9 月 10 日，成绵乐客专建设正式进入调试阶段。9 月 13 日，黄色车身的和谐号 CRH380 高速综合检测列车抵达峨眉山站。这趟检测车被称为"体检医生"，它实现了高速条件下检测数据实时采集和精确测量，在逐级提速联调联试中，以 160 公里/小时速度级首次试跑，逐级提速，直至联调联试目标值 275 公里/小时，最高跑到了 320 公里/小时。"体检医生"在江油至峨眉山 300 多公里的高铁线上多次往返试跑，挑出"毛病"，再有针对性地进行"消缺"。

（《四川日报》2014 年 12 月 20 日第 5 版

记者李欣忆、李梦媛）

兰渝铁路开工

国务院副总理张德江出席并为工程奠基

今天下午 3 时，兰州市安宁区沙井驿工业园区彩球高悬、锣鼓喧天。由铁道部、甘肃省、四川省和重庆市合资兴建的全长 814 公里，总投资 774 亿元的兰渝铁路在这里举行开工动员大会。

国务院副总理张德江，铁道部副部长卢春房，甘肃省委书记、省人大常委会主任陆浩，省长徐守盛，四川省省长蒋巨峰，重庆市副市长童小平以及设计、建设、施工和监理单位的代表参加了开工动员大会。中国铁建总裁金普庆在主席台就座。

兰渝铁路是"十一五"国家重点工程建设项目，设计标准为"国铁 1 级"，运行速度每小时 160 公里，一次性双线建设，计划工期 6 年，是甘川渝两省一市人民期盼已久的一项脱贫致富工程。该线建成后，重庆至兰州运行时间将从目前的 17.5 小时缩短为 5.5 小时。

兰渝铁路全线共设有桥梁 361 座、隧道 239 座，占线路总长的比例为 73%，其中兰州至广元段的桥隧比例为 86%，在国内已建成或在建铁路中位居前茅。全线隧道总长度为 555.7 公里，其中长度大于 10 公里的特长隧道 8 座。重点控制工程之一的两秦岭隧道全长 28.238 公里，不但是全线最长的隧道，还是目前国内仅次于新关角隧道的第二长隧，将采用国际先进的 TBM 隧道掘进机进行施工。

兰渝铁路在电力、通信、信号等方面采用的多项新技术都是当今国际上最先进的技术,其在复杂地质条件下的一系列科研课题,也代表了当今铁路科技的发展方向。它的设计、修建技术和开通后的运营管理,都将创造世界普速铁路的一流水平。

铁一院从 2005 年正式开始兰渝铁路的勘测设计,最多时投入了 2000 余人的队伍在全线开展会战,今年 8 月 10 日完成全线的初步设计。

兰渝铁路沿线所经地区地形地质条件极其复杂,不但要穿越青藏高原、秦岭山地、四川盆地,还要经过在"5·12"汶川大地震中造成巨大破坏的龙门山断裂带,其中兰州至广元段就要经过 9 条大的断裂带。设计人员在前期规划中就充分考虑了地震可能造成的影响,在线路选择时最大限度地进行绕避,并对经过高地震烈度地区的重点工程实施了严密可靠的抗震设计。6 月 5 日,铁一院组织资深专家,冒着余震不断的危险,历时 8 天,对全线尤其是重点区域进行了一次详细的地震灾后核查,结果表明兰渝铁路成功地避开了地震带。

兰渝铁路是我国西北与西南连接的重要铁路干线,将与陇海、兰新、兰青和川黔、贵广铁路线构成西北、西南与华南地区交流的大通道,对于加强西北与西南地区的联系,促进区域经济协调发展和沿线国土资源开发,完善铁路路网布局,提高运输服务质量等具有重要作用。

奠基仪式结束后,张德江副总理亲切接见了铁一院院长王争鸣,兰渝铁路设计总工程师黄彦彬,二十一局集团董事长、党委书记柴顺林,总经理李宁等建设者代表。

(《中国铁道建筑报》2008 年 9 月 27 日第 1 版

记者张兰忠、高俊、吴广红)

兰渝铁路全线贯通

年内开通运营后重庆到兰州坐火车将由
22 小时缩短至 6.5 小时

6 月 19 日，记者从兰渝铁路有限责任公司获悉，当日上午，随着全线"卡脖子工程"——甘肃胡麻岭隧道成功贯通，连接我国西南和西北最便捷的铁路大通道——兰渝铁路全线贯通。年内该线将全线开通运营，届时重庆坐火车到兰州，全程运行时间缩短至 6.5 小时。这也意味着"渝新欧"国际大通道全线运行时间也将因此缩短至 12 天，节约 1 天时间。

据介绍，兰渝铁路设计为双线电气化铁路，时速 200 公里，电力引擎，自动闭塞，牵引质量为 4000 吨，规划输送能力为客车 50 对/日，货运 5000 万吨/年。

由于地质复杂，兰渝铁路采取分段建设运行：2015 年 1 月，渭沱站至重庆北站区段正式投入运营；2015 年 12 月，重庆至四川广元段正式投入运营；2016 年 6 月，兰州东站至夏官营站区段正式投入运营；2016 年 12 月，甘肃岷县至四川广元区段正式投入运营。

兰渝铁路是连接我国西北与西南最便捷快速的大能力运输通道，是国家"一带一路"倡议以及西部大开发、"渝新欧"大通道的重要组成部分，是连接黄河与长江两大流域和西陇海兰新经济带与川渝经济带的重要纽带。

兰渝铁路建成通车后，欧洲以及我国新疆经兰州到重庆的列车不用再绕行陇海、西康、襄渝铁路，兰州到重庆的运输距离将由现在的 1466 公里，缩短至 820 公里，客车运行时间将由现在的 22 小时缩短至 6.5 小时，运费降低约三分之一，时间缩短约三分之二。这有利于带动沿线地区社会经济发展，加快沿线人民脱贫致富，加强西南、西北联系。

兰渝铁路建成后与现有的渝黔铁路相连接，将形成兰州至重庆至广州的南北铁路大干线，成为与京广线、京沪线并列的三条南北铁路大动脉之一。

特别值得一提的是，兰渝铁路开通后，将为疆煤、疆气入渝、入川提供运力支持，为沿线人民的出行提供重要保障。

（《重庆日报》2017年6月20日第1版　记者杨永芹）

达成铁路改扩建工程本月完工　西南
首条高速铁路即将运营

　　达成铁路改扩建工程将在本月完工，这条铁路将成西南第一条运营的
高速铁路。记者 18 日从成都铁路局获悉：达成铁路拟在 7 月 15 日开行 6
组动车组，车型为和谐号，届时成都至达州将由现在的 7 小时缩短为 3 小
时 30 分。

　　和谐号动车组列车是目前国内最先进的旅客列车，时速可达 200 公里。
列车投入运营后，成渝间列车运行时间大幅缩短，联系西南和沿海的直通
旅客列车运行时间也将缩短，到发时刻和列车班次得到优化，铁路西南通
道货运能力也将得到提高，四川地震灾区重建物资运输将更通畅。6 月 15
日，达成铁路遂（宁）成（都）双线铁路开始开行货物列车。

　　（《四川日报》2009 年 6 月 20 日第 1 版　记者王代林）

开创四川高铁建设新纪元

　　承载着全省人民热切期盼的成都至都江堰高速铁路正式通车了。这是我省第一条建成投运的高速铁路。这条铁路的建成，开创了我省高速铁路建设的新纪元，标志着四川与东部地区同步进入了铁路高速时代。这条铁路的建成，必将大大提升灾区各族群众建设灾后美好新家园的信心，对加快灾后重建步伐产生极大的带动示范作用。我们对成都至都江堰高速铁路正式建成通车表示最热烈的祝贺！

　　当今时代，高速铁路是一个国家和地区现代化的重要标志。打造西部综合交通枢纽，建设西部经济发展高地，是关系四川发展全局的重要战略之举。在省委、省政府的坚强领导下，四川各族人民为加快建设灾后美好新家园、加快建设西部经济发展高地，正抢抓机遇，大抓项目，奋力攻坚，用智慧和汗水描绘了一幅幅壮丽的画卷。成都至都江堰高速铁路的建成通车正是其中最新最美的一笔。

　　成都至都江堰高速铁路是铁道部与四川省战略合作的一个典范工程。作为我省灾后恢复重建实施的第一个重大工程项目，在铁道部的大力支持下，部、省密切协作，项目当年提出、当年立项、当年开工，仅用一年半时间就建成通车，创造了我国铁路建设的奇迹。成都至都江堰高速铁路，是我国铁路建设科研攻关和技术创新的一个平台，创造了我国铁路建设的多个第一：全线采用无砟轨道，这一技术首次在我国中西部铁路建设中运用；犀浦车站同时连接成都地铁2号线，是我国首个市域铁路与地铁无缝对接的车站；实现全国铁路最小半径架梁、最大坡度架梁；在西南地区首次应用的客运服务系统采用集成管理平台，将极大地提升服务能力，减少运营成本……大量技术创新成果的应用，使成都至都江堰高速铁路无可争议地成为比肩当今世界最高水平的市域高速铁路。

成都至都江堰高速铁路是我省灾后恢复重建、持续发展的一项标志性工程。铁路等交通基础设施建设项目，既是重建项目，也是发展项目。代表当今世界最高水平的市域高速铁路在西部地区建成，缩小了我们与东部地区的差距，对推进我省现代化进程、加快经济社会发展具有里程碑意义。成都至都江堰高速铁路的建成，大大缩短了成都市中心城区与卫星城之间的时空距离，将直接激活沿线灾区的人流、物流，形成同城化效应，促进沿线旅游资源开发、产业结构升级、经济布局优化和城镇化进程，其"现代、快速"的示范效应，必将成为灾后重建、持续发展的强大推手。成都至都江堰高速铁路的建成，必将成为促进区域可持续发展的经济大动脉，提升成都市作为西南地区政治、经济、文化中心的地位和形象，进一步巩固我省的西部综合交通枢纽的地位，推进成都统筹城乡综合配套改革试验区建设。

成都至都江堰高速铁路是造福全省人民的一项惠民工程。早在 2000 多年前，李冰父子修建的都江堰工程，造就了水旱从人、不知饥馑的天府之国，泽被世世代代。今天，在中国共产党领导下，我们以豪迈气魄发展高铁，完全依靠自己的技术和力量，以最短的时间高质量建成了成都至都江堰高速铁路。我们有理由相信，这条连接成都市中心城区与都江堰市青城山的客运快速通道，带来的将不仅是更加低碳、便捷、安全的出行方式，更是和谐幸福的生活，必将惠及广大群众、造福子孙后代。

在"5·12"汶川特大地震两周年之际，成都至都江堰高速铁路正式开通，具有特殊而重要的意义。我们要再接再厉，继续加大铁路交通建设力度，尽早建成西部综合交通枢纽，为推进"两个加快"提供坚实的交通保障。

（《四川日报》2010 年 5 月 13 日第 1 版　本报评论员）

沪蓉动车开行，四川从此融入
全国高铁版图

沪蓉动车，千呼万唤始出来。成都铁路局日前宣布，将于 7 月 1 日正式开行成都至上海的动车。

这趟动车经过成都、重庆、武汉、合肥、南京、上海等，横跨东中西部，标志着长江经济带的陆上大通道——沪汉蓉高速铁路全线通车，串联起整个长江经济带的客货动车大通道将正式形成。

长江经济带陆上大通道"动"起来

据成都铁路局相关人士透露，去年 12 月底，渝利铁路的正式通车标志着全长 2078 公里的沪汉蓉高速铁路已全面贯通。由于宜万铁路凉雾至宜昌东段沿线处于喀斯特地貌山区，遍布岩溶、暗河等复杂的地质，开行高速度的动车组列车对路基和隧道的线路要求较高，动车迟迟没有开行。

如今，动车开行已具备条件。成都至上海，最快全程 15 小时可到达，比现行列车节约 5 小时。

开通了动车的成渝、成达、成灌、渝利四条线路，都还没有接入全国高速铁路网。中南财经政法大学教授叶青分析说，此次沪蓉动车的开通，最大特征是穿越了东中西三个区块，对三个区块的经济活动将产生推动作用，形成了缝合效益。这条通道，不仅可以把四川和东中部联系起来，甚至通过转接，可以北至北京，南达广东。四川从此融入了全国的高铁版图。

叶青认为，沪汉蓉高铁将是长江经济带陆上大通道，沪蓉动车的开行，串联起整个长江经济带的客货动车大通道将正式形成。

成绵乐客专年底投运四川动车网络未来更丰富

除了沪蓉动车，四川还将在未来继续加密动车网络。今年年底，成绵乐客运专线将建成投运。明年，成渝高铁将建成投运。成都中铁二院土建二院总工程师葛根荣表示，随着成绵乐客运专线、成渝客运专线建成通车，四川的动车网络将更加丰富。

同时，川藏铁路雅安至康定（新都桥）段、隆黄铁路叙永至毕节段、川南城际铁路等 3 个项目也力争明年开工建设。去年以来，我省新开工西成客专、成贵铁路、成昆扩能改造成都至峨眉段和米易至攀枝花段等 6 个项目，全省在建铁路项目已达 16 个，在建项目省内里程达 2215 公里，投资近 2700 亿元，投资规模及在建项目数均居全国前列。

7月1日起新开动车组 10 对

7 月 1 日，全国列车运行图调整后，成都将新开动车组 10 对，分别是：

成都东至上海虹桥

成都（成都东）至上海虹桥

成都东（成都）至南京南

成都东至杭州东

成都东至汉口

成都东至福州

成都东至南昌西

成都东（成都）至郑州

成都东至利川

成都至武汉

（《四川日报》2014 年 6 月 12 日第 9 版　记者李欣忆）

六方合作，川南城际铁路有限责任公司
成立川南城际铁路预计明年初开工

7月9日，川南城际铁路有限责任公司成立大会在自贡举行。该公司由内江、宜宾、自贡、泸州和省铁投公司、四川路桥公司六方共同出资组建，总注册资本达5亿元，注册地在自贡。公司组建后，将推进包括内自宜、内泸铁路在内的川南城际铁路建设。

省铁投公司建设管理部部长、川南城际铁路公司总经理唐勇介绍，内江至自贡至宜宾线拟定为时速250公里的城际客运专线铁路，共设内江北、椑木东、自贡东、邓关、临港、宜宾东6个车站。内江至泸州线拟定为时速200公里的客货共线铁路，共设内江北、椑木东、隆昌西、泸县、泸州北和泸州西6个车站。

四川路桥公司副总经理刘志刚告诉记者，作为成渝经济区城际铁路网的重要组成部分，川南城际铁路将在内江北站连接成渝客专。自贡市发展改革委副主任、川南城际铁路公司副董事长冯文贵透露，川南城际铁路预计明年初开工。其中，内自宜城际铁路建设总工期为5年，内泸客货共线铁路建设总工期为2.5年。

泸州市发展改革委副主任张毅贤表示，如川南城际铁路通车，泸州经内江连接成渝客专，经宜宾连接成贵铁路、渝昆铁路，形成水陆联运，将助推长江上游航运物流中心的形成。

（《四川日报》2014年7月10日第2版　记者杨国庆）

西成高铁通蜀道，今越秦岭连陕川

—— 西安至成都高速铁路开通运营，初期列车最短运行
时间压缩至 4 小时 07 分，穿越中国地理南北
分界线，再续西部均衡发展新篇章

今天 8 时许，2 列动车组列车分别从西安、成都两地首发。西安至成都高速铁路历经 5 年建设，至此全线贯通投入运营。"难于上青天"的秦蜀古道从今迈进高铁时代。

8 时 46 分，在重峦叠嶂的西安涝峪腹地，满载 1226 名旅客的 D4251 次首发列车登上秦岭主脉，穿越我国第一条纵贯秦岭南北的大秦岭隧道，经过国家连片特困地区秦巴山区，跨越剑门雄关，奔向"天府之都"成都。

秦岭是我国地理上最重要的南北分界线。距大秦岭隧道 100 多公里远的地方为城固县博望镇。这座地处秦岭南麓的美丽小镇，就是古丝绸之路的开辟者张骞的故里。公元前 114 年，张骞病卒后归葬于此。

"当年，我的祖先张骞从汉中出发，经秦蜀古道到长安入仕，最终开辟了'凿空西域'的伟业。"今年 34 岁的张骞 66 代后人张东亮感慨地说，"古代人翻越秦岭要用几个月的时间，而我们这代人坐高铁能在几个小时内自由穿行。"

今天，穿越川陕的铁路正变得越来越快。被誉为"众山之祖"的秦岭，横亘在关中平原和四川盆地之间。先民们曾逢山开道、遇水架桥，在秦岭深处凿出了一条条连通秦蜀的古道，把蜀地精美的丝绸运到长安，再一路西进，铺建了一条联通世界的古丝绸之路。

陕西省文化遗产研究院副院长赵静认为，蜀道更全面的叫法为秦蜀古道，是连秦入蜀的子午道、傥骆道、褒斜道、故道、金牛道、米仓道、荔

枝道 7 条古道的统称。

过去，秦岭"栈道接危峦"；今日，长隧高桥越绝岭。西成高铁自陕西省西安市引出，向南经陕西省安康、汉中市，至四川省广元市、绵阳市，在江油站与绵成乐客专相连，最终抵达成都市，全长 658 公里。其中新建西安北至江油段 506 公里，设西安北、阿房宫、鄠邑、佛坪、洋县西、城固北、汉中、宁强南、朝天、广元、剑门关、青川、江油北、江油等 14 个车站，运营时速 250 公里。该高铁江油至成都段已于 2014 年 12 月 20 日开通运营。

作为首条穿越秦岭南北的高铁，西成高铁形成了 110 公里长的长大密集隧道群，25‰的长大坡道达 45 公里。施工单位通过地下穿越、提高桥梁架设高度、设立鸟类防撞网等措施，最大限度保护大熊猫、金丝猴、朱鹮、羚牛等野生动物栖息地。

崇山峻岭间，动车组列车登秦岭、越巴山，经过高铁沿线的宁强、朝天等国家级贫困县，给当地的贫困百姓带来了新希望。汉中境内的高铁站投用后，至少为 782 名困难群众提供了高铁巡防、保安等岗位。

国强才能路兴，路兴才能民富。在西成高铁开通运营初期，成都至西安的列车最短运行时间压缩至 4 小时 07 分，年底实施新的列车运行图后，两地间最短旅行时间将压缩至 3 小时 27 分，直接降低区域内各种要素的交流、融合成本，改善入川物资运输条件，拉动西部地区经济发展。

陕西省发展和改革委员会副主任徐强讲道："每一次陕西与川渝地区交通方式的革命，都会带来这两个地区深刻的经济、社会、文化、旅游、科技的变化。"

作为国家《中长期铁路网规划》"八纵八横"高速铁路主通道中京昆通道的重要组成部分，西成高铁连接西北、西南地区，在成都与成渝高铁相接，在西安与徐兰、大西高铁连通，使西南与西北、华中、华东、华北地区间形成了一条新的快速通道。全国各地的旅客可快捷到达成都、重庆等地，续写了助推西部省区市均衡发展的新篇章。

（《人民铁道》2017 年 12 月 7 日第 A01 版　记者唐茹、傅洛炜）

西南铁路社会影响

成渝铁路的修筑使西南人民的生活发生了巨大的变化

（一）

修筑成渝铁路的工人们，为纪念中国共产党的生日，日夜加工，于"七一"前铺轨到距重庆一百六十五公里的永川城。七月一日晨，由重庆菜园坝车站开往永川的第一列火车，受到沿路群众的热烈欢迎，仅永川车站就聚集了二万多群众。西南人民是多么兴奋地庆祝这一件喜事啊！

回想在去年六月十五日，重庆各报发表了成渝铁路举行开工典礼消息的时候，许多人曾经抱着怀疑态度。他们认为：修筑成渝铁路，已叫喊了四十多年，从满清封建王朝、北洋军阀、四川军阀、国民党反动政府，那个不在叫唤"筑路"？可是，四川人民四十多年来，看不见一根枕木和钢轨，只看见修路的诺言变成了满天的谎话。人民政府虽与过去的反动政府不同，但在西南解放不到半年，财政极度困难，各地土匪还很猖獗的情况下，那里来的力量，一下就要修筑成渝铁路呢？现在，怀疑的人们都已看清楚了，他们相信，人民政府完全能用自己的力量修好成渝铁路。人民长期的渴望变为现实了。

成渝铁路的修筑，除了工程设计外，首先遇到的困难，就是需要大批的泥工、石工及熟练的技术工人，这从那里去找呢？于是，人民解放军组成了二万二千余人的军工筑路队，担任筑路的主力，起带头示范作用。西南军区副司令员周士第将军在兵工筑路开工典礼大会上，发出响亮的号召："我们把帝国主义、封建主义、官僚资本主义集中表现的国民党反动派蒋介石匪帮的统治推倒了，这是光荣的；现在来修筑铁路，就是新社会的建设，这也是光荣的！"成千成万的指战员请求参加修筑铁路工作。但是，困难仍是很多的：如料具不足，技术生疏等等。第一次放炮开山的时候，不懂得根据山坡的斜度及石质的坚松，打一定深度的炮眼，为了急于求成，炮眼打成四尺深，炸不开，浪费人力物力。没有拿过铁锤的同志，打炮眼时，铁锤不是打在扶铁签的同志的手上，就是打到腿上。参加筑路的军工，都保持着人民解放军一贯的光荣传统，不怕横在面前的任何困难，正确地执行西南军区政治委员邓小平将军克服困难的指示："努力决定一切，技术决定一切，团结决定一切。"不管是酷暑和霾雨，始终保持着饱满的劳动情绪，精心钻研技术与改进技术。炮眼打不准确时，大家互相鼓励着："多打几次就行了。"五中队六班长唐煌为学会打炮眼，酷暑天中午不休息，找块石头在路上练习打。他们请教工程师、石工，开"诸葛亮会"，学习与交流经验，提高技术。把施工命令当成战斗任务一样来完成，一般的都提前完成了任务。军工四总队二支队创造了五十二天完成四个月的任务的成绩，使工程师都不能不衷心感佩。在战场上"攻无不克，战无不胜"的英雄们，在修筑铁路上也表现了同样高贵的品质。

另一支筑路力量是重庆市及西南各地的二万多失业工人，其中有重庆市收容的一千二百名游民乞丐；还有过去的土匪、流氓和旧军官兵。这些人初到工地，还调皮捣蛋，不愿好好地劳动；但经过军工干部的耐心教育，帮助他们学习政治，提高了阶级觉悟；许多染上不良嗜好的人，都改邪归正。一般工作效率从初期只有标准工百分之二十五，提高到百分之一百五十。有许多人已成为筑路功臣。工程大队有成百失业工人学会了铺轨的专门技术，成为铁路局正式职工。更有许多工人在养路训练班学习，在工地各种工作岗位上，逐渐成为骨干分子。

今年，各地动员与组织了十万余民工，在成渝路全线上动工，工程进展很快，土方石方已完成了百分之五十以上。筑路民工在实际劳动中，已锻炼成为一支有组织的有纪律的雄壮的劳动大军。他们在短短的时间里，掌握了筑路技术，涌现出大批积极分子。这充分说明中国人民不仅是勤劳的，而且是聪明有才智的。

（二）

如何保证筑路器材的供应，是一个必须解决的重大问题。在国民党反动政府统治时代，修筑铁路的器材，完全依赖于资本主义国家，甚至一根枕木和一个道钉，也要从外国买来。人民政府采用了"群策群力，就地取材"的方针。这样，成渝铁路的修筑，使四川工商业及人民群众的生活发生了巨大的变化，尤其是带动了工商业的恢复与发展。就重庆来说，由于美帝国主义长期的经济侵略和蒋匪帮退却时的破坏，才解放时，有三分之二的矿厂经常停工，十多万工人没有工做。机器、钢铁等重工业基本陷于停顿。成渝铁路需要的大量机器、工具，复活了重庆的工业。国营经济带动了私营经济，人民政府以加工订货和贷放大批资金的办法，扶植私营工矿业的生产。像渝鑫钢铁厂，自从接受成渝铁路订货后，总厂和十个分厂大部恢复了生产，该厂经理李志亲说："成渝路的修筑救活了工厂的生产力。现在我们不怕没有活做，而是接受了订货怕做不出来，工厂也从过去光吃资本，变为有利可图。"四百二十八家私营机器厂，几乎全部获得订货。铁业中的大型铁铺一百八十五家，也都接受了订货。由于钢铁、机器、铁作三业生产问题的解决，增加了炼铁的需要，推动了四川各地的土铁业的恢复与发展。在抗日战争期间，外铁不能进口，四川土铁工厂曾获得发展的机会，铁厂有二百多家，年产量达三、四万吨。西南各地兵工厂、钢铁厂，都以它作炼钢化铁的原料。抗战胜利后，美国铁源源进口，土铁业几乎全部停炉。为了建设成渝铁路，人民政府大力扶助铁业恢复生产，曾以先付货款的办法，向川北宣汉、万源地区、川南威远地区，川东綦江地区收购土铁数千吨，使上述三区恢复土铁工业近百家。四川水泥工业在解放前半年就停工了，工人每月只领三分之一工资的维持费。由于成渝铁路的订货及各厂矿生产的恢复，该业生产水泥已供不应求，生产量达到最高的纪录。由于工矿业和航运的恢复，煤业，砖瓦，电工器材、化工，五金商业等也随之发展起来，通过成渝铁路的建设投放市场的资金，为数甚大，连带商业也日益繁荣了。

成渝铁路需要大量的枕木，在反动政府时代，这是不可能解决的。但经过西南财政经济委员会召集枕木会议后，结合生产救灾、救济失业工人等工作，有组织地动员成渝沿线数十万群众伐运枕木。广大群众对于修筑人民铁路的热情很高。全线共需要一百零八万五千多根枕木，在九个月中，铁路局已收到各地送来的枕木达八十二万五千根，今年铺轨已用不完了。通过采伐、运输枕木，结合农村的中心工作，发动与教育了农民群众。同时增加了农民的收入，活跃了农村经济，也使人民币深入到乡村中去。如叙水，古蔺等县缺少人民币，老百姓采用以物易物的办法，由于采购枕木，使一定数量人民币和工业品下乡，就初步转变了农村的贸易关系。

成渝铁路对沿线城镇中小工业和商业的发展，有巨大的帮助。开山工程需要大量炸药原料，使永川等地停顿已久的硫磺业复苏起来。各地砖瓦厂、石灰厂也应需要而扩大生产。至于商业，内江一地在三个月前，就有二百五十家商店复业。川南区一九五一年民工获得的工资约有三亿斤大米，其他各项收入为数更多、失业工人大为减少、广大群众生活都有了出路。因筑路直接间接初步改善了生活的群众，仅川南的隆昌，内江等五县即达十五万人，各县石工几乎全部参加筑路工作，铁工、木工制作筑路所需工具、家具。妇女锤道碴石子，每天可得工资三升多米。

（三）

修筑成渝铁路的军工、农民、失业工人共有十余万，他们在一起劳动、生活和学习，好像是一所大规模的训练班。特别是在伟大的抗美援朝与土地改革运动中，他们受到了阶级教育和爱国主义教育，学习了一些文化知识，提高了思想觉悟，密切联系了驻地群众，也教育了群众，变成一支纪律良好，关心群众利益的队伍；他们回到各地农村中，就会成为农民的积极分子或下层干部，这在农村政治建设上也是一个大收获。

另一方面，组织成渝铁路沿线群众参加护路工作，使广大农民参加抗美援朝、土地改革、镇压反革命的高涨热情巩固起来了。由重庆到朱阳溪沿线，就组织了护路队员一万三千一百一十人，其中妇女占一半，并编制了大队、中队、分队、组。在防止坏人破坏、协助抢修坍方工程、保护新植树木及电信设备、警报危险避免机车出事、捕捉反革命分子等方面，都起了很大的作用。他们的口号是："铁路铺轨到那里，群众护路队组织到那里，并订立护路爱国公约。"这样经常性的群众组织，不但对于保护铁路安全有很大的作用，而且对于地方治安，反特务防奸细也有很大的意义。同时通过护路队的组织，经常对群众进行政治的和文化的宣传教育。

（四）

将来成渝铁路通车后，对于四川农村经济的发展，城乡内外物资的交流，以及铁路沿线的经济建设，都有很大的作用。四川一向号称"天府之国"，成都盆地是四川的谷仓，有大量的粮食和丰富农产品，更有著名全国的自贡井盐和内江蔗糖，以及很多的土产品，特产品，药材等。由于没有现代交通设备，运输成本高，不能输出去。成渝铁路将使川西丰富的农产品、土产品、特产品，经长江航运与外地市场密切联系起来，大大增加人民的收入。同时为将来开发西康等地丰富资源创造有利条件，也是西南基本工业建设的起点。

（《人民日报》1951 年 7 月 23 日第 2 版　记者高丽生）

成渝铁路沿线人民的喜悦

　　成渝铁路沿线的农民都说，他们去年遇到了三重喜事。这三重喜事就是：土地改革、农产丰收和火车通到了内江。

　　成渝铁路由重庆到内江，共长二百八十四公里，所经过的地方，都是四川盆地富饶的县份。这一带地区，盛产粮食、甘蔗糖、棉花和其他各种著名的土特产。现在，来往的火车都满载着大批物资。铁路沿线的城镇正在繁荣起来。举例来说，去年内江的甘蔗糖产量，就比前年增加了百分之三十六；隆昌的夏布产量，比前年增加了百分之一百二十。曾停顿了的许多煤矿，都已经开工了。前年，隆昌义大煤矿因存煤堆积如山，几乎遣散了全部工人；现在煤炭由火车廉价运输，生产蒸蒸日上。铁路沿线并已开办了不少新的工厂，如隆昌已经开办了生产炭黑的工厂；内江专区也做出了兴办地方工业的计划，上千的工人正在为新厂开辟地基和建筑房屋而紧张地工作着。

　　永川是成渝铁路最先通车的一座小城，这座小城已因交通便利和去年丰收显得特别繁荣。这里已成了铜梁、大足一带粮产区粮食的集中地，漫长的驮马队把粮食和煤运到车站去，再经过铁路外运。每百吨货物由铁路运到重庆的运价只需六万元左右，比过去用人力运输减低四分之三以上。永川工业品和重庆工业品的地区差价也比以前减低三分之一。去年永川的农民得到的棉布和百货比以前多得多了。这个县也已增加了许多新的工业，以去年十月份和通车前六月份相比，砖瓦业由五户增加到十八户，油房由二十三户增加到三十一户，手工造纸业也增加了五十户。

　　在火车站附近，最近已划成了新市区。市民们在这里购买了地基，准备兴修房屋。永川城的市集也比从前热闹多了。城里的居民为了赶集时来往行人的便利，最近把街道都彻底翻修了一次。农民们说得好："过去修道路只便利了土匪和官兵，现在那里交通便利，那里就繁荣。"永川到泸县的公路也已经在筹划了，农民们并决定自己来包修它。沿着铁路的乡镇，有的也已把小路开拓成大道，现在永川城附近和铁路联系起来的大道已有五、六条了。

农民们对已修成的铁路表示无限关心，沿路每隔一、二公里就有一个护路哨棚，带着红臂章的农民护路队员们，日夜保卫着铁路的安全。地主、恶霸有好几次想破坏铁路，都被农民们事先发现了。各段护路的农民，都记得清自己所管道钉和枕木的数目。永川附近护路的农民，还在道钉上做上了白色的标志，以便晚上查看。

农民们谈起在旧社会喊叫了四十年没有修成的铁路，解放后只修筑一年多就有了这样大的成就，个个都兴高采烈。他们在送给筑路工人的许多锦旗上写着："毛主席来了，火车也来了!""人民政府把我们的幸福的道路修通了!"

（《人民日报》1952 年 1 月 15 日第 1 版　记者李楠、许上遴）

把西南西北和全国连接起来了

贯穿陕、甘、川三省十九个市、县，全长六百六十八点二公里的宝成铁路，经过五年多的紧张施工和整治病害，现在已经成为一条质量优良的铁路正式交付营业了。从此，古称"天府之国"的四川省有了一条同全国铁路网联结起来的铁路干线，蜀道不再难；这条伟大的铁路就把西南西北和全国连接起来了。我们热烈地祝贺这条新的铁路的正式通车，祝贺我国社会主义建设事业中这一新的胜利。

蜀道难，古来多少战将裹足不前，多少诗人望山兴叹，"黄鹤之飞尚不得过，猿猱欲度愁攀缘"。修一条大路，使"蜀道易，易于履平地"，是中国人民世代相袭的愿望。但几千年的时间过去了，峭壁千仞，万山重叠的秦岭依然横断南北，西南、西北没有一条铁路相通。自 1915 年以来，也曾有些中国人和外国人试图修筑一条贯通川陕的铁路，但是一待他们目睹险恶的秦岭，尽皆知难而退。

中国人民并不是这八年中忽然变得神通广大。修筑宝成铁路，对我们说来同样是困难重重的事情。这条铁路，有 80% 的线路在秦岭、大巴、剑门等山岳地区经过。这些山岳地区多是六、七级地震区，地质情况极其复杂，有古代冰川的遗址，有大大小小的断层，有连续的崩坍地带。还有20% 的线路是在丘陵和平原地区。这些丘陵和平原地区雨量大，地下水旺，地层松散，岩层风化破碎，同样给设计和施工造成许多困难。要在这千山万水之间，在这被称为"地质展览会"的包罗万象、极其复杂的地质情况下修筑一条铁路，没有"愚公移山"的精神是必不能成功的。我们共产党人历来是促进派，一切有利于人民、有利于社会主义的事情，纵有千难万难，共产党人也要去促进它。中国人民久已期望修一条从陕西到四川的铁路，西南西北的交通赖此加强，四川人民打下的粮食，种植的各种经济作物、饲养的家畜和埋藏在地下的富饶的矿产，都需要有一条铁路运出来；四川的建设所需要的设备、器材，也需要有一条铁路运进去。山再高，水再深，我们共产党人也要促进这条铁路的诞生。

在党和政府的领导下，在苏联专家的帮助下，在全国人民的支援下，经过五年多的艰苦努力，筑路的工人和工程技术人员终于建成了宝成铁路，在世界铁路建筑史上写下了不多见的奇迹。看一看我们的工人阶级在建设宝成铁路中的壮举吧！他们在六百多公里的铁路上开拓了三百多座隧道，架设了九百多座桥梁，完成了路基土石方工程六千多万立方公尺。平均不到三公里就有一座隧道，每一公里就有一座半桥梁，就要挖土石方十万立方公尺。如果有人怀疑中国工人阶级和中国人民的力量的话，宝成铁路会给他上最好的一课。宝成铁路的建成，又一次证明了在中国共产党领导下的中国工人阶级和中国人民，是一支战无不胜、攻无不克的建设大军，在这样的建设大军面前，高山也要低头，河水也要让路。

我们庆祝宝成铁路全线通车，庆祝我国工人阶级和我国人民战胜了险峻的秦岭。我们已经做了许多前人未曾做到的事情；我们还要做许多前人未曾做过的事情。这就是把我国建设成为一个具有现代工业、现代农业和现代科学文化的社会主义强国。

（《人民日报》1958 年 1 月 2 日第 1 版）

圆"世纪之梦"，还看今朝

——祝贺南昆铁路胜利铺通

我国大西南的出海大通道——南（宁）昆（明）铁路，经过6万多建设者6年多的艰苦奋斗，昨天终于全线铺通。这是我国继60年代修建成昆铁路之后，在艰险山区成功修建的又一条长大干线铁路。它不仅在铁路建设史上占有重要地位，而且对包括云南、贵州、广西、四川南部、广东西部和海南省在内的广大地区以至全国的经济、社会发展，都具有十分重要的意义。

南昆铁路的修建，是党中央、国务院高瞻远瞩作出的一项重大决策，是为人民办的一件大事、一件好事。

大西南是我国腹地最为深广，资源最为富集，潜力最为巨大的地区。全世界已探明矿产140多种，这里有130余种，其中钒、钛、锡储量居世界首位，铅、锌、铝、铜等几十种居全国前列。这里有"江南煤海"之称，已探明储量约100亿吨，远景储量是已探明储量的2.5倍。这里还是我国第二大林区和两大热带作物基地之一。由于历史的原因，特别是由于长时间的交通不便，大西南与东部沿海发达地区相比，经济、社会的发展是明显落后了，我国农村还没有完全解决温饱问题的人口中，有相当大一部分生活在这个地区。

在深化改革和扩大开放过程中，党中央和国务院提出了加快中西部经济发展，确定云南、贵州、广西、四川南部、广东西部和海南省为一个经济区，从而把地域辽阔、资源丰富但无出海口岸的西南内陆，与有绵长海岸、便捷通道和有利于发展外向型加工工业的华南部分地区连成一体。因此，南昆铁路被列为"八五"国家重点建设工程，为大西南地区"雪中送炭"。

修建南昆铁路，也是大西南人民的"世纪之梦"。孙中山先生早在他的《建国方略》中就提出，要修一条与现在的南昆铁路走向相似的铁路。然而，中山先生也指出：西南地方，地皆险峻，非山即谷，工程困难程度是平原铁路的数倍，建筑费用，当为中国各路之冠。南昆铁路的地形地质条件极为复杂，它要从海拔70多米的滨海盆地，爬上海拔2000多米的高原，其间为跨越江河还有8次大的起伏。沿线溶岩、断层、坍塌、滑坡、泥石流、膨胀土、强地震区遍布，铁道部将南昆铁路列为"八五"科技攻关计划，确定了36个科研攻关课题，18个新技术推广项目，得到了党中央、国务院的支持。为了早日修通南昆铁路，数万施工队伍为南昆铁路付出了难以想象的艰辛。广西、贵州、云南三省、区的广大干部和群众因"南昆铁路是中国最大的扶贫项目"而多方支持。由于铁路、地方的积极努力和协同配合，南昆铁路得以提前胜利铺通。

南昆铁路6年来的施工活动，已经给当地群众带来实实在在的好处。小到提供蔬菜、肉食和灰、沙、石料等建筑材料，承做部分小的土石工程，使得一些乡村开始脱贫。大到一些县（市）抓住机遇招商引资、兴办企业，甚至建设经济开发区，培育出了地区经济新的增长点。待到今年年底铁路正式开通运营之时，大西南的外运物资走南昆线出海，陆路可缩短360公里至680公里，到东南亚、中近东和西欧各大港口，比从上海港出发能缩短22%至65%的距离。

国家的富强和人民的幸福，是我们的党和政府不遗余力追求的目标。全心全意为人民服务，就要多为人民办好事、办实事。在"九五"期间和2010年的远景目标规划中，国家将要办的大事、好事还有很多。让我们在以江泽民同志为核心的党中央领导下，继续艰苦奋斗，开拓前进，共同创造社会主义祖国更加美好的前景。

（《人民日报》1997年3月19日第1版　本报评论员）

成昆铁路带来"一米阳光"

——川藏铁路畅想曲之回眸篇

成昆铁路,北起四川省会成都,南至云南省会昆明,全长1100公里。1958年7月动工,1970年7月1日全线通车,前后历时13年。修建隧道427座,架设桥梁653座,桥梁隧道总长400多公里。线路穿越大渡河峡谷国家地质公园,过境我市汉源县仅17公里,却留下了总长12公里的大小11个隧道和汉源(原名乌斯河火车站)、长河坝两个火车站。

成昆铁路大渡河大峡谷段,是全线最险、最艰难、最复杂的一段。其中途经汉源县隧道外短短的5公里就铸就了闻名中外的"一线天"铁路石拱桥、"天下第一柱"和全国唯一的桥隧相连的洞中火车站——关村坝火车站,不仅创造了铁路建筑史上的奇迹,也成为大渡河金口大峡谷景区最引人注目的险中奇观。

一条路在"铁路禁区"中铺就

"当年修路的(铁道兵)大多都不在了!"几经周折,近日,记者终于联系到1970年参与乌斯河火车站铁路护路工作的"元老"——吴清文。他告诉记者,"成昆铁路的建设难度是外人难以想象的。你若坐过这条线路的列车,你会发现,每过十几分钟,窗外有成片整齐的水泥墓碑一闪而过。据统计,这条铁路平均每修一公里就有两三名建设者为之牺牲。"

据了解,限于当时的技术条件和投资状况,修建成昆铁路设计难度之大,工程之艰巨,施工之复杂,前所未有。成昆铁路全线总投资30.75亿元,是当时普通铁路造价的4倍以上。铁路要从高山大河通过,有三分之一的路段在七级以上的地震区,其中有500公里位于裂度7至9度地震区。

264

铁路经四川盆地、横断山脉、云贵高原三个地理单元，沿线号称“地质博物馆”。早在修路之初，一些外国专家断言这里是“铁路禁区”，不能修路。

在困难面前，20余万名铁道兵没有低头，他们夜以继日在当时极为困难的自然和施工条件下奋力拼搏。没有路，他们攀着云梯，悬在绝壁上工作。“惊天动地的大爆炸，巨大的蘑菇云卷着滚滚尘烟，从大渡河峡谷腾入天空。瞬间，飓风似的冲击波横扫万物，莽莽群山滚动着沉闷的爆破声，大地颤抖不已。一座山体向深邃的沟壑倒下去……”2007年12月中旬开拍的大型电视剧《铁血》重现了当时修建成昆铁路的壮观与艰辛。

与此同时，铁道兵们在克服重重艰难的同时，也用智慧创造了多个中国第一，乃至世界第一。据悉，在修建老昌沟沟口著名的“一线天”桥时，按照当时的建设条件，如果全部使用预制混凝土梁，材料运输十分困难，工期也需要花费一年多的时间。建设者们就近取材，架设石拱桥，创造了跨度达54米的中国最大跨度铁路石拱桥的纪录。1966年，他们仅用了99天时间，就在深近300米的峡谷处建设成了单孔空腹式石拱桥，主跨54米，为当时全国铁路石拱桥之最，这也是成昆铁路技术进步的标志性建筑之一。有资料表明，当年建设成昆铁路仅路基土石方就有近1亿立方米，如果将这些土石方垒成5米宽、10米高的城墙，可从成都垒到北京，长达3000公里。成昆铁路全线修建各种桥梁653座，427个隧道，总长341公里。有13项新技术达到当时世界先进水平，31项新技术达到国内先进水平。

虽然中国最长铁路隧道的纪录被不断刷新着，但也许再不会有第二条铁路隧道能像关村坝隧道那样，受到中央领导的特别关注。就在关村坝隧道单口月成洞超过百米时，中共中央为一个隧道的进度专门发来贺电：“西南铁路建设总指挥部转全体官兵、职工同志们：看到指挥部13号简报，说关村坝隧道创造了双口各百米的纪录，并且向双口各150米的目标前进，中央看了之后很高兴。望全体干部和全体兵、工，加倍努力，保质保量，注意安全措施，争取创造新纪录，为加快建成西南三条铁路（注：指同时在建的成昆、贵昆、川黔线）而斗争。”

在1965至1966年间，彭德怀、贺龙、李井泉、吕正操、程子华、郭维城、华罗庚等领导和专家曾先后亲临关村坝隧道视察，都感动得流下了眼泪。

1970 年 7 月 1 日，这条被誉为"禁区上修筑的铁路"全线贯通！如今，成昆铁路象牙雕刻艺术品，同美国阿波罗宇宙飞船带回来的月球岩石、苏联第一颗人造卫星模型作为象征人类征服大自然的三件礼物，代表人类 20 世纪创造的三项伟大杰作，展存于联合国总部。

一个人一生与铁路相连

小时候，他目睹了成昆铁路的修建，放学时，他伴着火车的轰鸣声回家；成年后，他退伍回乡守护起这条熟悉的铁路；如今，他沿着铁路跑货运，盖了新房买了车，走上了致富之路……卜德全——汉源县乌斯河镇苏古村村委会主任的一生都与成昆铁路相连。

"小时候看着修铁路，就觉得新鲜、好玩。经常和大一点的伙伴一起到工地去看热闹，没想到长大了还真和铁路打上了交道。"卜德全告诉记者，1988 年，从部队退伍后，他就加入到乌斯河铁路战区联防队，成了一名联防队员，协助铁路警察维护铁路治安。

在他的印象中，配合公安机关破获的一起杀人案让他记忆犹新。

那是在 1992 年的夏天，夜里 12 点。一名逃票从外地乘火车到乌斯河的年轻女子，没从出站口离站，而是趁着天黑沿着铁路线往外走，正好被当地一绰号叫"马老五"的人碰见。见这名年轻女子逃票心虚，"马老五"对这名女子恐吓威胁，把她带到铁路旁边的排水沟内，欲对其实施强奸。在遭到这名女子奋力反抗后，"马老五"抓住她的头发使劲往排水沟的石壁上猛撞，然后逃之夭夭。

正在执行巡逻任务的卜德全经过此处时，听到了低沉的呼救声。他用手电筒一照。"哎哟，咋有个'血人'在这里！"卜德全立即和闻讯赶来的同事一道，将受伤女子送往医院，并报了案。后因为伤势过重，这名女子没能抢救过来。

由于对火车站沿线的治安情况比较了解，卜德全配合警方很快把目标锁定到"马老五"身上。随后，他和公安民警一道在雨中蹲守了几天几夜，终于将"马老五"缉拿归案，"马老五"对犯罪事实供认不讳。

如今，卜德全和村里不少人一起，跑起了货运。"主要是在矿区和火车站之间运送周围矿山老板的产品和原料。"靠着这条铁路，卜德全家的日子越过越红火，2004 年，他用近 50 万元积蓄修建了 4 层楼的新房。"没有这条铁路，我们的日子不会过得像今天这么好！"卜德全告诉记者，他对成昆铁路有着特别的情愫，已深入到骨子里了，挥之不去，难以割舍。"我想，我只是这里大多数人的一个缩影，我们这里有很多人的命运都与这条铁路息息相关。"

一群人"编外工人"的致富经

"如果没有成昆铁路，我们这里的很多村民也许至今都还吃着玉米、红薯、土豆，而不是像现在这样，可以天天吃白米饭、吃肉、吃蔬菜……"

4 月 10 日，汉源县乌斯河镇苏古村一组组长卜德良道出了他对成昆铁路的感激之情。

"苏古村一组组长"、"苏古村装卸队队长"、"货运业主"，因为他的三重身份，卜德良在村民中很有威望。

据他介绍，当年由于修建成昆铁路时占用了苏古村一组的土地，考虑到村民们的生计问题，经镇上和火车站沟通，1981 年，苏古村装卸队正式成立，卜德良的父亲是第一任队长，老人过世后，卜德良接任队长之职。

苏古村装卸队主要承担成昆铁路汉源站（原乌斯河站）部分进出站物资的装卸任务。"我们装卸的大多是水泥、农药、化肥等小宗物资，大宗物资要使用机械装卸。虽然大家干的都是体力活，很苦，但家家户户都能保证有固定收入，都乐意干。"

作为一个联合形式的企业，从建队到现在，苏古村装卸队的队员都是苏古村一组的村民。组上 30 多户人家，一家出一个劳动力，就像工厂的工人一样准时上下班。

"由于我们主要服务于成昆铁路，很多人都称我们是成昆铁路的'编外工人'！"卜德良说。

据卜德良介绍，自从成立装卸队以来，村民的日子过得一天比一天好。以前，村民们大多都在山上种玉米、种红薯，由于地处大山，收成很少。

这些年来，随着成昆线物资进出量的加大，装卸队的活计越来越多，生意好的时候，一个队员一个月能拿到 1000 多元工资，平均年工资达 5000 至 10000 元。对于偏远山区的村民而言，比起在山上种玉米的收成，这无疑是一笔不菲的收入。

收入多了，村民们的饮食起居得以大大改善，他们的饭桌上从过去单一的玉米饭，变成了几菜几汤。"好日子不仅仅体现在村民们的饭桌上，大家的饮食起居、生活习惯都得到了改变，很多家庭的生活和城里没啥两样。"村民们说。

大多数装卸队员还干起了"第二职业"。苏古村一组有一大半家庭近几年来干起了货运业务，这份"第二职业"的收入比当装卸队员的收入高出很多。

除了干好装卸队的本职工作，作为领头羊的卜德良率先跑起了货运。每天从矿山拉原矿到车间加工，每天要跑好几趟，一辆车一个月的毛收入 5 万余元。他家有两辆货车，一年下来有近 20 万元的纯收入。

"有了这条铁路，才有了我们的货运业务，我们沾的是铁路的光!"卜德良告诉记者，苏古村一带有很多矿山，开矿的老板让他们运矿石到加工厂进行加工，然后将加工后的产品用列车发往全国各地。村民致富了，归根结底得感谢成昆铁路。"没有这条铁路，我们的日子也许不会过得像今天这么好!"

如今，苏古村一组有 18 辆货运车，平均每户的年收入达到 3 万元左右。现在村民们考虑的，不仅仅是吃什么饭的问题，而且是如何把装卸队做大做强，如何用好成昆铁路这一资源，把自己的小日子过得更为红火。

一个镇因铁路而诞生

乌斯河镇位于汉源县城东 37 公里，这个镇因成昆铁路而建，也是我市唯一一个通铁路的乡镇。

1970 年，成昆铁路在原汉源县乌托乡苏古村建乌斯河站。大量人流、物流的集中，使得苏古村一组迅速发展起来。

铁路部门还在这里设置了养护、电力、学校、医院等单位。由于火车站的建立，成昆铁路各个部门工作人员最多时，有3000余人在乌斯河一带工作、生活。

与此同时，当时的四川石棉矿、新康石棉矿、四川省汉源锰矿、雅安地区石油公司汉源分公司等单位共同在火车站沿线投资修建了企业专用铁路2公里。

当时的四川石棉矿、新康石棉矿、四川省汉源锰矿、雅安地区石油公司汉源分公司、石棉县农资公司、汉源县农资公司、汉源县乡镇企业局、南桠河水电分局等单位还分别在站区附近建了转运站和各自的仓库、货场。

巨大的人流、物流使一个行政村已不适应发展需要。1976年，乌斯河因火车站的带动而建镇。1992年，乌托乡并入乌斯河镇，使得乌斯河镇成为汉源县一个大镇。

乌斯河镇一带，矿资源、水电资源较为丰富，加之铁路从此经过，运输便利，从而进一步刺激了当地的发展，吸引了大批客商前往。

2006年6月2日，由浙江温州商人投资的四川乾盛（矿业）公司以8.62亿元的出价获得雅安市汉源县乌斯河铅锌矿矿权，高出起拍价达3.82亿元。创下四川省单宗矿权拍卖成交价之新高，创下全国铅锌矿单宗矿权拍卖成交价新高。

该公司副总经理陈承泽回想起当年拍卖场景时感慨地说："厂区离火车站仅4.5公里，铁路交通的便利是公司当初高价拍下矿山的一个关键因素。"陈承泽告诉记者，公司主要产品有70%要通过这条铁路运往全国各地。按照目前的市场价格，每吨产品的运输毛成本在300元左右，如果没有这条铁路，产品的运输成本将在此基础上增加40%~50%。以公司正常生产状况下每天约150吨的生产规模来算，光是增加的运输成本就很惊人。

"如果没有成昆线就不会建乌斯河镇，没有火车站就不会有乌斯河镇的今天。因为这里曾是闭塞的山区，交通极不便利，再丰富的资源也只能待在'深闺'中，乌斯河镇因成昆铁路而兴建，当然注定会因成昆铁路而发展。"乌斯河镇镇长胡德华如是说。

如今的乌斯河镇正大兴土木，规划建设成为雅安窗口大镇、汉源县的经济大镇。

按照规划，乌斯河镇将被建设成为汉源县东南部的中心，该镇将以经济建设和生态环境建设为主线，使人口、资源、环境、经济和社会协调发展，逐渐建设成为经济繁荣、文化发达、交通便利、设施配套、环境优美、独具特色的现代化城镇，并使之具有可持续发展的产业经济、完善的基础设施和社会保障体系、高质量的生态环境、富有地域特色的城镇风貌。

乌斯河镇，正以其成熟的建设规划、优越的地理交通环境、丰富的工业资源向外地商家、企业抛出橄榄枝，掀起新一轮的发展浪潮，准备再次腾飞。

（《雅安日报》2008年4月14日第2版　记者叶斌、陈化宇）

贵广快速铁路：贵州交通历史性跨越的希望之路

金秋十月，黔中大地传递着一条振奋人心的好消息：10 月 13 日，贵广快速铁路正式开工建设，贵州人民的梦想终于变为现实。这条铁路从我省 2006 年 8 月 18 日提出，到正式开工建设，只用了两年零 56 天的时间。原铁道部领导认为，这样快的工作进度在我国铁路建设史上是从未有过的，是一座里程碑。贵阳到广州的直线距离不够 800 公里，但两地之间现有铁路长达 1500 公里，而且标准很低，列车在途时间需要 22 个小时左右；已经开工建设的贵广快速铁路正线全长 857 公里，设计时速 200 公里并预留进一步提速条件，建成后，从贵阳到广州的旅行时间将缩短到 4 个小时左右。

一张让老铁路人称道的时间表

或许以下的时间表会让人略嫌枯燥，但从中清晰地折射出了推进这条铁路建设的快节奏和高效率：

2006 年 8 月 18 日，贵州省政府向国务院上报《关于加快建设贵阳至广州快速铁路有关问题的请示》，修建贵广铁路事宜，第一次以正式文件的形式摆到了中央领导的案头；

2006 年 9 月，铁道部委托铁路设计单位启动贵广快速铁路设计方案竞选工作；

2006 年 11 月，国家将贵广快速铁路正式补充纳入铁路建设"十一五"规划；

2006 年 12 月上旬，铁路设计单位编制完成项目预可行性研究报告；

2006 年 12 月中旬，铁道部工程设计鉴定中心对项目预可行性研究报告进行预审；

2007 年 3 月上旬，铁道部、贵州省政府、广西自治区政府、广东省政府联合向国家发改委上报项目建议书；

2007 年 3 月中旬，中国国际工程咨询公司对项目预可行性研究报告进行评估；

2007 年 5 月 18 日，国家发改委正式批准贵广快速铁路立项；

2007 年 6 月上旬，铁道部工程设计鉴定中心对项目可行性研究工作阶段的重大技术方案问题进行现场调研；

2007 年 9 月上旬，铁道部工程设计鉴定中心对项目可行性研究报告进行预审查；

2007 年国庆期间，铁道部再次对项目可行性研究工作阶段的重大设计方案问题进行现场调研；

2008 年 1 月 30 日，铁道部、贵州省政府、广西自治区政府、广东省政府联合向国家发改委上报项目可行性研究报告；

2008 年 3 月中旬，中国国际工程咨询公司对项目可行性研究报告进行评估；

2008 年 5 月至 8 月，环保部、国土资源部、水利部相继批复项目环境影响评价、用地预审和水土保持方案；

2008 年 9 月上旬，铁道部工程设计鉴定中心对项目初步设计进行审查；

2008 年 9 月 23 日，国家发改委正式批复贵广快速铁路项目可行性研究报告；

2008 年 10 月 13 日，贵广快速铁路在广西桂林正式开工建设。

对贵广快速铁路建设高效率的工作进度，就连从事铁路设计建设管理工作近 30 年的中铁二院工程集团有限责任公司总经理朱颖也赞不绝口，作为一个"老铁路人"，这在他几十年的铁路工作经历中还是头一回。

"这个项目的前期工作不仅进度快，而且质量很高，铁道部工程设计中心认为，本项目是近年来同类铁路建设项目中前期工作做得最好的一个，整体工作推进最为细致扎实，地勘工作最为深入"，成都铁路局副局长、贵广铁路公司筹备组常务副组长王同军如是说。

一项饱含中央关怀和凝聚各方力量的民心工程

贵广快速铁路建设，寄托了太多人的关切和嘱咐，凝聚了太多人的智慧和心血，承载了太多人的希望和梦想。

这条铁路能在这么短的时间内开工建设，得益于党中央、国务院的亲切关怀和国家有关部门的大力支持。胡锦涛、吴邦国、温家宝等中央领导无论是在我省视察指导工作，在全国"两会"期间与我省代表团座谈讨论，还是听取我省主要领导的工作汇报，都对我省交通事业发展特别是贵广快速铁路等重大项目建设十分关心和重视，作出了一系列重要指示。

胡锦涛总书记在贵州工作了三年多，踏遍了我省的山山水水，对我省的情况再熟悉不过，对我省的发展一直十分牵挂，他明确指示，贵州的发展要靠交通起步。

吴邦国委员长几乎每一次到贵州视察指导工作必讲交通，今年5月，他到我省考察工作时强调，力争用十年时间彻底解决贵州的交通问题。

温家宝总理今年大年三十前一天到我省视察指导抗灾救灾工作时明确要求，对"已经纳入规划的贵阳到广州的快速铁路，要加快工作进度，经国家批准早日开工建设"。

中央领导的重视、关心和支持，为贵广快速铁路尽快进入国家铁路建设的重要议事日程提供了有力保证。国家发改委、铁道部、国土资源部、水利部、环境保护部等国家有关部门坚决贯彻中央领导的指示，对贵广快速铁路建设给予了全力推动，主要领导亲自过问、亲自协调、亲自部署，有关领导积极推动、齐抓落实，确保了项目前期工作快速顺利推进。

这条铁路能在这么短的时间内开工建设，得益于粤、桂、黔三省区的大力配合和通力合作。

省委、省政府对贵广快速铁路建设高度重视，多次召开省委常委会和省长办公会进行研究。省委书记石宗源多次听取项目前期工作情况汇报，并作出了一系列重要指示，明确要求要高起点、高标准、高质量地建设贵阳至广州的快速铁路，带动全省交通网络由通达向快捷转变。省长林树森为贵广快速铁路建设倾注了大量心血和精力。他在2006年7月

19 日被任命为贵州省代省长后，第二天就在省政府全体会议上提出建设贵广快速铁路的设想。为了使这一项目早日由蓝图变为现实，他一次又一次率省有关部门到国家发改委、铁道部、国土资源部、环境保护部等部门汇报工作，一遍又一遍与专家共同研究项目设计中的线路走向、站场设置等关键问题，一趟又一趟往来于京、粤、桂、黔之间，协调解决部省之间、省际之间的重大问题。贵广快速铁路的每一项工作进度，他都了然于胸。

正是有国家发改委、铁道部等有关部门和粤、桂、黔三省区的大力推动和密切配合，才使得贵广快速铁路项目建议书和项目可行性研究报告等关键文件及时上报，才使得贵广快速铁路建设一个环节紧扣一个环节、一步不落地扎实向前推进。

这条铁路能在这么短的时间内开工建设，得益于铁路设计部门、建设筹备单位和我省有关部门、地区积极主动、及时高效的工作。

铁二院、铁四院和贵广铁路公司筹备组的工作人员回顾起两年多来的工作，他们笑称自己最深的感受就是"痛并快乐着"，两年多来，虽然几乎没有公休假日，但仅用两年时间就完成了正常情况下需要 4 至 5 年才能完成的勘察设计工作量，很有成就感。在今年雪凝灾害期间，部分工程技术人员被冰雪封冻在黔南、黔东南的深山野外，连续几天得不到给养，但他们仍在严寒和饥饿中顽强坚持工作。

省发改委作为我省的项目申报牵头部门，坚决落实省委、省政府的决策部署，积极争取国家有关部委、各相关省区和咨询机构对项目给予支持，坚持一个程序一个程序地"跑"，一个环节一个环节地"盯"，即便是雪凝灾害也不曾阻挡他们昼夜奔忙的脚步。讲到贵广快速铁路，省发改委主任刘远坤感慨万千，他也记不清有多少次往返于贵阳和北京之间，调侃地称自己快成了"空中飞人"。省国土资源厅、省水利厅、省建设厅、省环保局等部门同心协力，积极与国家有关部门沟通衔接，争分夺秒开展工作，不让每一份文件在流转和处理过程中被耽误，不让每一个环节的工作被延误，保证了项目相关法律支持文件的及时办理。沿线各族干部群众都为贵广快速铁路的建设感到欢欣鼓舞，对项目实施涉及的工作都衷心拥护，给予了全力支持和配合。

终于，在各方的共同努力下，贵广快速铁路迎来了开工建设的隆隆礼炮声。

一条通往贵州美好未来的希望之路贵

广快速铁路正线全长 857 公里，其中贵州境内 301 公里，全线共设贵阳北、都匀东、榕江、桂林西、贺州、肇庆北、新佛山、新广州等 30 个车站；旅客列车速度目标值 200 公里/小时并预留进一步提速条件，从广东佛山到贵州龙里的 800 多公里，转弯半径 5500 米，对应的时速可达 300 到 350 公里；规划运输能力为客车每天 100 对，货运每年 2500 万吨；项目投资估算总额 858 亿元，由铁道部与贵州省、广西自治区、广东省共同出资建设。这条铁路建成后，从贵阳到广州的旅行时间将从目前的 22 个小时左右缩短到 4 个小时左右。铁路修通后，清早在广州吃完早餐，坐火车中午就可以到贵阳吃午餐，必将吸引更多珠江三角洲的游客到贵州旅游。

建设这样一条高标准、大能力的快速铁路，有利于完善我国西部路网，提升西南地区对外通道运输能力。贵广快速铁路与 9 月 26 日开工建设的兰渝（兰州至重庆）铁路和扩能后的川黔铁路连接起来，形成一条从西北经西南连接东南的快速通道，从而填补西部地区没有南北走向的快速通道的空白，有力促进整个西部地区与东南地区的交流与合作。

建设这样一条高速度、高效率的快速铁路，将进一步密切我省与珠三角地区的联系。我省气候宜人、生态保存良好、农产品品质高、旅游资源富集、劳动力资源丰富。这条铁路建成后，将极大地缩短我省与珠三角地区的时空距离，珠三角的客商不仅可以更加便捷地到贵州旅游和避暑纳凉，还可以到贵州建立农产品生产、加工、流通基地，把生产出来的农产品销往广东等地区，实现双方优势互补、资源共享、互利双赢。

建设好贵广快速铁路和去年底已经开工建设的厦蓉高速公路贵州段，就等于打开了建设贵州现代化交通体系的大门。贵广快速铁路的建设，改变了西南地区及西北地区原有的铁路网规划布局，进而纳入了国家对中长期铁路网规划的调整。国家已经将贵阳到昆明、成都、重庆、长沙、南宁的快速铁路列入中长期铁路网规划，这几条铁路建成后，将有 6 条快速铁路在贵阳交汇，我省将全面构建起以贵阳为中心，北上大西北、南下珠三角地区、东进长三角经济区、西联大湄公河次区域合作区的快速大能力运输通道，基本形成适应我省经济社会发展需要的现代化快速铁路系统。我省在西南地区的交通枢纽地位也将得到恢复和巩固。

省委书记石宗源在贵广快速铁路建设工作领导小组会议上强调：贵广快速铁路是国家支持我省交通基础设施建设最大的项目，同时也是西南地区第一条时速在200公里以上的高标准铁路，是我省历史上建设规模和投资额度最大的建设项目，是我省诸多基础设施中的"牛鼻子"工程。早日建成贵广快速铁路，对我省具有十分重大的战略意义，有利于构建我省在西南地区的陆路交通枢纽地位，有利于促进我省经济社会又好又快发展，有利于我省更好地融入泛珠三角。

省长林树森在贵广快速铁路开工动员大会致辞中说：建设贵广快速铁路，是贵州现代化交通体系建设和实现经济社会发展历史性跨越的重大举措，也是"泛珠江三角洲"概念提出后最有成效的规划成果之一。由于贵广快速铁路的建设，使加速川黔、贵昆、湘黔快速铁路的建设成为可能。贵州人将在更高层次上很快找回当年如火如荼的"三线建设"时的感觉。

雄关漫道真如铁，而今迈步从头越。贵广快速铁路建设，使贵州站在了一个新的历史起点上，这条铁路必将成为贵州的希望之路、富民之路、跨越之路！

（《贵州日报》2008年10月24日第1版　记者沈伊楚）

成昆铁路风雨 40 年："神话"在延续

2010 年 7 月 1 日，成昆铁路建成通车 40 周年。

今年 1 月，成昆铁路复线成都至峨眉段开工。五年后，全线将建成通车，成都至昆明 4 个多小时可达。成昆线将再创新的"神话"。

串起"工业走廊"

成昆铁路通车后，攀枝花的钢铁得以源源不断地输送到全国各地。至今，整个攀西地区交通已有很大改观，但攀枝花市 60% 以上的货物运输仍然依靠成昆铁路完成，特别是攀钢，每年通过铁路运进、运出原材料、产品上千万吨。成昆铁路堪称攀钢的"生命线"。

现在，攀钢在西昌建设第二基地，这条"生命线"将成为其坚强保证。

依托成昆铁路，乐山工业也逐渐"长大"。

西昌卫星发射中心 30 多年来成功完成数 10 次发射，每次发射所需的原料、装备等均依靠成昆铁路运输。

如今，恒鼎煤焦化、太和铁矿、康西铜业、川威集团等 30 多家大中型企业分布在成昆铁路沿线城镇，组成星光璀璨的"工业走廊"。

有专家说，成昆铁路的建成通车至少影响和改变了西南地区 2000 万人的命运。

汉彝"幸福家园"

成昆铁路纵贯凉山州。这个中国最大的彝族同胞聚居地，在 20 世纪上半叶仍停留在"刀耕火种"时代。成昆铁路建成通车，开启了凉山州经济发展的新纪元。

每到收获季节，成都铁路局与地方政府建立运输协调机制，及时加挂专用车厢，运输洋葱、马铃薯、卷心菜、烟叶，为沿线彝族村寨开启了致富之路。

"自 1990 年开始种植洋葱以来，都能很快地用火车装出大山，从没积压烂坏过，村民收入年年看涨，我自己家里的土坯房现在也换成了两层小洋楼。"西昌市安宁镇杨家村二组组长周开仁谈到洋葱，流露出浓浓的铁路情结。

西昌西宁镇 2001 年被国家授予"中国洋葱之乡"称号。

每年"火把节"、彝历年前后，铁路部门都要增开临客。2009 年"火把节"接待外地游客 25 万余人，其中乘火车占 80% 以上。

从 2005 年开始，凉山彝族同胞开始大规模地外出务工。成都铁路局每年增开专列满足需求。

铁路在凉山州经济发展中扮演重要角色。2000 年，成昆铁路电气化开通之后，运输能力提高了 1 倍，相当于新建了一条成昆铁路。凉山州的GDP 也从 2000 年的 145 亿元，提高到 2009 年的 677 亿元。

书写新"神话"

成昆铁路打破外国专家"狂暴的大自然也会把它变成一堆废铁"的预言，成为世界公认的人类建设史上的"神话"。1984 年，象牙雕刻的"成昆铁路"摆进了联合国总部大厅，它与阿波罗宇宙飞船带回的月球岩石、第一颗人造卫星模型并列，被授予联合国特别奖。

时下，中国铁路正昂首迈入高铁时代。国家西部大开发纵深推进，对成昆铁路运输的需求也不断提高。

2008 年至 2009 年，成昆铁路进行了全面改造。很快，客车时速由 90公里提升至 120 公里；货物列车牵引吨位也提高到 4000 吨。

作为在中国铁路史上留下辉煌印迹的"神话"——成昆铁路历久弥新，再焕青春。

今年 1 月 16 日，作为我省打造西部综合交通枢纽的重点工程——新建成昆铁路复线成都至峨眉段开工。该工程将一次性新建双线，设计时速 200 公里。5 年后，成都至昆明的新铁路将建成通车，届时全程运行时间将缩短一半以上……

　　一个个新的"神话"将在这里延续。

（《四川日报》2010 年 7 月 1 日第 9 版

记者夏永静、戴序、王代林）

老铁道兵重返现场

——成昆铁路 40 年不老传奇

成都军区马家花园干休所的一处小院，一派宁静。随着成昆铁路通车40周年日子的临近，原铁道兵 10 师政委 88 岁的徐冰，想起 1970 年 6 月30 日晚，获知周恩来总理让他在第二天的庆祝大会上代表铁道兵讲话，他激动得彻夜难眠。

"是呀，40 年了。"回忆让徐冰与他的战友们感慨万千。

1970 年 7 月 1 日，成昆铁路建成通车。蜿蜒 1100 公里的成昆线，穿越崇山峻岭、江河峡谷、地震区和淤泥地带，在气候恶劣、地形复杂的"铁路禁区"中屹立。

成昆线上，共有 427 座隧道、991 座桥梁，仅桥隧长度达 400 多公里。122 个车站因受地形限制，有 44 个建在隧道里或桥梁上。

1984 年，象牙雕刻"成昆铁路"摆进了联合国总部大厅。它与阿波罗宇宙飞船带回的月球岩石、第一颗人造卫星模型并列，被联合国评为象征人类征服自然的三件特殊礼物，被授予联合国特别奖。

40 年光阴荏苒。近期，一部分当年修建成昆线的铁道兵，从北京、上海、江苏等地陆续集结成都，重返成昆铁路。让我们与成昆铁路的建设者们一起，翻开那光辉的建设史册吧！

洞连洞桥复桥

成昆铁路出成都后没有直接向南，却向西绕了一个弯，形成一个 C字形，600 多公里位于高山深谷之间。成昆铁路，有 111 座 1~3 公里长的隧道，3 公里以上的隧道 9 个，最长的沙木拉打隧道长达 6383 米

"金沙隧道，金沙隧道！"站在隧道口的铁路上，摸摸光滑的石壁，仰望青山，四川师范大学首席教授、58岁的蔡方鹿激动得说不出话。

蔡方鹿是原铁道兵10师46团2连8班班长，1969年在金沙隧道度过的春天，让他终生难忘。

隧道施工，是成昆铁路上的一块硬骨头。打隧道，有人曾形容成昆铁路北段"面恶心善"，南段"面善心恶"。因北段岩石多且坚硬，一般危险不大，有时会出现岩石爆裂。南段石质松软，内有泥浆，非常容易发生塌方。

位于德昌县乐跃乡和锦川乡之间的金沙隧道793米长。"一杆钢钎，一把大锤，一辆推车，就是我们打隧道的工具。"蔡方鹿告诉记者，打隧道时，先在掌子面上用钢钎和大锤打炮眼，然后放入炸药炸开，再用立柱横梁支撑好才能施工。"不怕岩石多，也不怕岩石硬，最怕石质松软。"

1968年铁道兵征兵时，蔡方鹿还是成都31中的一名学生，年仅16岁，他是偷偷把年龄改大了一岁"混"进部队的。刚到成昆铁路工地上，扶钢钎、抢大锤，头一个月手上全是水泡、血泡，脱了三层皮，长了三层茧，"手上有了厚厚的茧巴保护，用刀子割都不流血。"

蔡方鹿后来又负责点炮。"打隧道，分上道坑和下道坑，下道坑要点20多炮，上道坑点16炮。"时隔40多年，蔡方鹿已是研究哲学的教授，还把爆破方式记得清楚。

"每次点炮后，不同的人从不同的方向听炮响，一般要2~3人听，以免没爆炸完就进入隧道。"如果遇到哑炮或是没爆炸的炮，爆破工就要去排查。蔡方鹿也有自己的经验，"先用水冲，让炸药和雷管分离，这样就不会爆炸了。"负责爆破一年多，他点炮一万个以上。

铁道兵施工很艰难。原铁道兵10师46团青年股长王文志还记得，修隧道要使用大量木头，每天要开车过安宁河上山取材。河水湍急，架浮桥要被冲垮。于是，建几个简易水泥桥墩，用三根铁轨组成桥面，只有汽车轮胎那么宽。"每天驾车从铁轨桥上通过，要是技术不好，很容易翻进河里。"

新技术铸就"世界壮举"

当年，外国人得知中国要修建成昆铁路，曾嘲笑道："中国人简直是疯了。"但是,在 1992 年 5 月的国际隧道学术会议上,成昆铁路被各国隧道交通专家、大师们一致称为"地下铁道",堪称"世界一大壮举"

87 岁的曹志道让女儿扶他从床上起来,拄着拐杖到了书房。常年奔波铁路建设工地,老人的身体并不好。

曹志道是原铁道兵 7 师技术委员会副主任,1946 年毕业于唐山交通大学(西南交通大学前身)主攻土木工程。抗美援朝参军,成为铁道兵。

"别看当时条件不好,成昆铁路开启了中国铁路建设新的一页。"曹志道记得很清楚,师长是位老红军,当年语重心长地对他说,"成昆铁路建设要推广新技术,你可不能保守,这是命令!"

"架桥有两种方法",曹志道说,最常用的是用架桥机来架梁。但如果桥梁跨度大,或是钢梁,或者要抢工期,必须就地架梁。

"成昆铁路上的架桥机,是专门设计的。"之前使用的架桥机是单摇臂。成昆铁路修建桥梁的地方,几乎都是深山峡谷,两边是陡峭的高山,下面是湍急的水流,单摇臂普通架桥机根本不行。于是,架桥机的单摇臂创新成双摇臂,前面还"长出"了两条"腿","这样就稳定安全了。"

当时的架桥机,架桥长度不能超过 32 米。109 孔 43 座的迎水河大桥长度达到 112 米,无法使用架桥机。怎么办?新材料大胆使用上,碳素钢换成了合金钢,使迎水河大桥成为结构轻巧的一座系杆拱栓焊钢桥。

曹志道深深感受到新技术、新材料、新工艺在铁路建设上的广泛应用。当时"每个师只有一辆苏式吉普,师长、政委使用"。可在铁 7 师,曹志道与科研设计人员只要为工地解决新技术问题,首长的苏式吉普便为他们用。

大渡河畔,凉山裂谷。深达 200 余米、宽仅 50 余米的老昌沟两边山壁陡峭,平行相峙。从沟底仰望天空,好像一条蓝色的绳索悬在空中,人称"一线天"。据西南铁路建设指挥部推算,如果全部使用预制梁架桥,工期需要一年多。于是在那汽车开不上去的地方,石匠师傅、瓦工师傅有了用武之地,就地取材修建石拱桥。直到现在,老昌沟桥也是目前国内跨度最大的"空腹式"石拱桥。

那些人，不能忘记

1964年9月，铁道兵5个师接到命令，迅速集结大西南，18万官兵投入到成昆铁路建设中。然而，2000多名战士永远长眠在成昆铁路沿线

颤抖的手伸入衣袋，拿出一张泛黄的老照片，照片上小伙子笑容明朗，背面写着"张启友排长"。这个身高达1.8米的浙江汉子，生命永远停留在30岁。

"这次我就是来看一看你。"70岁的陈宝庆抚摸着张启友的墓碑，泪流满面。6月21日这天，冷雨纷飞，德昌县烈士陵园墓地，一群头发花白的老人，为牺牲的战友一遍又一遍播放《毛主席的战士，最听党的话》，那是当年大家喜欢一起唱的歌。

1962年7月1日，陈宝庆穿上了军装，分到了铁道兵10师46团8连，张启友是他的排长。后来，又一起到了成昆铁路建设工地上。

1967年8月，陈宝庆已是团政治处干事，张启友也成了8连连长。那天，陈宝庆来8连搜集先进素材。吃过晚饭，张启友叫他一起到工地上转转。上道坑，一位小战士在隧道边墙打孔，由于力气小，控制不住风枪。张启友叫小战士让开，他来打。突然，隧道塌方，沙土塌下压断电线，顿时一片漆黑。等大家用手扒出张启友时，他的身体已被巨石压得扁平……

"1970年，我妈坐了三天三夜车从成都来看我。只见我从隧道里出来，长筒靴里全是水，从头到脚全是泥，只露出两只眼睛。可我妈只说了句，比你爸当年条件好多了，你要好好干。"原铁道兵10师46团17连战士李晋荣至今忘不了在潮湿闷热的隧道中施工的情景。隧道漏水，有时要仰着头去打孔，脖子受不了；用风枪打炮眼，大量的岩石粉尘扑面而来。"条件艰苦，好多战友落下风湿病、腰肌劳损，甚至矽肺病。"然而，他们始终无怨无悔。

巨龙过处生巨变

40 年光阴荏苒，在成昆铁路沿线，一座座城市拔地而起，一个个汉彝人民奔向小康……面向高铁时代，成昆铁路的传奇还在继续

"找不到了，找不到了。"走在德昌县永郎镇街上，陈宝庆心中既悲又喜。他想寻找当年一位曾经帮助过他的彝族老乡，可这里变了大样。

在陈宝庆的记忆里，永郎镇只有一条 3 米宽的小街，两边是低矮的木头房子，没有商店。那位老乡就住在小街中段，没有房屋相邻。可现在，镇上街道纵横，楼房比比皆是，沿街全是店铺。老街找不到了，老乡的家更找不到了。"他们搬家了，肯定生活变好了。"

成昆铁路修建前，曾有三条线路方案。东线和中线均从内江站出发，均比西线短，自然条件也更好。当时，苏联专家认为只有中线勉强可行。

但在中国专家的眼里，西线更具有意义：沿途蕴藏着丰富的矿产资源，辐射范围 13.6 万平方公里、约 2000 万人口，位于西部经济不发达地区。正是巨大发展需要，让中国选择了"铁路禁区"的西线。

40 年过去了，当年中国专家们的坚持没有付诸东流。

"当年通车庆祝大会后，攀枝花钢铁厂一号高炉在 7 月 1 日出铁了。"徐冰记忆犹新。原铁道兵 5 师 24 团 24 连文书刘道根记得，在九道拐隧道修建了一条渡口专线，为提炼钒铁矿作准备。两个月前，刘道根和战友重走成昆铁路，在攀枝花当年的 24 团 24 连营房，如今已是一座钒钛厂。垭口车站，已成为物资集散地，钢铁、铁矿石、水果、蔬菜等，从这里运往各地。

曾经被外国专家预言为"狂暴的大自然，会把它变成一堆废铁"的成昆铁路，成为了世界公认的人类建筑史上的中国奇迹。

随着四川铁路网络的不断发展，成昆铁路历久弥新。2008 年至 2009 年，成昆铁路全面改造，客车时速提升至 120 公里。今年 5 月，成昆货车外绕线建成通车，成昆铁路入成都枢纽实现"客货分流"。

时下，中国铁路正昂首迈入现代化的高铁时代，成昆铁路也再焕

青春。

今年 1 月 16 日，作为四川省打造西部综合交通枢纽的重点工程——新建成昆铁路复线成都—峨眉段开工。该工程将一次性新建双线，设计时速 200 公里。2014 年，成都—昆明的新铁路将建成通车，全程运行时间为 4 个多小时，比现在缩短 15 个小时……成昆铁路还将书写更多的传奇。

（《四川日报》2010 年 7 月 2 日第 13 版

记者陈四四、王云）

造福西藏各族人民的钢铁巨龙

——青藏铁路通车运营 5 周年综述

"一条条巨龙翻山越岭，为雪域高原送来安康，那是一条神奇的天路，带我们走近人间天堂……"

每天，伴随着《天路》的优美旋律和火车的轰隆声，一批批高原特色产品从拉萨启程，"坐"上火车走向国内、国际市场；内地的矿产、建材、食品等生产、生活物资，"搭乘"青藏铁路的列车，走进雪域高原。

自 2006 年通车运营 5 年来，西藏与内地的距离，被这条钢铁巨龙拉得更近了；5 年，短短一瞬间，跨越数十年；5 年来，这条钢铁巨龙带给西藏的，是经济的腾飞、民族的团结、社会的发展、人民的幸福……

5 年铺就的"经济线"

青藏铁路建成通车，极大地带动了西藏经济社会的全面发展。自 2006 年通车运营以来，截至今年 5 月，青藏铁路共运送旅客 7361839 人次、进出藏物资 7459756 吨。包括粮食、煤、石油、钢铁、木材、化肥、建材和各种生活用品被火车源源不断运进西藏；曾经是"藏在深闺人未识"的高原特色农副产品、矿产资源、藏药、优质矿泉水等，"坐"上火车走出高原，走进更广阔的区内外市场。

提及青藏铁路，西藏达氏集团董事长达瓦顿珠有太多的感触。他说，一个企业的发展，交通起着至关重要的作用。青藏铁路低廉的物资运输成本，降低了生产资料运输成本，提高了出藏商品的价格竞争力，促进了高原特色优势产业的发展。

青藏铁路通车以后，公司旗下的圣鹿食用油系列、珠峰冰川矿泉活水等高端产品"坐"上火车打入了北京、上海、广州等内地市场，产品竞争力得到极大的提升，企业的利润空间更大了。

达瓦顿珠董事长就矿泉水的运输成本给我们打了一个比方：如果用汽车运输，一瓶矿泉水运到内地市场的运费是一块多钱，而通过火车运输，运费只要0.3元到0.4元，火车运价约为汽车运价的三分之一。运输成本的降低，使产品的市场竞争力得以提升。

西藏恒源酒业现有的近200名员工中，90%都是曲水县农牧民。在拉萨市经济技术开发区和三大工业园区，各企业的员工都以当地农牧民为主。青藏铁路的通车吸引了更多企业落户西藏，也为农牧民提供了新的就业机会。

在青藏铁路的带动下，我区旅游业发展节节攀升。"十一五"期间，全区共接待国内外旅游者2125万人次，年均增长30.6%；实现旅游总收入226.2亿元，年均增长29.8%。尤其是2010年，全区接待国内外游客685万人次，旅游总收入相当于全区生产总值的14.1%。

"世界屋脊，神奇西藏"正在成为一张烫金名片，吸引越来越多的游客前来。以打造世界旅游目的地为目标，我区将实施旅游倍增计划，努力做大做强做精特色旅游业，力争到2015年接待游客达到1500万人次。

青藏铁路那曲物流基地是我区第一个铁路、公路货运枢纽型物流基地，它将进一步挖掘青藏铁路的巨大潜力，充分利用青藏铁路运营后形成的人流、物流、资金流、信息流，最大限度地发挥青藏铁路的辐射作用。

5年铺就的"团结线"

"现在，每当听着火车的长鸣声，我都为自己是一个中国人感到自豪。"拉萨火车站职工德纯从小生长在牧区，中学时代是在北京度过的。那时，每次回家都要在路上花上七八天的时间：先从北京坐火车到西宁、再转火车到格尔木、然后坐长途汽车到那曲……对于辗转倒车的艰辛，德纯至今仍记忆犹新。

从西南交通大学毕业后，德纯成为拉萨站首批38名藏族铁路职工的一员。青藏铁路二期工程开工建设以来，有关部门便有组织、有计划地为西藏培养藏族铁路工人。西南交通大学、兰州交通大学、武汉铁路运输学院等院校，共培养藏族铁路技术人员 500 多人。随着青铁巨龙的横空出世，已经有部分藏族大学毕业生陆续上岗，成为我国第一代藏族铁路职工。他们将在青藏铁路这条承载着浓浓民族感情的"团结线"上贡献自己的青春和力量。

汶川地震、玉树地震……每当中华民族面临危难与考验时，青藏铁路成为了连接西藏、青海与祖国内地的生命纽带。2008 年 5 月 19 日 12 时 10 分，一辆满载矿泉水、糌粑、藏药等物资的救灾专列从拉萨火车站启程，驶向四川汶川地震灾区，这是西藏首次通过铁路运输救灾物资。2010 年 4 月 15 日 17 时 15 分，全国第一趟救灾专列满载祖国内地兄弟省区市的深情厚谊以及对玉树地震灾区人民的牵挂，也通过青藏铁路驶入西宁站。

自 2006 年 7 月 1 日开通以来，北京铁路局北京客运段京藏车队值乘的 T27/28 次列车，在首都北京和大漠戈壁、雪域高原间不停地穿梭。车队 15 个班组、500 多名乘务人员，在 5000 米的海拔落差中默默奉献，被中外旅客亲切地誉为"天路彩虹"、"英雄列车"。

谈起与普通列车的不同，京藏六组女列车长刘迪深有感触："京藏线上的乘务员必须具备特殊本领，除简单的藏语和英语会话外，还要掌握高原病预防、环境保护、民族宗教政策、藏文化习俗等方面的知识，以及列车在高原运行途中断电、断氧、紧急停车、旅客意外伤害等特殊情况的处理技能。"

5 年铺就的"幸福线"

"过去，靠青稞吃青稞，现在铁路修到了家门口，大家开始靠铁路'吃'铁路了。"紧邻拉萨西站的乃琼镇色玛村村委会主任尼玛说。青藏铁路建成通车后，色玛村的老百姓不再将种植青稞作为唯一的谋生手段，而是将目光转移到如何靠铁路来发家致富上。

色玛村是个纯农业自然村，全村人基本上靠种植青稞生活。青藏铁路开通后，大家的想法都变了。2007 年年初，村民们集资 90 万元创办了物流公司，当年上半年，公司纯利润就达 10 万多元。

铁路通车，带来大批游客进藏旅游，带动了我区餐饮、住宿、零售等第三产业的发展。祖祖辈辈以传统农牧业为生的农牧民也开始兴办运输公司、开旅馆、开特产店，纷纷吃起了"铁路饭"、"旅游饭"。

达林是林芝地区米林县南伊珞巴民族乡琼林村的珞巴族村民。他说，以前由于居住在原始森林地区，交通不便，珞巴族群众一直过着刀耕火种的生活。

2009 年，自治区旅游部门向游客重点推介了南伊珞巴民族乡旅游景区，给当地群众带来了致富希望。当年，琼林村首批 7 个家庭旅馆试点开业，达林家就开设了一个。达林的女儿还参加了村里的舞蹈队，通过为游客表演珞巴族舞蹈挣上了钱。"旅游业给珞巴族群众带来了以前想都想不到的好处。"达林说。

2010 年，青藏铁路 3 大支线之一的拉日铁路开工建设。光是想到今后拉林铁路通车的光景，达林就乐不可支："那时候，村里会更热闹的。"

山南地区错那县麻玛乡距离拉萨有 400 多公里，全乡从来没有人坐过火车，也几乎没有人走出山外。林木竹子手工艺品收入占到全乡收入的50%。但由于工艺品只在当地销售，农牧民的收入很低。青藏铁路开通后，他们的产品通过公路运到拉萨，又通过铁路销往全国，农牧民的收入增长了一倍，大家高兴地称铁路是乡亲们的"富裕线"。

林芝地区米林县南伊珞巴民族乡珞巴族乡长晓红说，青藏铁路通车后，乡里有不少人乘火车到北京看病，送孩子上学，乡亲们说这火车就是给老百姓建的。

"真没想到，去内地唱歌、跳舞也能挣钱！"从 2008 年 3 月起，普琼和几名老乡坐上火车去到广东珠海表演藏族歌舞，打工挣钱，这是藏族民间艺人第一次下海从事商业演出。青藏铁路在带动西藏经济飞速发展的同时，也加速了西藏文化产业的发展，昔日"深藏闺中"的藏族民间文化开始通过铁路走向五湖四海，为世人了解和熟知。

青藏铁路的火车还将继续向前行驶，它将承载着新的历史使命，以强劲的动力，带动雪域高原奔向更广阔的发展空间，给雪域高原这块土地带来新的机遇和活力……

[《西藏日报》（汉）2011 年 6 月 29 日第 1 版

记者林敏、王立]

科学发展　成就辉煌

——连通欧亚：重庆唤醒千年"丝绸路"

这是一条神奇的"天路"：它横亘欧亚大陆，一路上不仅温差达 70 多摄氏度，而且穿越的地貌复杂……

这是一个奇妙的"创意"：它"整合"6 个国家，全程 1 万余公里，经历两次吊装转轨，报关手续繁杂，协调难度极大……

这是一个千年的"梦想"：它唤起了黄沙漫漫的"丝绸之路"，而且只要短短十几天，就能快速通达！

"渝新欧铁路"，一个新的世界交通史上的奇迹，被深居内陆的重庆"创意家"们所创造，它所带来的种种革命性变化，至今还在为人们所津津乐道！

重庆向西　17 天横跨欧亚

历史将记住 2011 年 3 月 19 日。

这一天，在重庆团结村铁路货运中心站，一列满载着重庆造惠普笔记本电脑的专列，启动了具有历史意义的一次开行——它从重庆出发，经安康、西安、乌鲁木齐、阿拉山口，入哈萨克斯坦十月城，转俄罗斯、白俄罗斯、波兰……17 天后，它抵达德国杜伊斯堡。

这是世界铁路史上，一趟史无前例的班列。17 天的时间里，列车横跨欧亚，驶过亚热带、温带，穿越崇山峻岭、沙滩戈壁，并经过了 6 个文化迥异的国家……

这个划时代的奇迹，缘自于深居内陆的重庆，对于区位和地理劣势的不屈抗争——距离出海口 2000 公里的地理劣势，一直制约着重庆的开放之旅。

2011 年 3 月 19 日的这一趟破冰之行，让中亚和欧洲的商贸细胞活跃起来，重庆，也似乎在一夜之间，成为了开放的前沿。

外媒评价：一条连接中国重庆和欧洲的国际贸易铁路全面开通，将中欧财富血脉紧密串连。这条国际铁路大通道将改变中国"一江春水向东流"的外贸格局。

破除瓶颈　逼出来的改革

2008 年 7 月，重庆市委三届三次全委会审议通过了关于进一步扩大开放的决定。

这是重庆首次在市委全会上提出：除地理劣势、缩短开放距离。一年以后，惠普、富士康联手签约重庆，将在此建设年产 4000 万台外销笔电基地。怎样以最经济和快捷的方式，解决外销笔电产品的出口交货问题？对于内陆城市而言，这是一个世界级难题。

2010 年 5 月，随着"渝深"集装箱"五定"班列的成功试运行，重庆打通了"渝深"铁海联运大通道。重庆到欧洲的总运输时间从原来的 40 天缩短至 30 天。

这是一个了不起的成绩！比从上海出发直接海运到欧洲的时间还短 2~3 天。但重庆并没止步于此，她更大的抱负是，将 2000 公里劣势变成优势。市长黄奇帆说，重庆地处中国西部，欧洲也在中国以西，如果向西走陆路，重庆的优势就凸显了——重庆到欧洲的距离比上海和深圳到欧洲的距离近 2000 公里。向西大运量的陆路通道只有铁路，也就是人们常说的欧亚大陆桥（即用铁路把欧亚两侧的海上运输线连接起来的便捷运输通道）。

此前，世界上有两条欧亚大陆桥：一条以俄罗斯东部的哈巴罗夫斯克和符拉迪沃斯托克为起点，通过西伯利亚大铁路到达荷兰的鹿特丹港；另一条东起中国江苏连云港，经过哈萨克斯坦、俄罗斯等国直抵荷兰北海边的鹿特丹港。

重庆想做的是，开启第三条欧亚大陆桥。一个城市如果能串起财富的血脉，它就能发挥"心脏"作用。

史无前例　重庆搭建欧亚大陆桥

2010 年底，市政府成立物流办，目的是将以笔电为主的 IT 产品顺利畅通地销往全球。

市经信委主任沐华平说，向西开拓一条铁路通道直达欧洲，短期看是满足以笔电为代表的电子信息产品出项物流的需求，长期来看，是重庆建设内陆开放高地需要一条快捷、稳定和低成本的优质出口通道。

随后，重庆启动了对这条铁路的国内段、2011 年 1 月 28 日开行的中俄段及 3 月 19 日开行的全程三次测试。

"最为艰难的测试是中俄段，这是我们第一次运行出境。"市政府物流办主任杨丽琼说，这次测试的出发时间是 2011 年 1 月 28 日，物流办和海关的同志提前到达了阿拉山口。

长年刮着六级大风的阿拉山口，即使是在夏天，也没有女孩能穿裙子，而此时这里正是冰天雪地，加上是春运时期，列车开行试验的难度就更大。

为什么偏要在这个"节骨眼"来试验中俄段的运行？

沐华平说，除了运行速度，标准轨—宽轨——标准轨的换装能力、多国联运的通关速度外，最重要的就是要测试 IT 产品能否承受严寒的自然条件。

13 天后，列车抵达莫斯科。

测试结果是：国内段的运行时间可以从通常的 8 天缩短至 4 天；此次运行创造了阿拉山口最快的通关和吊装换轨道纪录。

市物流办副主任周述林回忆，由于重庆之前没有大规模出口的货物走这条铁路线，所以，当时连集装箱箱源都没有，是向中海集求援后，临时从上海急调的。

三次测试中，遇到了太多没有料到的困难：列车运行到哈萨克斯坦的多斯特克需要再次吊装转轨，但这里少有列车经过，平板车不足，运力不够，人力不足，操作也没有经验……

重庆不能等待，需要快速和哈铁、俄铁、德铁的高层协调。

面对问题，铁道部副部长胡亚东亲自给铁路沿线各国做工作。市领导黄奇帆、童小平也带队到海关总署和铁道部拜访，"渝新欧"得到两部委的大力支持。

2011年9月底，"渝新欧"国际铁路联运联席会议在重庆举行。中国、俄罗斯、哈萨克斯坦，德国等国铁路部门以及中国重庆签署《共同促进"渝新欧"国际铁路常态开行》合作备忘录，提出要将"渝新欧"打造成具有世界品牌意义的货运线路。

"渝新欧"进入常态开行

去年开行17趟，发出货物近700箱。

重庆、笔电、开放……这些关键词内在的逻辑联系是：被"蓝色文明"掩盖光芒的陆上"丝绸之路"再次散发出金子般的光芒。

"渝新欧"去年全年运行了17列，共有699箱出口货物发往欧洲，其中23%为江苏昆山和上海的集货。

"渝新欧"平均每趟运行时间为17天，最快16天，它高效、便捷，越来越成为品牌商看重的优质通道。中铁联集重庆分公司副总经理王海翔说，"渝新欧"之前，几乎没有货物从团结村始发出口，而现在，团结村也成了最活跃的开放前沿。

2011年，重庆实现进出口贸易350亿元，不仅增幅全国第一，还带动四川、贵州、云南等周边省市外贸发展，实现了华东产品集货重庆出口，转口贸易占比达32%。而两年以前，重庆的报关量几乎为零。一个前所未有的口岸高地，正以独特的方式在重庆崛起，它将为中国内陆架起通往世界的桥梁。

保税港区：内陆企业通往世界的"跳板"
32%的出口货物来自云贵川
效率高：出口货物8天获退税

昨天下午2点半，在重庆保税港区综合服务大厅，民生物流公司报关行报关员肖红，完成了一次再平常不过的报关。报关单上显示，四川隧宁的美字食品有限公司，正在向澳门出口午餐肉罐头，共有 1248 件，装了整整一个集装箱。

一小时后，在这批货物到寸滩码头装船时，肖红将着手对企业的出口退税工作。

"海关的同志会出具一张货物已上传证明，我将拿着这张证明到综合服务大厅找国税的同志退税。"肖红说，按照有关标准，午餐肉罐头出口执行 15% 的退税，1248 件罐头，货值 25 万港币，退税所得大约有 3 万元人民币。

这些退税有望在 8 天内返还到企业手中，使其及时投入再生产。正是这样的效率和实惠，吸引着重庆及其周边地区的企业，源源不断地将货物运到重庆出口。

影响大：辐射达 100 万平方公里

重庆保税港区开发管理有限公司总经理黄杰说，两路寸滩保税港区正在推行以重庆为圆心，用三个同心圆由小到大向外扩散的战略：最里边的一个圆，涵盖重庆主城，是保税港的核心区；中间的一个圆，跨越成渝是保税港的关系区；外边的一个圆，覆盖云、贵、川、陕等周边省区市，是保税港的影响区。

"最大的圆，半径 500 多公里、面积约 100 万平方公里，影响中国近 1/10 地域。"黄杰说。

这一战略正在产生成效。据了解，两路寸滩保税港区挂牌不久，远在 400 公里之外的成都蚂蚁企业集团，便决定把西南地区公司总部搬至重庆。蚂蚁公司董事长李浪说，重庆保税港区的成立，将使西南五省的有关企业节约一笔庞大的物流开支。

与重庆相邻的其他省市所属的市县也如约而至。2009 年 9 月，四川广安市与保税港区签订协议，今后 3~5 年内，广安预计将有上千万吨的进出口货物需要借"保税港区"这张牌。两个月之后，四川达州也签订了一个类似的合约。

实惠多：囤货仓库不缴税

一些企业也因此尝到甜头。比如，从事进口铜冶炼业务的广安科塔金属有限公司，把企业仓库设在重庆的寸滩保税港区。过去，他们进口 1000 吨铜，仅缴税就要 1300 多万元，这将占用企业大量流动资金。重庆建了保税港区，进口 1000 吨铜可以先放在寸滩的仓库里不用缴税，加工时按需来取，取多少吨就缴多少税，从而节约了大笔的开支。

正是因为这些便利和优惠，重庆保税港区将可望成为辐射西部地区的物流中心枢纽，和最大的开放物流平台。据重庆淘关统计，去年重庆实现进出口贸易实现 350 亿元，不仅增幅全国第一，还带动四川、贵州、云南等地外贸发展，转口贸易占比达 32%，成为了助推西部开放，促进重庆和西部企业参与国际贸易的舞台，及大批企业、行业从内向型向外向型跨越式发展的跳板。

保税港区拓展五大口岸功能利好多多

买进口车有望便宜 10%。

今后买进口汽车、进口水果都将比现在更方便和便宜。昨日，重庆保税港区有关人士称，该港区正在积极申请整车、苗木、肉类、原木、水果五大口岸功能。一旦成功，则意味着这些口岸所对应的商品无需在沿海通关，可直接从国外直接运抵重庆，为市民采购带来便利。

保税港区有关人士介绍，口岸相当于把内陆变为了沿海，进口货物可以不交税，直接抵达内陆口岸，在口岸的保税仓库中存放，提货销售时再完清所有税费，给进口企业带来资金运转空间。而且，内地口岸还有效避免了进口货物二次转运产生的成本，为产品降价促销提供了空间。

以整车进口口岸为例。我市一家进口车商曾表示，一旦成立口岸，意味着高端进口车可以从重庆实施保税并直接进口上岸，进入保税仓库停放，不仅可以节约 50% 的周转资金，也可节省运费，整车有望降价 10%。汽车的档次越高，市民享受到的价格优惠有望越大。此外，部分符合相关条件的人群还可买到免税车辆。

除了整车进口口岸能给市民带来价格实惠，进口车维修也更方便，因为进口汽车经销商可在保税港区内设立配件和整车仓库，维修配件可直接从港内提货，无需像过去要经过复杂的审批和漫长的等待。

外界评价

"渝新欧"国际铁路大通道并不是一条新建的铁路，而是把现有铁路线路进行优化组合，并提升沿线各国、各地海关通关效率的一条运输通道。

——中国工程院院士、北京交通大学教授　王梦恕

随着这条新铁路将更多货物直接运至西欧消费者手中，重庆和中国西部将相应成为推动这个世界第二大经济体发展的一台"更重要的发动机"。

——英国《泰晤士报》

它拉近了欧洲和中国内陆的距离。

——德国铁路货运与物流主管 Karl-Friedrich Rausch 博士

专家观点

胡星斗：重庆正迈向保税物流最高层次

由保税仓库到保税区，再由保税物流园区到如今的保税港区，中国的保税物流正迈向成熟。而在北京理工大学经济学教授胡星斗看来，重庆保税港区正是国内当前保税物流运营层次最高的特殊区域。

"过去的保税仓库，功能仅是暂时存放一些进口或待复运出口的货物。而保税港区别具有国际贸易中转、配送、采购、转口以及加工等主要功能，享受最为优惠的保税物流政策，另外，港区具有最强的区位优势。"胡星斗认为，保税港区实行的对外开放力度，超过了国内以往任何一种保税物流形式，虽然这比起香港、新加坡等自由港，在实行贸易优惠的力度和范围上，还有较大差距，但重庆无疑已经向自由港目标迈进了一大步。

对于重庆保税港区发展中应该注意的问题，胡星斗表示，应借鉴国外

自由贸易区的方式，由政府设立专门管理机构，对寸滩这一"境内关外"，实行有效的监管，并以此为前提，进一步提升在物流、人才、外汇等方面的开放程度：重庆的优势是空港水港联动，今后还应探索港区与铁路、高速公路"无缝连接"的集成物流系统。

大事记
渝新欧

2010 年 11 月

"渝新欧"首次五国六方协调会在重庆举行，确定以班列的形式开行。

2011 年 1 月 28 日首次开行到莫斯科。

2011 年 3 月 19 日首次开行到德国杜伊斯堡。

2011 年 6 月 30 日首次以班列形势常态化开行。

保税港区

2008 年 11 月 12 日国务院同意在重庆设立重庆两路寸滩保税港区。

2008 年 12 月 18 日重庆两路寸滩保税港区管理委员会、重庆保税区开发管理有限公司正式挂牌。

2009 年 6 月 2 日重庆两路寸滩保税港区（一期）工程正式开工。

2010 年 5 月 11 日两路寸滩保税港区（一期）通过国务院联合验收组正式验收。

2010 年 10 月 22 日水港功能区封关试运行。

2010 年 8 月 23 日重庆两路寸滩保税港区正式启用。

2011 年 12 月 14 日两路寸滩海关挂牌运行。

2011 年 2 月 28 日重庆两路寸滩保税港区（二期）进行正式验收，保税港区全面建成。

（《重庆日报》2012 年 2 月 17 日第 4 版
记者郭晓静、陈钧、易会莲）

蓉欧快铁：改变全球物流和产业链版图

3月26日，坐在"蓉欧国际快速铁路货运直达班列推介会暨签约仪式"签约台上，成都市物流办主任陈仲维兴奋不已。一个月后，孕育两年多的蓉欧国际快速铁路货运直达班列将正式运行。

这是继此前"渝新欧"国际货运班列直通德国杜伊斯堡线路开通后，连接中国西部与欧洲的第二条重要铁路货运直达线路，也是目前国内到达欧洲的最快铁路货运直达班列。

这条铁路货运直达班列有何特点？到达站的选择从前期的德国杜伊斯堡变为波兰罗兹意味着什么？这又会给四川和波兰两地带来什么？

蓉欧快铁省时间、价不贵

蓉欧快铁具有哪些优势？一是时间和成本优势。陈仲维表示，蓉欧快铁海关口岸报关信息等将全程使用 EDI 电子信息传输，实现不停留转关，运输时间是传统海铁联运的三分之一，价格仅为空运的四分之一。在蓉欧快铁开行的前两年内，成都市政府将对线路进行补贴，蓉欧铁路的价格更有竞争力。"我们测试下来一个集装箱成本在 11000 美元左右，在市场上比较有竞争力的价格是在 7500 美元左右，只要是通过成都蓉欧快铁走的都可享受这一补贴。"陈仲维说。蓉欧快铁另一大优势，就是一开行就是双向运行和公共平台化属性。从其他地区开通亚欧班列的实践来看，去程货源比较好解决，但回程客源有时需要培育两年之久才能实现。

成都亚欧班列物流有限公司董事长索飞杨表示，依托合作的德国物流公司在欧洲的客源，将实现运行初期就实现中欧双向对开，并对哈萨克斯坦、俄罗斯等沿途收发货物提供整柜及散货物流服务，在中、欧、俄建立保税物流分拨中心。"成都周边及西南地区的货物不论是成列、成组、拼箱均可通过蓉欧快铁运抵欧洲任何地方。"

"我们公司是欧洲前十大物流公司，知名客户有 IBM、西门子等，希望能为中国西部客户打通从四川到欧洲门对门的直通车。"汉宏国际物流公司董事长海尔曼表示。

终点站为何选在波兰

相对于传统的荷兰、德国等传统欧洲物流中心，蓉欧快铁终点站为何从德国转向波兰？

省物流办相关负责人表示，罗兹位于波兰中部，是欧洲运输枢纽线上的重要城市，从罗兹出发，可在 2～3 天内，通过公路、铁路、公路联运，完成全欧洲门到门的配送。同时由于波兰位于欧洲中部的区位优势，可辐射整个欧洲、中东、非洲及独联体国家。

波兰的枢纽成本相对较低，仅为传统欧洲物流枢纽如荷兰成本的二分之一，"也是满足日益壮大的俄罗斯和哈萨克斯坦市场的最佳货运方式。"

陈仲维还向记者透露了波兰枢纽的另一大优势——政策优势。"蓉欧快铁欧洲转运中心波兰保税仓库同时具备欧盟及俄罗斯与独联体保税优惠便利，可分别为欧盟及俄罗斯及独联体除客户提供运抵缴税及延后 160 天缴税的便利。"

打造中欧交流新动脉

业内人士指出，9826 公里长的蓉欧快铁一头连着中国内陆大省四川，一端伸向欧洲大陆新兴的交通枢纽波兰罗兹，串联的不仅是南线亚欧大陆桥物流大命脉，还将带来人流和资金流等积聚。

"可以预见，不远的将来，越来越多的沿线国家企业将沿着这条物流大通道来成都和四川投资。"成都市商务局副局长李皓表示。"以前我们都是通过天津、上海或者广州出海，蓉欧快铁给我们提供了一个新的选择，未来我们可能也会从铁路上走。"攀钢集团成都钒钛有限责任公司销售部经理吴宇斌说。

众多国际物流巨头已经行动起来，截至 2012 年底，联邦快递、美国联合包裹、马士基等 46 家全球物流企业百强企业已经入川，这也为四川大力发展外向型经济奠定了基础。四川省国际合作投资促进会王健表示，"这次也给波兰创造了一个合作共赢的机会。"罗兹市副市长马莱克先生介绍，罗兹将成为欧盟最大的物流中心，成为欧洲乃至世界经济版图上的重要城市。

（《四川日报》2013 年 3 月 27 日第 5 版　记者赵若言、
刘川、曾小清、李梦媛、刘莉、张彧希）

高铁奔来经济动脉更通畅

12 月 20 日，西南地区首条城际高铁成绵乐客运专线，携 200 公里的时速，为川人带来特别的"速度与激情"。

全长 310 多公里的高铁，连接绵阳、德阳、成都、眉山、乐山五大城市，单向输送能力每年 8000 万人次……风驰电掣的成绵乐客专，将彻底改变沿线人们的时空观念，构建起人口流动新格局；"高铁一响，黄金万两"，作为一条经济大动脉，成绵乐客专将承担起推动四川经济最发达区域的深度融合，这是更为重要的考量。

进入成都经济区"通勤"时代

以成都为中心，大约 1 小时，人们便可北至江油，南至峨眉山，而德阳、眉山等地，更是真正地融入了成都"半小时交通圈"。

德阳市民郭小珺计划在火车站附近买新房，丈夫因在成都上班，过去常常一周才一聚，"现在好了，高铁又快又准点，住在德阳就像住在成都三环一样方便"。眉山市青神县到成都仅需 24 分钟，交通局局长张苗惊叹："过去不敢想象，相当于成都市各区县同等'待遇'。"

有人预测，高铁将带来成都经济区的"通勤"时代，它让周边城市吸引力大增，更便于人才流动。西南交通大学公共管理学院副院长戴宾认为，"真正要实现这一目标，成绵乐客专一定要同城市内交通体系无缝连接。"

事实上，沿线多个城市都依托高铁站建立新的综合交通枢纽，整合公交、客运等运输方式。

为与成绵乐客专客流对接，12 月 16 日，德阳调整相关公交线路班次；

乐山亦有明确计划，14 条公交线路开进高铁站，近期还将投入 150 辆出租车。乐山市运管局局长邓世龙说，"目前我们正规划在高铁站设立租车点，研究全城异地还车方案，让游客更方便。"

"双城生活"也意味着"双城机遇"。广汉市电视台台长朱家可说，"成绵乐沿线城市的电视台已初步达成合作意向，通过资源共享、节目互送，合作策划大型活动，共同进行城市形象营销。"

洞开承接产业转移新窗口

对于沿线城市来说，成绵乐客专还打开了一扇更大的开放窗口，有望带动形成西部承接产业转移的新优势地带。

以高铁为名，各地酝酿新的"宣传语"。横贯亚欧大陆的蓉欧快铁，起始点在成都市青白江区，这里将形成"一客一货"的快铁"双翼"；成绵乐高铁站与双流国际机场比邻，进出川将更加畅通快捷；在盆地西部的江油市，成绵乐客专将对接西成铁路，与郑西高铁客专、京广客运专线相连，形成成都至北京的 8 小时快速通道……成绵乐一线牵，又编出新的"开放圈"、"经济圈"。

眉山正把"成绵乐客专"写进招商手册，希望这个"重磅砝码"能让更多企业下定决心。因为"有了这条大动脉，眉山就可以随成都而动、随四川而动、随西部而动。"

在乐山人眼里，青江新都是成绵乐客专为他们送上的一份"大礼"。根据规划，这一区域将依托高铁站点，面积达 5.3 平方公里，建设成为乐山未来的中央商务区和城市新中心，还将带动绵竹镇、苏稽镇加快融入市区。

一些过去因交通不便而被边缘的"角落"因成绵乐受到关注。"最近这半年，平均每周都有投资商来谈合作。"江油市青莲镇镇长李兴桥特别忙。目前，李白文化产业园已落地青莲，计划投资上百亿元，前期规划已完成，即将开建。

成绵乐高铁的开通，令彭山区观音镇观音村支部书记詹建全很高兴："成都客人来我们村的千亩葡萄园更方便了，明年大伙儿收入肯定要增加！"

"快进慢游" 迎来新机遇

成绵乐客专所经之地，也是四川旅游资源最为密集的区域，"快进慢游"成为各大景区共同期盼。紧邻成绵乐高铁峨眉山站的峨秀湖景区已算好账：高铁一通，预计每天将带来 2.5 万客流量，停留 2—3 天的游客量将大大增加。

成都到九寨沟的"九环线"上，德阳、绵阳、江油这条东线尽管景色多元，但和都江堰、汶川、茂县西线相比，"成绩"并不好，游客比约为 1∶9。"成绵乐客专让东线看到了转机。"德阳市旅游局长雷光明说，德阳将开通由广汉、德阳、罗江高铁站为起点的旅游专线，将游客送到各个景区。

交通的"快"，游客进出更方便，也使景区间竞争愈加激烈。

彭山区抢先"上车"，为首列班车冠名"彭祖号"，希望给乘客留下深刻印象。眼下，德阳部分旅游景区正在加快改造升级。三星堆古遗址公园将在不久后开门迎客。

峨眉山市已打出一套"组合拳"，着力打造峨秀湖国际度假区、四季禅意国际养生度假区、梅子湾国际康疗度假区、大庙飞来殿国际道文化体验区、大佛禅院和中华药博园六大景区。"要让自然山水、人文历史、旅游产业形成链条，确保游客来了不想走，走了还想来。"眉山市旅游局长黄劲松说，当地将进一步挖掘三苏文化、长寿文化等，让区域内独特的旅游资源联动起来"留客"。

（《四川日报》2014 年 12 月 20 日第 8 版　记者刘莉、
祖明远、王域西、颜婧、王爽）

龙腾湘黔跃神州

——沪昆客专贵州公司高标准推进沪昆高铁新晃西至贵阳北段建设综述

6月18日11时50分，首趟贵阳北至长沙南的 G3002 次动车组列车从贵阳北站始发，沿着刚刚建成的上海至昆明高速铁路新晃西至贵阳北段线路，从高楼林立的贵阳市"飞"出，跨桥穿隧，穿越喀斯特地貌的艰险山区，宛若巨龙一路向东，15时08分即抵达长沙南站。此趟列车的开行标志着沪昆高铁新晃西至贵阳北段正式开通运营。

由此，沪昆高铁新晃西至贵阳北段与已开通运营的沪昆高铁上海至新晃西段相连。随后，北京、上海、南京、郑州、武汉、长沙、济南等城市将开行至贵阳的 G 字头动车组列车，贵州将真正融入全国高铁路网，贵州经济社会发展也掀开了崭新的一页。

"龙腾湘黔跃神州。如果说去年年底贵广高铁的开通运营结束了贵州省没有高铁的历史，那么沪昆高铁新晃西至贵阳北段的开通运营则打通了贵州省通往全国主要城市的通道。"沪昆铁路客运专线贵州有限公司总经理张建波望着动车组列车风驰电掣的英姿对记者说。

沪昆高铁犹如一条道流动的长廊，横跨在我国西南地区铁路网主骨架上，把长三角、珠三角等沿海地区的资源引入西南内陆，实现互利共赢。对于贵州来说，沪昆高铁更像一条抵达经济发达地区的快速致富路。沪昆高铁新晃西至贵阳北段开通运营对加强黔、湘、赣、沪沟通联系，完善路网布局，优化路网结构，加快和推进西南地区经济社会发展具有划时代的意义，昔日贵州偏远山区人民出黔难问题得到进一步解决。

沪昆高铁新晃西至贵阳北段的广大建设者回眸 5 年来的艰苦奋战历程

不禁感慨万千。面对穿越喀斯特地貌艰险山区这一建设挑战，沪昆客专贵州公司和参建单位没有被巨大的困难吓倒，而是迎难而上，高标准推进沪昆高铁新晃西至贵阳北段建设，全力打造出独具特色的山区高铁精品工程，进一步促进了中国铁路建设的发展。

串起湘黔让贵州融入全国高铁网
沪昆高铁贵州段吹响建设进军号

沪昆高铁东起上海、西至昆明，是中国东西向线路里程最长、经过省份最多的高速铁路，全程有上海、杭州、南昌、长沙、贵阳、昆明5座省会城市及1座直辖市。沪昆高铁分段进行建设，其中贵州境内561公里，以贵阳北站为界又分为新晃西至贵阳北段和贵州西段，总投资680.08亿元。

沪昆高铁贵州段是我国西南、中南至华东地区东西走向最重要的铁路运输大动脉。该项目建成运营后将串起湘黔，让贵州融入全国高铁路网，大大缩短西南地区与长三角地区间的时空距离，并构成湘、黔、滇3省主要城市群城际交通的主骨架。

"天无三日晴，地无三里平。"这是过去民间对贵州地理特征的形象概括。贵州的交通发展一直受制于其特殊的自然条件。世人皆知蜀道难，岂知黔道更艰险。交通落后一直是贵州经济发展的瓶颈。新中国成立后，有关打通贵州地区便捷出海通道的呼声一直没有停止过。2009年9月，铁道部和贵州省共同出资组建的沪昆铁路客运专线贵州有限公司注册成立，主要负责沪昆高铁贵州段建设管理与建成运营后的资产管理。该工程建设以贵阳北站为分界点，分东、西两段，2010年开工建设，由此，沪昆高铁贵州段吹响建设进军号。

沪昆高铁新晃西至贵阳北段东起湘黔省界玉屏侗族自治县，向西经贵州省铜仁地区、黔东南苗族侗族自治州、贵阳市，全长286公里，隧道141座176公里；桥梁196座63公里；路基47公里。全线设有铜仁南、三穗、凯里南、贵定北、贵阳东、贵阳北6个车站，初期运营时速300公里，预留进一步提速条件。

闯深山攻难关注重绿色环保　建设创新工艺
探索山区高铁施工新路

　　沪昆高铁新晃西至贵阳北段主要经过贵州东部艰险山区,沿线沟壑纵横,山高谷深,道路崎岖,地质条件复杂,生态敏感,可熔岩地层分布十分广泛。线路穿越崇山峻岭、江河险滩以及荒凉无人区,全线桥隧比大于80%。这个数字意味着,高铁列车在新晃西至贵阳北段每行驶100公里,就有80多公里是跑在大桥上或隧道中。众所周知,桥梁和隧道的建设难度比普通路基要大得多,工程标准更高。这里的喀斯特地貌是美丽的景观,而对于工程来讲意味着重重危险。

　　“在贵州建高铁,有三大难关必须攻克。”张建波介绍。

　　第一关,安全风险高。线路所经地段岩溶、顺层、滑坡、煤层瓦斯、采空区及软土等不良地质普遍存在,施工过程中突水突泥、软岩变形、瓦斯爆炸等风险程度较高。该公司坚持抓重点环节卡控,强化高风险隧道、大型基坑、高陡边坡、高墩大跨特殊结构桥梁、大体积混凝土工程、临近既有线和既有线施工及其他高风险工点等重点环节管理,强化暴风雨等异常天气的施工安全管理,使现场安全始终处于受控状态,实现了开工建设以来安全零事故。

　　第二关,质量控制难。沪昆高铁新晃西至贵阳北段集西南艰险山区铁路及高技术标准特点于一体,质量控制难度非常大。该公司坚持抓现场标准化管理,不断优化和规范现场作业流程,改进完善现有的工艺和工法,切实提高施工标准化作业水平。

　　第三关,管理难度大。该项目沿线分布有较多的自然保护区、风景名胜区、水源保护区、地质公园等环境敏感区,施工与环境保护、水土保持矛盾突出。通过开展标准化工地建设,该公司规范设计审查流程和管理流程,创新管理方法和管理手段,规范现场作业程序和作业标准,着力打造绿色环保生态工程。开工建设以来,公司共组织标准化建设示范段现场推进会13次、反面典型现场会6次,有力推进了质量管理水平的提高。

　　张建波说,他们在一座176.386公里的隧道施工中共遇到了43个溶洞，共发生突泥突水 20 余次，但广大建设者没有被各种意想不到的艰难险阻吓倒。他们百折不挠，重点围绕质量安全保证体系的建立和运行、技术管理、人员素质、基础管理等要素，不断攻克工程建设安全、质量、工期、环保等方面的技术难关，在工程建设中破解了一道道难题，进行了多项科技创新。朱砂堡隧道施工两次穿越溶洞、暗河，申报了 4 项国家技术专利。技术人员逐步探索创新出浅埋隧道安全进洞、长大隧道消烟降尘、仰拱整体模板快速施工及设备配套、墩身混凝土养生、路基 CFG 桩头切割等 14 个施工新技术工艺与工法，为我国复杂地质条件下山区高铁隧道安全、高效施工探索出一条新路。

建立强化标准化管理运行机制　过程控制
形成质量安全保证体系

沪昆高铁贵州段的建设理念是"创新、精品、绿色、和谐"。张建波表示，围绕"八字诀"，该公司在推进铁路建设中始终坚持以质量安全为核心，以标准化管理为抓手，加强关键工序过程控制，确保工程建设质量精益求精。

张建波说："我们始终强化标准化管理，以管理制度标准化、人员配备标准化、现场管理标准化、过程控制标准化为基本内涵，以技术标准、管理标准、作业标准和工作流程为基本依据，以机械化、专业化、工厂化、信息化为支撑手段，对项目管理过程中各项相互关联、相互作用的工作加以科学梳理，逐项建立标准化的运行机制，务求达到闭环管理。这是确保铁路工程优质、施工安全的关键因素。"

该公司成立初期就按照标准化管理的要求，组织起草了覆盖建设管理全过程的管理制度，并印刷成册，下发各参建单位执行，形成了以施工单位自检互检、监理单位关键工序旁站和平行抽检、建设单位随机抽检的基本安全质量管控模式，并不断完善制度体系建设，形成了一套以建设单位监控为主导，设计、施工单位自控为根本，监理单位他控为约束的质量安全保证体系。

该公司全面实施管理制度标准化、人员配备标准化、现场管理标准化、过程控制标准化建设，统一了建设管理的基本流程、工作标准、管理责任，为参建各方依法合规、按程序办事奠定了制度基础。

他们组织编写了《管理制度标准化卷》《人员配备标准化卷》《现场管理标准化卷》《过程控制标准化卷（一）》《过程控制标准化卷（二）》和《"四化"支撑卷》6卷标准化管理丛书，完善了沪昆高铁标准化指挥部、标准化项目部、标准化工地和标准化监理项目部的建设标准。

结合该项目中隧道通过岩溶地段多、桥隧比重大、路基过渡段多的实际，在操作中，公司与施工单位共同对隧道超前地质预报工作进行公开招标，由第三方单位单独开展隧道超前地质预报工作，确保超前地质预报工作得到真正落实，有效规避了隧道的施工风险，在隧道施工中未发生一起安全事故。

在桥梁、路基施工中，该公司通过第三方检测，及时将发现的问题消灭在萌芽状态，有力促进了施工质量的提高。另外，在日常工作中，他们严格按照标准化管理要求、方法和模式，统领、组织安全大检查的集中排查和问题整改工作，同时注重选树典型、样板引路，通过评选现场标准化管理标杆，分类召开现场会，以点带面，扎实推进。

该公司先后组织召开了标准化建设示范段现场推进会13次，有力增强了施工技术人员的质量意识，进一步加强了关键工序安全质量的过程控制。

沪昆高铁新晃西至贵阳北段开工建设以来，该公司努力践行"科学有序推进工程建设"的要求，以建设世界一流山区高速铁路为己任，以质量安全为核心，着力构建安全质量文化，以先进的理念促进精品工程建设。

他们以"四零"理念引领工程建设。在实践中，该公司积极贯彻"安全零容忍"的理念，全力实现安全发展；贯彻"管理零误差"的理念，全力落实管理标准；贯彻"质量零缺陷"的理念，全力落实技术标准；贯彻"标准零遗憾"的理念，全力落实作业标准，以此统一全体参建人员的思想，逐步形成了建设、设计、施工、监理单位共同建设世界一流山区铁路的强大合力。

公司大力加强安全风险管理。沪昆高铁新晃西至贵阳北段的主要线路位于剥蚀溶蚀低中山区，极高风险隧道较多。该公司科学把握这一工程特点，在安全文化的制度层面上，健全完善了《风险隧道管理实施办法》《监控量测管理实施细则》《隧道超前地质预报管理实施办法》等风险管理制度和办法，明确了风险隧道分级分类管理、动态管理责任，项目开工建设以来，较为准确地预报出各类溶蚀、溶槽、溶洞 87 处，数次避免了等级安全事故的发生，保持了安全平稳有序。

秉承"惠民兴黔，以道唯善"理念
用责任文化打造和谐廉政工程

从在岩石峭壁上铲下第一铲土开始，建设者们便在心中铭记着一句话："惠民兴黔，以道唯善。"这，正是沪昆高铁贵州段建设的重要理念。

"这条高铁是我国在西南艰险山区建设的高标准铁路，地质条件复杂，技术难点多，质量控制难度大，安全风险大，能参与建设是一种崇高的荣誉。"张建波说，面对艰巨的建设任务，过硬的队伍是打硬仗、打胜仗的最基本保障。而这支队伍的每一步行动，都始终要站在符合贵州人民最根本利益的立场上。

严作风、强执行，张建波要求队伍紧跟高铁建设发展的新形势，树立正确的荣辱观、利害观、功罪观。"各级干部不仅要有大局观念、善于读书学习，还要风清气正做好表率。我们出台了一系列廉政建设管理规章，让大家心情舒畅，在工作中体会快乐，不用担惊受怕，在快乐中主动工作。"张建波说。

从沪昆高铁新晃西至贵阳北段开建之初到通车，一线施工单位日日夜夜不停工。随着高铁建设管理的日益完善，一支具有强大执行力和战斗力的队伍也被锻造出来。

"为了沿线地区的发展，我们多做力所能及的实事，如道路建设、改善办学、弃土造地等，主动加强与沿线各级地方政府的沟通联系，力求在项目建设的具体过程中让老百姓受益。"张建波告诉记者，只有赢得百姓的理解和支持，才能共同创造和谐的建设环境。

该公司还专门出台了关于少数民族地区工程建设的服务指南，要求建设者尊重沿线少数民族的宗教信仰、风俗习惯和语言文字，善始善终做好环保工作，保持好生态环境，实现人与自然的和谐统一。

自开工以来，他们为沿线农村新建、改建便道 243 公里，新建便桥 543 米，新建给水管路 74 公里，采购地方各类物资 37 亿元，新增就业岗位近 1.82 万个，支付劳务工资 5.4 亿元，受到了当地群众的高度赞扬。

龙腾湘黔跃神州，贵州融入高铁网。沪昆高铁新晃西至贵阳北段铁路的建成和顺利开通运营大大加快了贵州交通发展进程。这是该公司及全体参建单位无私奉献、勇于创新、挑战极限和顽强拼搏所取得的硕果。

在沪昆高铁新晃西至贵阳北段开通运营之际，回眸建设历程，展望未来发展，张建波满怀信心："目前'中国高铁'成为中国走向世界的亮丽名片。国家政策继续大力向中西部铁路建设倾斜。地方政府支持铁路建设的积极性高、支持力度大。建设保持高位运行叠加地方政府鼎力相助，贵州高铁建设前景一路向好。"

他表示，在沪昆高铁贵州西段的建设中，该公司将继续秉承"创新、精品、绿色、和谐"建设理念，努力实现安全、质量、廉政建设与经营管理齐头并进的工作目标，履职担当、强力攻坚，迅速形成大会战、大决战态势，确保贵州西段工程按期达到联调联试条件并顺利开通运营。

（《人民铁道》2015 年 6 月 19 日第 B01 版

记者傅洛炜、孟禹繁）

构筑铁路大通道服务国家大战略

昨日，省委、省政府与国家铁路局在北京举行工作座谈。双方就进一步贯彻落实习近平总书记考察云南重要讲话精神，共同构筑面向南亚东南亚铁路运输大通道，更好地服务国家发展战略等工作进行了磋商。

国家铁路局局长陆东福主持座谈会，省委书记李纪恒、省长陈豪出席并讲话。

李纪恒说，长期以来，国家铁路局对云南铁路建设给予大力支持，有力助推全省经济社会发展。当前，省委、省政府正按照习近平总书记考察云南时的重要讲话精神，带领广大干部群众齐心协力、奋发进取，积极推动经济社会实现跨越式发展。李纪恒指出，云南加快发展的难点在交通，希望也在交通。近年来，云南进一步加大对铁路建设的投入力度，一批重大项目陆续建成投入使用，有力支撑了全省经济社会发展。但由于历史欠账和自然条件制约等因素，云南的铁路网密度还很低，难以满足面向南亚东南亚辐射中心建设的要求，希望国家铁路局加大力度，在提高路网规模和质量、省际间铁路通道和国际铁路通道建设等方面统筹加以支持，共同构筑面向南亚东南亚的铁路运输大通道，服务国家"一带一路"和周边外交大战略。

陆东福说，云南地处祖国西南开放前沿，区位优势明显，特别是随着国家"一带一路"和长江经济带战略的实施，云南正迎来加快铁路建设新的历史机遇。希望云南做好统筹，按照建设一批、规划一批、研究一批、储备一批的思路，实现项目建设的滚动接续；同时，要做好规划，使铁路网与运量支撑、资源开发和人口布局相适应、相呼应，放大铁路交通运输效益。他表示，国家铁路局将重点支持重庆至昆明、昭通至攀枝花至丽江等一批有利于改善路网结构、扩充运力运量、带动扶贫开发的重点铁路项目。同时，加大对在建项目的支持、加快云南与周边国家互联互通铁路项目建设进度，使云南铁路网具备强有力的辐射带动能力。

陈豪说，云南作为国家"一带一路"和长江经济带战略的连接交汇支点，迫切需要加快铁路建设步伐来发挥辐射带动作用。希望国家铁路局帮助云南高起点编制好铁路建设发展的"十三五"规划，同时规划适度超前、分清轻重缓急，能快则快、能早则早，尽快扭转云南铁路网密度偏低、不适应经济社会发展需要的被动局面，助推云南做好总部经济大文章，更好发挥面向南亚东南亚辐射中心的作用。

国家铁路局副局长傅选义、朱望瑜就"十三五"规划编制等相关工作提出意见建议。副省长丁绍祥介绍云南铁路建设工作，省政府秘书长李邑飞出席。

（《云南日报》2015 年 7 月 22 日第 1 版
记者谭晶纯、尹朝平）

四川跨入高铁时代　或逐步成亚洲国际铁路枢纽

成渝高铁开通，对成都乃至四川来说，这意味着什么？记者邀请西南交通大学区域经济与城市管理研究中心主任戴宾从西部交通枢纽建设、四川在全国的交通地位两个维度进行探讨。

记者：从历史上来看，成渝之间铁路建设经历了三次升级，这对四川构建西部交通枢纽有怎样的意义？

戴宾：老成渝铁路 1952 年建成，意义非凡。它是新中国修建的第一条铁路，也是四川修建的第一条铁路大通道，铁路开始成为四川主导性的现代化运输方式。此后陆续形成了 7 大铁路出川通道，使成都成为全国六大铁路枢纽之一。但是 7 大铁路出川通道都是客货混运的常速铁路，并且复线率仅为 33%。

在这种情况下，时速达 300 公里的成渝高铁可以连接将要修建的渝湘高铁、渝黔高铁、郑万高铁以及沿江高铁，将使四川能够接入全国高铁网络，实现与中东部省区方便、快捷的交通连接，极大提升四川西部综合交通枢纽的地位。

记者：成渝高铁通车，对改变四川的区位条件，以及改变四川在西部乃至整个中国的经济地理条件，将产生哪些影响？

戴宾：这标志着四川真正跨入高铁时代，对未来四川的经济发展将产生深刻影响。"十三五"时期，四川将规划建设十大高速铁路通道，形成多条大运量、快捷方便的中长距离直达运输通道，将极大地改善四川的区位条件。成都至各市州中心城市 0.5~2 小时可达，至兰州、西安、武汉、昆明等周边省会城市 4~6 小时可达，至长三角、珠三角、京津冀地区可在8 小时左右到达，成为西部和全国重要的铁路枢纽。

以四川为中介，经过后期不断努力，将东南亚铁路与新亚欧大陆桥串联起来，使我省成为东南亚通往中亚、西亚和欧洲的陆上连接点和中介，逐步发展成为亚洲的国际铁路枢纽。

（《四川日报》2015 年 12 月 17 日第 2 版　记者陈岩）

高铁互通，加速成渝板块成为
中国经济增长极

重庆—成都。

随着成渝高铁的通车，从地域互通上，宣告两地跨入"同城"时代。

除了民间的互访冲动，经济界人士则对成渝城市群的发展给予热切期待。他们预判，便捷的互联互通将转化为成渝经济区发展的内生动力，有助于产业强劲聚集，使成渝板块成为继环渤海、长三角、珠三角之外的中国经济"第四极"，推动新一轮的供给侧改革。

有独特的经济符号意义

在市政府参事、重庆工商大学教授、博导王崇举看来，成渝高铁的开通，有独特的经济符号意义。

"当今是经济一体化时代，尤其是区域经济一体化发展特别快。中央实施东北振兴、中部崛起、西部大开发等区域发展战略，消除区域差距。"王崇举说，另一方面，为了适应"新常态"，国家实施了"一带一路"、长江经济带、京津冀协同发展等一系列战略。这些战略加快了区域协同发展，尤其是与这些战略相关的区域。"成渝地区构成了长江经济带的上游板块，这一区域的协同合作既是落实长江经济带战略的需要，也是自身发展的需要。"成渝高铁无疑将在成渝地区的协同合作进程中，成为重要的"加速器"。

作为为政府决策建言的"智囊团"成员，王崇举与他的参事室同事们刚刚完成了对长江经济带沿线中心城市的调研。"早在上世纪90年代初，中央就提出过长江经济带的构想，但最终没有看到实际效果。"在王崇举

315

看来，那时候，国家层面的区域发展政策不统一，各地区发展水平、条件也不尽相同，"也就是说，有的个子太高、有的个子太低，难以平等合作，也始终难改资源东南去、人才东南飞的局面。"但现在形势不同了，无论重庆、成都还是武汉，经济发展都达到了一个比较好的水平，甚至各个城市都占有了一定的优势和特色，各有千秋又各有所需。王崇举说："现在既有外部因素推动，又有自身发展的内因需求，各中心城市都蓄势待发，积极融入国家战略。"

成渝经济区与几年前相比，有了很大不同。产业分工更加精细化，尤其是现在的微创企业发展迅速，一个工厂"包打天下"的局面已经过去。现在为了降低成本、提高竞争力，各企业之间追求专业化又强调分工合作，其布局也不只局限于一个城市或地区，必然要在专业化的条件下追求其专业领域的地域最大化。

在此背景下，成渝高铁开通，加速两地人才资源流动、市场互通，对于成渝区域板块内部的产业分工与协作，有极其重要的意义。

中国经济增长极的期待

对此，重庆工商大学成渝经济区城市群产业发展协同创新中心主任、西南财大成渝经济区发展研究院院长杨继瑞表示认同。他说，在一个区域里面，特别是一个联系紧密的区域内，互联互通是至关重要的，它使区域的物流、商流、人流真正活化起来，是基本的经济命脉和通道。

成渝高铁开通，标志着两地"同城化"进一步推进，区域经济的内生动力更加强劲。"一小时车程，像一个城市的公交系统一样，会形成新的人口、产业的集聚，也促进两个区域包括中间城市的繁荣。"

杨继瑞表示，快速通道打开后，也使成渝这个区域，有了重庆机场、成都（新）机场、双流机场3个国际大机场，"这在其他区域板块上是极少见的，三大机场，可以进行资源整合，错时有序组织国际国内航班，加速成渝地区对外开放，用好国际国内的市场和资源"。

高铁、航空配合的基础上，高速、城际铁路甚至水运再进行整合，可真正形成交通枢纽，促进成渝两地从过度竞争向有序竞争转变。"开放更加畅通，产业强劲聚集，投资兴业更加活跃，成渝经济区有望真正成为继环渤海、长三角、珠三角之外的中国经济'第四极'，推动新一轮供给侧改革。"杨继瑞说。

当然，高铁贯通，可能会加剧成渝两大城市的极化效应，加剧川渝城市群的哑铃型空间布局。

"对于周边中小城市而言，快速通道可能带来两种情况，一是'灯下黑'，就像京津冀协同发展之前，北京、天津之于河北。另一种可能则是像巴黎、伦敦、东京等特大城市一样，城市的边界扩大，辐射周边的中小城市，这些中小城市会因为某种特殊的分工或优雅的生态环境，成为中心城市的组成部分。"为此，王崇举建议，要理性对待高铁的开通，两省市高层需统筹谋划两大城市周边的中小城市的布局，从产业、城市功能及交通等方面进行全局谋划。

他表示，近年来，重庆实施五大功能区域发展战略，在都市功能核心区、都市功能拓展区和城市发展新区三大板块形成的大都市区中，有序转移人口、梯度错位部署产业、逐步完善内部交通网络等，应该就是提前考量到特大城市发展可能带来的问题。

（《重庆日报》2015年12月26日第6版　记者何清平）

西藏自治区主席洛桑江村

——青藏铁路是连接西藏与祖国内地的大动脉

7月1日是青藏铁路通车10周年的日子。1日上午,西藏自治区主席洛桑江村在拉萨就青藏铁路通车10年的重大意义、运营情况、对西藏经济发展的拉动及"十三五"时期西藏铁路发展的宏伟蓝图等,接受中央媒体和自治区媒体集中采访。

洛桑江村指出,2006年7月1日建成通车的青藏铁路,结束了西藏不通铁路的历史,成为西藏连接祖国内地的大动脉、对外开放交流的大平台、旅游快速发展的大通道,最大限度地促进西藏经济社会发展。他说,西藏也随之迎来了铁路建设的热潮:拉日铁路于2014年8月建成通车,拉林铁路于2015年6月全面开工建设,川藏铁路康定至林芝段、中尼铁路日喀则至吉隆段等项目规划研究工作全面启动。截至目前,西藏铁路运营里程已达954公里。

"10年来青藏铁路实现了高效、快捷、安全的营运。"洛桑江村说,目前,西藏境内各个站点运营工作已初具规模,基本实现整列装车、整列发车,货物运输逐步实现了由"站到站"到"门对门"的转变,极大降低了运输成本、扩大了全社会运输总量。他透露,截至2015年底,青藏铁路累计完成进出藏旅客运输1739万人次、货物运输2605万吨,年均分别增长21%、40%。

青藏铁路的通车运营,有力推进了西藏经济结构优化、质量提升、动力转换。洛桑江村说,2005年西藏GDP仅为248.8亿元,而2015年GDP达到1026.4亿元,突破了千亿大关,增速位居全国第一,是通车前的4倍。2015年农村居民人均可支配收入8244元,是通车前的4倍;城镇居民人均可支配收入2.5万元,是通车前的3倍。西藏旅游迎来了"井喷式"发展，来西藏的国内外游客人数已突破 2000 万人次，旅游收入达到 280 亿元。

洛桑江村说，"十三五"期间，西藏将努力扩大路网覆盖面，加强对外通道建设，加快形成路网骨架。争取到 2030 年基本实现西藏"两纵两横、五出区、三出境"（两纵：青藏线、玉树昌都线；两横：新藏滇藏线、狮泉河那曲昌都川藏线；五条出区线：新藏、青藏、川藏、滇藏、玉昌；三条出境线：吉隆、亚东、普兰）干线路网总体思路和发展目标。同时，将适时推进那曲至昌都和拉萨至墨竹工卡铁路等项目的建设；加快区际干线新线建设和既有线扩能改造，重点建设川藏、滇藏、玉昌、新藏铁路，实施青藏铁路格拉段扩能及电气化改造等项目；融入"一带一路"建设，以铁路为核心，建设面向南亚开放的重要运输通道，推进建设口岸铁路及相关配套设施，建设至吉隆、亚东和普兰口岸铁路。

（《人民日报》2016 年 7 月 5 日第 6 版　记者琼达卓嘎）

我省加速构建现代铁路客运物流新格局

2014 年迈进高铁时代，今年沪昆高铁贵阳至昆明段即将开通，贵州铁路客运与物流网络，正以疾风的速度编织成型，加快实现立体化与现代化。

展开我省铁路建设图纸，贵州融入全国发展大"棋盘"的迫切与干劲扑面而来：继开通运营贵广高铁、贵开城际、沪昆高铁贵州东段等项目后，2020 年，全省铁路营业里程将达 4000 公里以上，高速铁路超 1500 公里，实现贵阳至周边省会城市及全国主要经济区 2 至 7 小时铁路交通圈，基本实现贵阳至省内其他市州中心城市 1 至 2 小时到达。

轰轰烈烈的建设热潮中，一座贯通东西南北、点线协调配套的西部铁路交通枢纽雏形已现。

为适应中心城市与周边县市客流集散，成都铁路局利用直通车套短，专门增开贵阳北至铜仁南、贵阳北至凯里南等早晚动车，再加上卧铺专列、朝发夕至、旅游专列等旅客列车，贵州旅客列车产品种类繁多，在川、渝、黔中位列第一。

如今，贵州至京津冀、长三角、珠三角等地区的铁路通行时间大大减少，旅客互通真正实现朝发夕至：

贵阳北至北京西 G82/403 次列车，让旅客的交通时间由原来的 35 个小时压缩至 8 个半小时；

贵阳北至广州南 D211/D2822 次列车，旅行时间由原来的 20 个小时压缩至 5 个小时；

贵阳北至深圳北高速动车，全程旅行时间由原来的 23 小时 30 分左右压缩至 5 小时 10 分。

随着至北京高速动车、动卧、25T 型直达列车，至华中、华北、华东、华南、福厦等方向朝发夕至直通动车，以及贵开城际动车、织纳等区域列车的陆续开行，速度在 200 公里以上的动车占全省铁路客运的 52%，动车逐渐成为贵州老百姓出行的首选。

数据显示，目前贵州开行图定旅客列车 140.5 对，其中直通 117.5 对、管内 23 对，动车 71 对、普速 69.5 对，开行旅客列车覆盖全国 20 个省会城市、30 个主要城市。

凭借逐步腾飞的经济起势，贵州铁路物流新格局正在提升企业的运输效率——"针对贵州企业实际需求，铁路部门量身定制方案。"成都铁路局货运处处长向劲松告诉记者，在贵州，满足传统大宗物资运输需求的普速货物列车、大面积"点到点"的白货快速列车、优质优价的加快特需列车这样三种货运列车，兼顾开发第三方物流，撑起了现代企业物流的发展天地。

贵州铁路客运四通八达，甚至漂洋过海。

贵阳至深圳盐田港、福泉至广西北海港等海铁联运集装箱班列的运营，打通内陆城市出海口岸，开辟了贵州与欧洲、美洲国家的海上贸易大通道。

长江黄金水道的商机近在眼前。2015 年 9 月，"中心—果园港"班列项目打通了贵州中心地区与重庆长江港口之间的集装箱铁水联运大通道，班列开行以来已累计实现集装箱下水 1.1 万标箱。

如今，以贵阳为中心辐射向东北、华北、华中、华南、华东、西南、西北等地区的货物列车时速可达到 120 公里，运输时间在 24 至 96 小时内。在西南地区，以客车化运营的川黔贵环线班列小有名气，列车每天准时出现在约定的站点，为客户办理零散的快件取送。

铁路货运不仅快，还省钱。成都铁路局通过"一口价"包干服务模式，对企业原材料、产成品运价实施优惠，今年以来已累计为瓮福集团节省物流费用约 2850 万元，为水钢集团节省物流费用约 2000 万元。

基于高速推进的铁路建设，贵州铁路经济新枢纽正在提升发展的质量体系——关于贵州铁路经济的未来蓝图，已经绘制成"作战表"：

2016 年年底，沪昆高铁贵州西段开通后，成都铁路局将重点追求快速直达，开发贵阳北至昆明直达列车，构筑贵阳至昆明 2 小时经济圈；

2017 年，渝黔铁路通车，贵阳至重庆开行动车，将现在两地的旅行时间由最快 8 个半小时缩短到 2 个半小时；

2018 年，兰渝铁路开通，贵阳至西北方向的旅行时间将大幅压缩，填补贵州至西北向交通空白；

2019 年，成贵客专建成，这条出川通道将完成川渝黔城际高铁的最后一环，对西南城市集群经济发展具有里程碑意义，届时，成都至贵阳的旅程也将由 14 小时压缩到 4 个小时。

成都铁路局有关负责人介绍，随着高铁建设完备和客运产品升级，我们将同步投入贵州省内物流基地建设，进一步围绕贵州改貌站货运枢纽，优化货运班列开行，努力构建完善覆盖全国、联通欧亚的快运圈，实现西南区域半日达，周边省际当日达，跨两省间距次日达，西北、东北两极三日达。

（《贵州日报》2016 年 10 月 2 日第 1 版　记者王璐瑶）

红塔山下绣巨龙　筑就滇中财富路

——中铁六局集团昆玉铁路扩能改造工程纪实

昆玉铁路是滇中城市群的重要通道，是西南出境至国际铁路通道的重要组成部分。昆玉铁路扩能改造工程竣工后，滇中城市群将形成1.5小时经济圈，从昆明出发至玉溪仅需要30分钟，前往曲靖、楚雄90分钟内可到达，到中越边境口岸河口4小时左右。这是滇中地区名副其实的财富路，将极大地带动滇中城市群人流、物流和信息流的交换，对沿线经济社会发展将产生积极的推动作用。

10月28日12时，一列动车组从昆明南站出发，一路向南疾驰，30分钟后顺利抵达玉溪市。经过6年的改造施工，时速200公里的中越中老国际铁路共用段昆明至玉溪铁路正式开始联调联试。

昆玉铁路穿越昆明盆地和玉溪盆地，地域内广布软土、黏软土，隧道围岩差，全线Ⅳ级、Ⅴ级围岩地段占隧道长度的100%，区域内连续强降雨、局部性暴雨频发。在这样的地质构造和气候条件下，进行既有铁路扩能改造，对施工技术和安全保障能力是极大的挑战。中国中铁六局集团路桥公司昆玉铁路扩能改造工程项目部承担施工的线路全长30.968公里，桥隧总长20.217公里，约占线路总长的65.2%，高桥墩、深基坑、长隧道等高难度工艺密集，是整个昆玉铁路扩能改造工程的重中之重。

唱好施工技术重头戏

技术是撬动重难点工程的最佳支点。在昆玉铁路扩能改造工程中有一道道费解的难题，中铁六局集团员工堪称优秀的破题者。

"开工必先、全程领先、永争第一"是项目部提出的响亮口号，也是庄严的承诺。为了践行这个承诺，项目部技术人员进场之后，第一时间就开始跟仪器和数据"死磕"。15名测量员分为5组，在线路上对施工控制点进行了高精度的测量，反复验证原始数据，最大限度地减少误差。在开工最紧张的时候，技术人员白天测量放线，晚上计算数据，不仅没有固定的休息时间，连吃住问题都在野外和现场解决。他们的付出为施工技术方案的制订提供了详实可靠的依据。

观音寺2号隧道位于刺桐关双线中桥与西河二水库双线特大桥之间，全长1775米，为双线单洞隧道。该段地形陡峻，由一系列褶皱及压性、压扭性断裂组成，施工过程中要穿越多条断层，围岩破碎且有岩溶、危岩落石等不良地质状况，存在大量孔隙潜水、岩溶水，雨季施工的压力更大。在可靠的前期数据的支持下，项目部技术人员反复考量现场实际，分组展开QC攻关，来确保施工方案的安全可靠。最后，整个方案以"短进尺、弱爆破、快封闭、勤量测"为原则，对1138米长的Ⅴ级围岩段采用三台阶预留核心土法开挖，提升了施工安全系数；充分发挥施工管理和组织协调优势，将原设计的30米超前大管棚支护改为超前小导管注浆支护，提高了施工效率。针对隧道浅埋、偏压段，项目部QC攻关小组提出了在距出口明洞段8米位置打通一小导洞先行出洞的设想，挖掘机通过小导洞出洞后进行边坡及洞口修整，实现了"快开挖、快支护、快封闭"。这一新工艺既节约了成本，又缩短了工期。

在施工过程中，QC攻关、工艺创新是项目部提升工程品质、推进工期进度的法宝。

在玉溪西站至玉溪南站施工中，地下土质存在流沙层，厚度3米至5米，而设计桥桩间距为1.4米，如果控制不好极易出现塌孔、串孔，且浇筑混凝土后混凝土面可能下陷，造成桩长不足，群桩顶部在同一平面上，严重影响复合地基承载力。由于没有经验可以借鉴，项目部QC攻关小组提出《CFG桩长螺旋钻机泥浆造壁灌注成桩施工工法》，根据流沙层地质特点和前期施工经验，创造性地调整了CFG桩施工工法，将常规的长螺旋钻孔、管内泵压混合料灌注成桩工艺改进为长螺旋钻机泥浆造壁灌注成桩施工工艺，消除了不良地质条件对施工的影响，有效解决了CFG桩在穿入流沙层时出现塌孔、串孔及桩顶混凝土下陷等问题，取得了很好的成桩质量效果。

把好施工现场安全关

技术攻关为这项工程顺利实现破题，但项目部的安全保障工作依旧任重道远。

每年 5 月到 10 月间是施工的"黄金期"，但在昆明地区，这个时间段集中了全年 80% 至 90% 的降雨，"黄金期"变成了"高危期"。为了应对严峻的安全形势，项目部建立了严密的安全保障体系，以全覆盖的安全教育和高密度的风险排查应对着每一天的考验。项目部进行安全形势教育、专项安全知识培训、安全知识考试，采取全员参与、全员考勤、严格奖惩等措施，确保员工安全知识入脑入心、操作规程熟记熟用、岗位职责了然于胸。开工以来，项目部进行安全形势教育 120 次、安全知识培训 288 次、考试 356 次，做到了安全线上"无白丁"，安全意识"高于天"。

与此同时，项目部建立了拉网式、无死角的风险排查网络，由项目部经理牵头，各区段责任人主持，每天在工地上进行 4 次定期定点排查。在施工过程中，项目部由安全稽查队带领安全员对高空坠落、物体打击、大型机械伤害、用火用电、临近既有线施工等高危环节进行不间断巡查，一旦发现事故苗头和无控制的风险源，立即进行整改。为了提升安全应急处置能力，项目部制订了应急预案 20 份，对人员、材料、机具、流程、关键时间、关键控制点进行了严格科学的控制，还开展了急抢险演练 6 次，为施工生产筑牢了防线，把好了安全关。

凝聚施工生产正能量

一个好的工程项目必然有先进的思想引导，只有先进的思想引导才能凝聚推动项目各项工作顺利开展的正能量。项目部党支部从凝聚正能量出发，培养了一批爱岗敬业、忘我奉献的先进典型。

项目部党支部以"强作风、重执行、反四风、促生产"为主线，围绕施工生产开展了领导班子和人才队伍建设、安全信息传递、党建标准化建设、党风廉政建设等一系列工作。他们通过建立党支部"三联"制度实现了党员心中有群众、群众身边有党员，加强了党支部委员与普通党员、党员与群众的沟通，拓宽了党员联系群众的渠道，密切了党群关系，为安全生产提供了有效保障。

项目部为施工人员统一购置了热水器、衣柜、电风扇、电视及空调等设施，所有驻地安装全覆盖的无线上网设备，大力建设员工"星级"宿舍，让全体员工生活方便、住得舒心。项目部为困难员工建立档案并申请了困难员工补助，困难员工的子女上学享受"金秋助学"资助。为了在重难点工段实现突破，项目部党支部召开施工生产动员会，组织开展了"大干三个月、全力保目标"劳动竞赛，凝聚了全员力量，充分发挥党组织的战斗堡垒作用，先进典型不断涌现。

中铁六局集团昆玉铁路扩能改造工程指挥部指挥长兼项目部经理周文冠，大事小事都记在心间，在业主和社会关系上树立了良好的口碑，对员工也和蔼可亲。平时工作忙，连逢年过节回山西老家探望年迈母亲对他来说都成了奢望。6年来，额头的皱纹和新生的白发见证着他对昆玉铁路付出的心血。

指挥部工程部部长李少鹏主要负责2标项目部的技术管理工作。项目部组织编制和审核了多项专项施工方案，同时在每个月结合现场情况召开安全分析评估会，总结本月现场存在的问题和处理情况，对本月隐患等级进行评判，评估下月隐患等级和需要采取的措施，取得了良好的效果。他还善于总结，曾在有关刊物上发表《集宁隧道1号斜井及正洞施工通风技术浅论》《昆玉线桥梁接触网支柱基础预埋锚栓缺陷处理及思考》等论文，并用于指导现场施工。

昆玉铁路并行段施工对项目部来说是个难啃的硬骨头。在征地拆迁工作没有任何进展的情况下，他们一年要完成2.8亿元的施工任务，压力巨大。项目部党支部杜书记全面了解完现场后，确定了"锁定重点、突破难点、逐步推开"的征地拆迁思路，率领拆迁办公室人员分工协作，白天在工地盯控现场，晚上在会议室讨论措施。找地方政府，人家入户沟通，经过20多个不眠之夜，他用执着和耐心赢得了各方信任和支持。4个月攻坚，他消瘦了一圈，征地拆迁工作完成了90%以上，为进场施工扫清了障碍，也给完成任务打下了基础。

负责项目部用电的杨蒙洛被同事称为"电力总管"。他靠着一辆自行车每日往返30多公里，哪台设备性能如何，哪台设备哪个部位容易出现故障，他都了然于胸。为了能及时处理现场问题，他把自己的电话告诉了每一个操作工人，不辞辛劳，随叫随到。

大犁铧营双线特大桥是昆玉铁路重点控制工程之一。在连续梁浇筑期间，混凝土需连续灌注，中间停止不超过2个小时。为了保障生产，杨蒙洛仅用5天时间就将所有变压器安装调试完毕，将所有动力线路架设完毕，并对所有用电节点进行了不间断的安全检查，困了就在工地搭设的木板上打个盹儿。混凝土浇筑结束后，他整个人都瘦了一圈。

观音寺2号隧道施工难度大、安全风险高，作业人员承受了很大的压力。项目部总工程师于进泉为了提高这一工区的工作效率，加强协作队伍的管理，与施工人员逐一进行沟通，为他们排忧解难，想方设法调动大家的积极性，耐心地为作业人员提供技术指导。

为了改善施工安全状况，提高质量水平，于进泉先后数十次请教业内专家、邀请兄弟单位技术人员一起为提升安全效能"会诊把脉"，并到相关施工单位学习取经。有人觉得他这样做丢面子，他却笑着说："没有学习就没有长进，不懂不丢人，不懂装懂才会误事。"在向别人学习的同时，他也多次无私地为其他单位提供技术帮助。为了能及时给同事解答难题，他的手机24小时开机，任何一名员工发现问题，不论多晚他都会到工地进行指导。他的忘我精神也大大激发了广大员工的学习和工作热情。

正因为有这些爱岗敬业、忘我奉献的优秀员工，昆玉铁路扩能改造工程才能实现优质高效的施工生产。

（《人民铁道》2016年12月16日第B01版
记者唐克军、杜淑喜、潘多、胡小贝）

难以忘怀的成昆铁路

20 世纪 50 年代，铁道部第二勘测设计院在重庆成立，成立伊始的首要工作就是设计一条能连通成都与昆明的铁路。

于是，5000 多名工程地质勘测人员在成都与昆明之间长 1000 多公里、宽约 200 公里的广阔地带开始了选线勘探工作，经过地质研究和徒步踏勘，提出了东线、中线、西线三大线路走向的比较方案。东线从内江、自贡、宜宾、盐津、彝良、威宁、曲靖到昆明，长约 889 公里；中线从成都、眉山、乐山、宜宾、绥江、巧家、东川、嵩明到昆明，全长约 810 公里；西线从成都、眉山、乐山、峨边、喜德、西昌、德昌、会理、广通到昆明，长约 1167 公里。

这 3 条线路中，东线和中线的长度较短，地势相对平缓，地质构造也比较简单。西线的自然条件极其复杂，但沿线 70% 都是少数民族地区，因此铁路一旦修通，对于西南少数民族地区的发展将起到极大的促进作用。

1953 年 3 月，应邀到西昌设计现场"会审"的苏联专家选定了中线方案，铁道部设计局西南设计分局马上组织全局的勘探力量对中线展开了初测和设计。

然而一年之后，一个意外的重大发现改变了方案的设计。1954 年 6 月，南京大学地质系师生在川滇交界处进行暑期找矿实习时探明，现在的攀枝花市附近地层内约有 7 亿吨铁矿石储量、3 亿吨煤炭储量、800 万吨二氧化钛储量、200 万吨五氧化二钒储量以及钼、镍、铂等稀有金属和非金属矿达 50 余种，周边地区还有几十亿吨的远景储量……一个深藏在中国西南崇山峻岭深处的聚宝盆赫然展现在世界面前。于是，成昆铁路选择了唯一能经过攀枝花的设计方案，也就是最险峻的西线。

英雄之路

成昆铁路沿线地形、地质条件复杂，地势险峻，存在着山体崩坍、落石、滑坡、泥石流等危险，工程十分艰巨。

1964 年，30 万筑路大军从祖国的四面八方，跋山涉水，开进工地，成昆铁路工程建设正式开始。

为修建成昆铁路，许多铁道兵指战员、铁路职工和民兵付出了艰辛的努力。在同隧道塌方等险情的斗争中，许多铁道兵指战员、铁路职工冒着生命危险排除险情，不少人为此负伤。

技术成就

成昆铁路建设从一开始就十分重视采用和发展新技术，1964 年，负责建设的指挥部门做出决定，确定在桥隧施工、通信信号、牵引动力等方面采用新技术、新设备、新工艺、新结构、新材料和新的施工方法。

经过科研人员、工程技术人员与全体筑路人员的努力，成昆铁路技术成就出色，尽管修筑在条件恶劣的"地质禁区"，但仍然比西南地区原来修建的几条铁路干线设计标准高、建造质量好、通过能力大。全线最大坡度不超过 16‰，最小曲线半径 600 米，列车由内燃机车牵引，隧道预留了电气化净空，设计年通过能力为近期 1000 万吨、远期 1550 万吨。

为了克服地形障碍，全线建有桥梁 991 座，开凿隧道 427 座，桥隧总长度占到整条线路长度的 41.6%。由于地形限制，沿线 100 多个车站中，有 40 多个车站全部或部分建设在桥梁上和隧道里。为了克服地势高差，全线设计了 7 处螺旋形、圆形、灯泡形盘山展线，13 次跨越牛日河，8 次跨越安宁河，47 次跨越龙川江。

成昆铁路是一条以钢铁和汗水铺就的巨龙，也是用智慧和科技打造的工程神话。成昆铁路开创了 18 项中国铁路之最、13 项世界铁路之最，1985 年与我国第一代核潜艇的研究设计一起荣获"国家科学技术进步特等奖"。

巨大影响

成昆铁路是作为重点工程而建设的，它影响和改变了西南地区百姓的生活，大大促进了西南地区经济的发展和社会的进步。

成昆铁路与贵昆、川黔、成渝铁路相连，构成了西南环状路网，加上宝成、湘黔、黔桂三条通往西北、中南、华南的铁路通道，彻底改变了新中国成立前西南地区几乎没有像样铁路的历史。

成昆铁路建成通车后，攀枝花钢铁厂在一片荒凉干热的河谷间，形成了中国最大的铁路用钢、钒制品、钛原料和钛白粉生产基地以及西部重要的重工业城市。依托成昆铁路，重要的航天基地——西昌卫星发射中心也在 20 世纪 70 年代末建立起来。此外，西南各省（市）建成了基本完备的钢铁、能源、有色金属、电子、化学、机械等重工业体系，促进了我国第一颗人造卫星升空、第一艘攻击型核潜艇下水和第一颗氢弹爆炸成功⋯⋯这些成就使新中国在国际舞台上一次次地扬眉吐气。

成昆铁路工程浩大，取得了令人瞩目的成绩，它对沿线乃至整个中国的政治、经济、军事、外交等方面都产生了巨大的影响，已经转化成了一种民族自豪感和民族精神的象征，让我们自尊、自强、勇敢、坚定、甘于奉献、敢于牺牲、再也不受外族欺凌⋯⋯有专家说，成昆铁路"至少推动中国的铁路工程技术进步了半个世纪，不是跨越、不是跳跃，是飞跃"。

（《人民铁道》2017 年 6 月 22 日 B4 版

记者杨学诤）

重庆代表团提出全团建议　加快高速铁路建设　进一步提升重庆"一带一路"和长江经济带联结点功能

3月3日，重庆代表团举行全体会议，决定向十二届全国人大五次会议提交全团建议——加快高速铁路建设，进一步提升重庆"一带一路"和长江经济带联结点功能。

近年来，国家高度重视和发挥高速铁路建设在促投资、稳增长、调结构、惠民生中的重要作用，"高铁经济"正加速成长为新的经济增长点。加快重庆对外高速铁路建设，支持和推进国家战略的纵深实施，是事关国家发展全局的重大战略问题和区域协调发展的现实问题。

战略意义十分重要

全团建议指出，加快重庆对外高速铁路建设，进一步提升重庆"一带一路"和长江经济带联结点功能，具有十分重要的战略意义——

是全面贯彻习近平总书记重要讲话、落实国家赋予重庆战略定位的需要。习近平总书记2016年初视察重庆时指出："重庆是西部大开发的重要战略支点，处在'一带一路'和长江经济带的联结点上，在国家区域发展和对外开放格局中具有独特而重要的作用""要完善各个开放平台，建设内陆国际物流枢纽和口岸高地，建设内陆开放高地"。习近平总书记的重要讲话，赋予了重庆新的战略定位和历史使命，迫切需要通过加快高速铁路建设，完善对外大通道，构建起铁路、空港、水港等无缝衔接，形成多式联运的开放平台，增强重庆"一带一路"和长江经济带联结点功能，更好地服务国家发展大局。

是全面构建区域综合交通体系的需要。目前，重庆高等级广覆盖公路网加快建设，形成了"三环十一射"高速公路网；重庆江北国际机场东航站区及第三跑道即将建成投用，国际航线达到 59 条，"十三五"将全面形成"一大四小"机场格局；依托长江黄金水道和"4+9"现代化港口群，长江上游航运中心功能日益增强。但高速铁路仅建成了成渝高铁和渝万城际铁路，境内高速铁路运营里程仅 356 公里，与关中城市群、长三角城市群、海西经济区等缺乏高速铁路联系，高速铁路是重庆综合交通体系中的短板，迫切需要在"十三五"期间加快实施重庆至西安高铁、重庆至长沙高铁等重大项目，以助推重庆构建完善的综合交通体系，为国家加速建成西南地区综合交通枢纽打下坚实的基础。

是全面发挥重庆在西部大开发中战略支点作用的需要。2016 年，重庆地区生产总值增长 10.7%，总量超过 1.7 万亿元；渝新欧班列货物中有 40% 来自市外，通过港口转口市外货物量达到 45%，服务贸易进出口 207 亿美元，在国家西部大开发战略中的支点作用突显。根据重庆"十三五"发展规划，地区生产总值年均增速将达到 9%，到 2020 年，进出口总额达到 1 万亿元，服务贸易进出口总额达到 500 亿美元，港口转口市外货物量占比超过 50%，市外货量超过渝新欧班列 45%。要支撑重庆"十三五"发展的稳定性、协调性、可持续性，推动脱贫攻坚和全面建成小康社会，增强在西部地区的集聚辐射功能，迫切需要弥补重庆发展的短板，切实加快高速铁路建设。

建议加快重庆对外高速铁路建设

全团建议指出，虽然国家高速铁路网规划有"三纵两横"大通道在重庆交汇，但重庆高速铁路建设仍严重滞后，制约了重庆"一带一路"和长江经济带联结点功能的发挥和国家赋予重庆战略定位的实现。为此，建议国家加快重庆至西安高铁（以下简称渝西高铁）、重庆至长沙高铁（以下简称渝湘高铁）等铁路建设，进一步提升重庆"一带一路"和长江经济带联结点功能。

渝西高铁

建议将已列入国家中长期铁路网规划的渝西高铁在"十三五"启动建设，并明确西安—安康—万州—重庆主城路线走向，2017 年启动前期工作，2018 年开工建设。

理由一：

有利于全面加强长江经济带与丝绸之路经济带的连接。渝西高铁是连接长江经济带和丝绸之路经济带的铁路大通道。它将重庆和西安两大国家中心城市和内陆开放高地紧密连接起来，沿线的万州区是重庆和三峡库区重镇、铁公水联运的重要区域交通枢纽，是西安乃至整个西北地区通江达海最便捷的节点。安康是陕川鄂渝四省市毗邻地区的中心城市，正在打造秦巴山区综合交通枢纽和物流集散中心。因此，加快建设渝西高铁，将极大促进"一带一路"与长江经济带互联互通，提升西南和西北通达能力和开放开发水平，有利于发挥万州、安康等区域中心的集聚辐射作用，推动和促进区域经济社会健康发展。

理由二：

有利于国家铁路网络的完善。国家已将渝西高铁纳入《中长期铁路网规划》，渝西高铁是京昆、包（银）海两大高铁主通道的重要组成部分。目前，重庆主城至万州已有一条时速 250 公里/小时的渝万铁路，但其等级标准和走向无法与主通道实现连接。因此，规划建设重庆主城经万州、安康至西安的高铁，可打通这一瓶颈，支撑京昆、包海、沿江三条高铁主通道的高速通行，完善国家高速铁路网体系，缩短华北、西北地区与西南、华南地区的时空距离，扩大有效供给，提升运输效率与服务水平。

理由三：

有利于国家脱贫攻坚目标的实现。渝西高铁沿线的重庆城口、陕西安康等是革命老区，为新中国的诞生做出了巨大贡献；重庆忠县、开州、城口和陕西岚皋等区县目前尚无铁路，由于长年交通建设滞后，导致沿线经济社会发展水平较低；所在的秦巴山区是全国 14 个集中连片特困地区之一，贫困发生率超过 16%。实施渝西高铁建设，有利于极大改善当地交通基础设施条件和贫困地区、革命老区的面貌，带动沿线特色农业、旅游等经济发展，加快脱贫攻坚步伐。沿线近 4000 万人民群众对加快实施渝西高铁建设翘首以待。目前，重庆市与陕西省已就渝西高铁建设时序、走向、技术标准等形成共识，一致同意重庆主城经万州、安康至西安的走向并加快实施。

渝湘高铁

建议将已列入国家中长期铁路网规划的渝湘高铁重庆主城至黔江段在"十三五"启动建设，2017 年启动前期工作并力争开工；将黔江至怀化段调整纳入国家高速铁路网规划，并在怀化预留接入条件，尽早实现开工建设，形成重庆至长沙全线高铁。

理由一：

渝湘高铁建设将有效促进"一带一路"和长江经济带战略的深入实施。渝湘高铁是成渝城市群与长江中游城市群、海西经济区的重要联系大通道。加快建设渝湘高铁，可将沪昆高铁与成渝高铁、渝西高铁等高速铁路串联衔接，构建长江经济带综合立体交通走廊，有利于推进长江经济带建设；加快建设渝湘高铁，可以尽早打通重庆经长沙至厦门高速铁路大通道，成为重庆提升"一带一路"和长江经济带联结点功能的重要通道，促进国家战略的深入实施。

理由二：

渝湘高铁建设兼具建设的经济性和路网完善的高效便捷性。渝湘高铁建设在已纳入国家规划的重庆主城至黔江高铁（280 公里）的基础上只需新增 270 公里高铁，即可与沪昆高铁在湖南怀化衔接，形成重庆—长沙全线高铁通道，这一方案可充分利用既有路网，投资较少，且对进一步增强沪昆高铁等路网功能、完善国家高铁路网结构作用明显；同时可实现成渝、长株潭两大城市群快捷联系，有效服务沿线重庆、贵州、湖南二省一市的约 3500 万人，具有较好的经济效益和社会效益。

理由三：

渝湘高铁建设将助推武陵山集中连片特困地区尽快脱贫致富。渝湘高铁途经重庆、贵州、湖南三省市边远贫困地区，其中沿线 12 个地县（市）属于武陵山国家集中连片特困地区和少数民族集中居住地区，沿线地貌多样、自然风光旖旎、民俗文化丰富，主要分布有重庆武隆世界遗产、贵州铜仁九龙洞等自然景观，有重庆酉阳赵世炎故居等红色旅游资源。建设渝湘高铁，可形成重庆、贵州、湖南等省市武陵山区旅游环线，提速旅游资源开发利用，促进民族文化与旅游产业深度融合发展，突破贫困地区产业发展瓶颈，助推武陵山集中连片特困地区和少数民族地区脱贫致富。

（《重庆日报》2017 年 3 月 6 日第 6 版
记者张珺、何清平、周尤）

图书在版编目（CIP）数据

新中国西南铁路历史文献选编／田永秀，张雪永编
. -- 北京：社会科学文献出版社，2019.12
ISBN 978-7-5201-5233-4

Ⅰ.①新…　Ⅱ.①田…　②张…　Ⅲ.①地方铁路-交
通运输史-史料-汇编-西南地区　Ⅳ.①F532.9

中国版本图书馆 CIP 数据核字（2019）第 156129 号

新中国西南铁路历史文献选编

编　　者／田永秀　张雪永

出 版 人／谢寿光
责任编辑／崔晓璇

出　　版／社会科学文献出版社·社会政法分社（010）59367156
　　　　　地址：北京市北三环中路甲 29 号院华龙大厦　邮编：100029
　　　　　网址：www.ssap.com.cn
发　　行／市场营销中心（010）59367081　59367083
印　　装／三河市龙林印务有限公司

规　　格／开　本：787mm×1092mm　1/16
　　　　　印　张：21.75　字　数：339 千字
版　　次／2019 年 12 月第 1 版　2019 年 12 月第 1 次印刷
书　　号／ISBN 978-7-5201-5233-4
定　　价／128.00 元